내 안의 골칫거리,
스트레스에서 자유롭기

Hijacked by Your Brain:
How to Free Yourself When Stress Takes Over
by Dr. Julian Ford and Jon Wortmann

내 안의 골칫거리,

스트레스에서 자유롭기

Dr. Julian Ford · Jon Wortmann 공저
정봉교 · 정영덕 · 김희영 공역

학지사

역자 서문

우리는 복잡하고 바쁜 현대 생활 속에서 많은 스트레스를 받는다. 스트레스가 삶의 질을 저하하고 정신과 신체의 질병을 초래하는 주요 원인이라는 것이 확인된 이래, 스트레스 관리는 현대 사회의 가장 중요한 문제가 되었다. 따라서 요즈음은 스트레스를 신체 및 정신 건강에 해로운 것으로 여기고 이를 감소시키기 위해 개발된 다양한 스트레스 관리기법이 넘쳐 나게 되었다. 그러나 지금까지의 연구와 임상 결과를 살펴보면, 스트레스를 적으로 인식하는 대다수의 관리기법은 효과에 있어 한계점을 드러냈다. 오랜 인간 진화의 역사를 통해 생존과 위험의 회피에서 스트레스가 해 온 진정한 역할에 대한 이해 없이, 무조건 억압해야 하는 불편한 적으로만 보는 것은 좋은 방향이라고 할 수 없다.

이 책은 기존의 스트레스 대처 이론과 응용의 한계를 넘어서기 위해, 스트레스에 관한 새로운 관점과 유용한 관리기법을 소개하는 것을 목표로 한다. 특히 현대 긍정심리학의 관점에 따라 스트레스의 긍정적 측면에 초점을 두고, 신경과학에서 밝혀진 뇌 지식을 활용하는 스트레스 관리를 강조한다.

누구나 스트레스를 받으면 일차적으로 스트레스를 일으킨 문제를 해결하려고 노력한다. 이는 오랫동안 스트레스에 대한 일차 처방으로 알려져 왔지만, 항상 스트레스에 대한 올바른 대처는 아니다. 스트레스 관리 전문가조차도 스트레스 반응을 제거하기, 극복하기, 벗어나기를 지나치게 강조한다. 긍정심리학은 약점을 개선하려는 노력이 강점을 육성하려는 노력에 비해 삶의 번영에 성과가 적다는 것을 밝혔다. 그런 것처럼, 스트레스에서도 자동으로 문제를 고치려는 노력은 오히려 문제를 악화할 수 있다. 스트레스는 반드시 문젯거리나 적이 아니다. 스트레스는 좋거나 나쁜 것이 아니고, 단지 개인의 안전이나 생존을 도우려는 몸과 뇌의 신체적 반응이다.

스트레스로 인해 붕괴를 경험하는 대신, 스트레스를 경험할 때 일어나는 뇌의 변화를 제대로 인식하면 스트레스는 더 행복하고 건강한 삶을 살도록 도움을 주는 가치있는 정보로서 역할을 한다. 역자는 긍정심리학과 신경과학을 연구하고 실천한 경험을 통해 스트레스에 관한 새로운 관점의 가치를 인정하였고, 저자가 소개하고 있는 스트레스 대처가 탁월하게 효과적이라는 것을 확인하였기 때문에 이 책을 번역하게 되었다. 이 책의 내용이 독자에게 다소 낯설 수 있지만, 그래도 스트레스 관리의 목표와 기술이 간단하고 명료하게 소개되어 있으므로 자력으로 실천하는 것이 가능하다.

이 책의 목표는 뇌가 스트레스를 겪을 때 어떻게 변화하는가를 이해하고 뇌를 의도적으로 사용하는 방법을 알게 하는 것이다. 우리가 주체할 수 없는 스트레스에 노출되었을 때, 전체 뇌는 편도체라고 하는 생존 뇌, 즉 경보기에 의해 통제권을 빼앗기는 것이다. 스트레스로 인해 붕괴를 겪은 뇌는 반드시 고장이 나거나 잘못된 것은 아니다. 뇌가 장기적으로 불필요한 스트레스 반응에 사로잡혀 있어 우리가 꼼짝 못하고 있을 때, 뇌에 있는 전전두피질이 주도하는 학습 뇌, 즉 사고 중추와 해마가 주요 역할을 하는 기억 중추라는 훌륭한 자원을 사용하여 경보기를 안심시킴으로써 자유로워질 필요가 있다. 이는 생존 뇌와 학습 뇌가 동반자 관계를 회복함으로써 가능해진다.

따라서 이 책은 먼저 뇌의 스트레스 반응체계와 관리체계를 생존 뇌와 학습 뇌의 개념을 활용하여 설명한다. 또한 최상의 뇌를 발달시키기 위해서 학습 뇌가 생존 뇌의 요구를 경청하여 분명하게 사고하는 능력을 회복하는 동반자 관계를 강조한다. 이런 동반자 관계를 형성하기 위한 기술은 모두 FREEDOM이라는 약어로 요약된다. 우선 초점 맞추기Focusing라는 기술로 통합되는 SOS 기술, 즉 한 걸음 물러서기Step Back, 한 생각에 초점 두기Orient, 자체 검사Self Check다. 저자는 이 기술이 현대 스트레스 관리에서 빠져 있는 단계로 보고 있다. 이 책이 스트레스 관리에서 강조하는 점은 마음챙김 기술과 스트레스 관리를 넘어서 삶의 번영을 추구하는 긍정심리학 관점의 통합이다.

스트레스로 인한 대다수의 부정적 결과는 스트레스 자극에 대해 아무 생각 없이 즉시 반응하는 자동 반응에 의한 것이다. 한 걸음 물러서는 것은 스트레스에 대한 즉각 반응을 요구하는 경보기의 메시지에 과잉 반응하지 않고 스트레스를 조절하는 방안을 탐색할 여유를 준다. 그다음으로 한 생각에 초점을 두는 것은 스트레스를 문제로 보고 이것을 고치려고 노력하는 대신, 현재 자기 삶에서 가장 중요한 것에 초점을 맞추는 것이다. 이는 학습 뇌가 경보기 메시지를 경청하고 현재 상황에서 분명하게 생각하는 능력을 회복시킨다.

한 생각에 초점 두기는 삶에서 가장 중요한 것에 초점을 맞추도록 뇌를 사용하는 방법을 학습하는 것을 목표로 한다. 이는 뇌를 활용하여 긍정적인 것에 초점을 맞추는Focusing 방법이다. 첫째, 자극 인식하기Recognizing Triggers는 사고 중추가 현재 순간의 경보기 욕구를 알아차리도록 하는 것이다. 둘째, 정서역량 강화하기Empowering Your Emotions는 경보기의 자동 반응 정서를 인식하고, 삶에서 최선을 다한다고 느낄 때 최상의 감정을 기억에서 찾는 것이다. 셋째, 핵심가치 발휘하기Exercising Your Core Values는 사고 중추가 경보기의 생각에 주의를 기울이고, 이를 이용하여 새로운 가치를 창조하거나 기억 중추에서 자기에게 가장 중요한 생각을 찾는 것이다. 넷째, 최상의 목표 결정하기Determining Your Optimal Goals는 경보기가 요구하는 목표와 핵심가치를 반영하는 목표를 확인하는 것이다. 경보기 목표를 존중하면서 핵심목표로 확장하는 것은 경보 수준을 낮추어 제자리로 돌린다. 다섯째, 선택 최적화하기Optimizing Your Choices는 경보기의 요구와 핵심가치에 기초를 둔 최상의 목표 사이의 선택이다. 행동하기 전에 두 목표를 모두 고려하는 것은 경보기와 사고 중추의 동반자 관계를 이룩하여 개인적 통제를 높인다. 끝으로, 기여하기Making a Contribution는 우리가 스트레스 반응을 통해 자기 삶에서 진정으로 중요한 것을 상기하여 경보기를 평온하게 하면, 다른 사람의 경보기도 평온하게 만들어 주는 위대한 기여를 한다는 것이다.

이 책은 번역을 결정하기 전에 대학원 수업에서 보충 교재로 활용하였다. 강의를 진행하는 중 활발한 참여와 토론을 통해 흥미로운 수업 경험을 제공하고 이 책의 유용성을 공감해 주어 번역하도록 자극을 준 영남대학교 대학원 긍정심리학 전공 대학원생 모두에게 감사한다. 끝으로 이 책의 번역을 흔쾌히 수락하고 출판을 허락해 준 학지사 김진환 사장님과 저작권 확인을 위해 수고해 준 소민지 님, 편집과 교정에 수고해 준 유가현 님께 감사한다.

2017년 2월
역자 일동

저자 서문

이 책에서 우리가 말하고 있는 이야기는 진실이다. 우리는 수천 명의 사람이 뇌의 스트레스 경보를 조절하여 삶에 대한 통제를 되찾는 것을 학습하는 경우를 보았고, 때로는 그들에게 도움을 주는 특혜를 얻었다. 우리가 기술하는 모든 사례에서 이야기의 세부적인 사항은 개인의 사생활을 보호하기 위해 바꾸었다. 이 책에서 서술된 내용과 우리가 알고 있거나 치료를 했던 사람들의 사례에서 혹시라도 발견되는 유사점이 있더라도 전혀 고의가 아니며, 특정 개인에 관한 기술로 오해해서도 안 될 것이다.

우리는 당신이 이 이야기를 읽으면서, 스트레스를 불안과 절망의 근원에서 세상을 살기에 더 나은 장소로 만들 기회로 바꾸려는, 현대 삶의 최대 도전에 직면한 사람들에게서 자기 모습을 그려 볼 것을 희망한다.

차 례

| 제3부 |

스트레스를 받기 전에 한 가지 생각에 초점 맞추는 세 가지 방법

| 제4부 |

최상의 삶

들어가기 전에

스트레스가 우리의 삶을 사로잡고 있는 것을 어떻게 멈출 수 있을까?

우리가 스트레스를 아무리 잘 다룬다고 할지라도 스트레스는 우리를 금세 압도한다. 심한 스트레스를 겪으면서도 놀라울 정도로 평온하거나 침착한 사람조차도 예외 없이 스트레스로 인해 붕괴를 경험한다.

우리는 스트레스를 관리하려고 열심히 노력한다. 그렇지만 여전히,

- 논쟁 중에 실제로 의도하지 않은 말을 하는 자신을 발견한다.
- 누군가와 한 약속을 잊어버려서 그들의 실망과 자기의 죄책

감을 처리해야만 한다.

- 괴롭힘이나 학대를 당할 때 주장하는 대신 굽힌다.
- 경쟁으로 열 받아서 제대로 생각할 수 없거나 불안해서 숨이 막힌다.
- 충동적으로 행동하고, 잘못이라고 인지하는 일도 한다.
- 책임져야 할 때 누군가를 비난하는 자신을 발견한다.
- 앞으로 나아가야 할 때 과거에 집착한다.
- 자기 자신이나 누군가를 용서할 수 없다고 느낀다.
- 마감 시간이 되어서 지체하거나 포기한다.
- 가장 사소한 일조차 실패한다.

스트레스가 높아져서 우리의 더 나은 판단이나 대처하려는 시도가 실패할 때, 끔찍한 일이 때로는 즉시 그렇지만 종종 천천히 발생한다. 당신은 삶이 위기에 처하거나 아주 소중한 관계가 깨어지고 난 후에 그것을 알아차리거나 깨어나서, 자기가 될 수 있는 모습에 대한 이정표를 벗어났다고 깨닫는다.

왜 이런 일이 발생하는가? 그 해결책은 무엇인가?

과학자는 스트레스가 신체뿐 아니라 특히 뇌에 미치는 영향을 알아보는 새로운 방향의 연구를 시작했다. 이 연구는 보통의 일상적인 스트레스 요인에 초점을 두기보다는 **외상적** 스트레스나 심리적 외상으로 알려진 매우 전문화된 영역에서 수행된다.

외상적 스트레스 요인은 당신에게 충격을 주거나 공포를 일으키는 사건인데, 이러한 경우에 삶이 주마등처럼 눈앞에서 지나간다. 그것이 지나가면 당신은 살아 있다는 사실에 감사한다. 그러나 그 경험은 뇌에 심한 영향을 미친다.

그 연구는 뇌가 손상받는 외상을 보여 주기보다는 오히려 외상이 뇌가 작용하는 방식을 변화시킨다는 것을 보여 주었다. 그것은 또한 신체가 스트레스 상황에 반응하는 방식에 커다란 영향을 미치고, 이 변화는 일상생활의 정상 수준의 스트레스조차 과도하게 느껴서 이에 대처하기 위해 상당한 노력을 초래할 수 있다.

많은 사람에게 외상적 스트레스는 외상후 스트레스 장애PTSD라고 불리는 질병을 초래한다. 외상후 스트레스 장애에 대한 연구는 수개월 또는 수년간 지속되었으나 환자를 대상으로 수행한 연구는 스트레스 반응이 사라지지 않는 사람을 도울 방법을 밝혔다.

외상적 스트레스에 관한 연구에서 나온 결과는 외상을 경험하지 않은 경우에도 **도움을 줄 수 있다.** 외상적 스트레스 요인에 대한 노출의 결과는 일종의 스트레스로 인한 붕괴가 뇌에 미치는 새로운 사실을 밝혀 준다.

그것은 신체를 스트레스 호르몬으로 넘치게 만드는 심한 외상적 사건을 필요로 하지 않는다. 이는 전화가 울리는 것을 멈추지 않을 때에도 발생할 수 있다. 배우자나 자녀가 성가신 일을 할 때, 어떤 운전자가 길에서 자기 앞에 새치기를 할 때, 동료 작업자가 어질러 놓아 청소를 해야만 할 때도 그렇다. 이는 종종 의미가 없는 것처럼 보이는 우연적 이유로도 발생한다.

당신은 대부분의 경우 상황을 처리하고 스트레스 반응을 효과적으로 관리한다. 당신은 심호흡하고, 10까지 수를 세고, 별일 아닌 것을 두고 속 태우지 않아야 한다는 것을 상기하고 새로운 일을 한다. 그러나 스트레스 반응이 통제를 벗어나서 불꽃처럼 퍼져 나갈 때가 있다.

적신호가 보이는데 혈압은 급격히 올라가고, 심장은 쿵쾅거리고, 마음은 분주하다. 스트레스를 받아서 스트레스 관리기법 중 어떤 것도 상기할 수 없다고 느낀다. 대처기법을 사용하려고 애를 쓰나 스트레스 반응이 너무 강해서 진정할 수 없고 이완할 수 없다는 것이 더욱 기분 나쁘게 만든다.

혼잡한 교통 상황과 같은 보통의 경험에 대한 극단적인 스트레스 반응은 엄밀히 따지면 생명을 위협하는 사건에 대한 생물학적 반응과 같지 않으나, 뇌가 두 사건에서 균형이 깨지는 방식은 아주 유사하다.

당신이 지나치게 스트레스를 받아서 대처를 할 수 없거나 시도하는 어떤 것도 효과가 없을 때 어떻게 할 것인가?

빠진 단계:
뇌의 경보 듣기

그 대답은 뇌의 경보를 듣는 것이다. 스트레스는—좀 더 정확하게 스트레스 반응은—문제가 아니다. **스트레스는 개인의 안전과 건강에 필수적 근원이므로 이해하고 가치 있게 여길 필요가 있다.** 이는 완전히 정신 나간 소리처럼 들릴 수 있는데, 도대체 스트레스 반응이 어떻게 삶을 더 건강하게 해 줄 수 있는가? 과학적 연구에서 스트레스가 수많은 질병과 사회문제를 일으킨다고 하지 않았는가? 스트레스가 삶을 비참하게 만들지 않는가? 대답은 예 또는 아니요다. 연구는 어떤 사람이 스트레스를 많이 받으면 받을 수록—어떤 사람의 가족과 사회와 직장이나 학교 환경이 스트레스를 초래하는 조건을 더 많이 만들수록—병에 잘 걸리거나 정서적으로 고통을 많이 받을 수 있다는 점을 반복적으로 보여 주었다. 그러나 이 연구는 스트레스 반응이 해로운 것이라는 점을 증명하지는 않았다.

스트레스 사건은 스트레스 반응을 일으키나 이 공식에는 핵심 고리가 빠져 있는데, 스트레스 사건은 **뇌에 변화를 일으키고** 신체가 잇따라 스트레스 반응을 하도록 자극한다. 이 중간 단계가 중요하다. 우리가 붕괴하는 대신 뇌에서 일어나는 변화를 인식할 때 스트레스 반응은 더 행복하고 건강한 삶을 살도록 도움을 주는, 가치를 헤아릴 수 없는 정보가 된다. 문제는 스트레스가 보내는 메시지를 정확하게 해석하기 위해서는 뇌를 잘 알아야 한다는 것이다.

진실로 스트레스를 감소시키기 위해, 뇌의 생물학과 스스로 스트레스를 관리하는 일에 이를 이용하는 방법을 이해해야만 한다. 너무나 많은 사람이—10년 이상의 획기적인 과학적 연구에도 불구하고—절대 배우지 못한 것은 바로 관리하지 못한 스트레스 반응이 사람의 뇌에 **경보기**가 있기 때문에 발생한다는 점이다. 경보기는 자극을 받으면 극도의 위험에서 안전하게 지켜 주거나 일상생활에 초점을 유지할 수 있게 해 준다. 그러나 뇌의 경보기가 과잉 활동하면 그야말로 뇌, 신체, 삶을 '납치'할 수 있다.

우리는 극단적인 스트레스로 인한 신체적 · 정서적 고통에서 벗어나려고 시도할 때 종종 생각이 없이 자동 반응을 하고 나중에서야 후회한다. 그러나 우리는 뇌의 경보기와 평온하게 느끼고 통제하는 뇌 중추 사이에 동반자 관계를 이룩하는 것을 학습할 수 있다. 이 책은 두 가지 목적이 있는데, 그것은 바로 뇌에 관한 사용자 지침서를 제공하는 것과 뇌가 스트레스에 반응하는 방식을 변화시키는 기술을 소개하는 것이다.

해결 바탕이 되는 과학

당신은 이 책을 읽는 중에 두 명의 안내자를 만난다. 임상심리학자인 줄리언 포드 박사는 외상후 스트레스 장애로 고통을 받는 수백 명의 아동과 청소년, 성인을 상담했다. 그의 연구와 경력은 심한 폭력, 학대, 전쟁, 자연재해에서 살아남은 사람을 치료하는 일에 공헌했다. 그는 과거 35년 동안 동료, 제자와 함께 전쟁에서 귀국한 남녀 군인, 빈곤한 생활을 하는 여성과 아이, 형법 재판을 받는 청소년과 성인, 중독이나 심각한 정신질환에서 회복 중인 남성과 여성을 치료하는 일을 했다. 그가 핵심적인 정서 조절 기술을 강조함에 따라 세계보건기구, 국립건강연구소, 미국보건사회복지성, 재향군인회, 질병관리센터와 같은 기관이 외상후 스트레스 장애의 치료와 예방을 위해 그에게 자문을 구했다.

존 워트만은 하버드에서 성직자 훈련을 받았고 공공 부문에서—병원과 교회, 노숙자를 대상으로 일함으로써—경력을 시작했다. 그가 리더십 계발을 위해 기업에서 일을 시작했을 때 방문했던 모든 곳에서 무언가가 빠진 것을 알아차렸다. 종종 제공되는 해결책과 지원은 단기적으로 문제를 정지시키는 조처였고, 개인에게 상황을 개선하는 기술을 절대 가르치지 않았다. 존에게 줄리언의 연구를 발견한 것은 뉴턴과 그의 사과 같았다. 줄리언은 개인이나 조직의 건강에 부정적인 영향을 미치는 지속적인 패턴을 다루는 배후 이유와 전략을 발견했다. 존은 줄리언의 방법을 사용하여 환자나 비탄을 겪는 사람, 스트레스로 붕괴된 경영진 또는 대학의 운동선수를 대상으로 검증했다. 이 모든 사람은 스트레스를 관리하는 능력이 향상하였다고 보고했다.

우리는 이 책을 같이 쓰고 있는데, 우리는 도합 50년 동안 최악의 외상을 경험한 사람과 일상적 스트레스를 다루려고 노력하는 보통 사람을 연구하거나 치료했으므로, 뇌가 스트레스에 반응하는 방식에 관해 오해를 초래하는 공통의 문제를 발견했다. 스트레스나 뇌는 모두 적이 아니다. 스트레스로 인해 붕괴를 겪은 뇌는 반드시 고장이 나거나 잘못된 것은 아니다. 뇌는 단순히 장기적이고 불필요한 스트레스 반응에 사로잡혀 있는 것이고, 우리가 꼼짝 못하고 있을 때 자유로워지는 것을 도와줄 사용자 지침서가 필요하다.

스트레스를 감소하기 위한 사용자 지침서

스트레스 붕괴가 발생할 때나 혹은 더 나은 경우가 발생하기 전에, 마음과 신체를 자유롭게 하는 방법을 설명하는 사용자 지침서를 찾을 수 없었다. 우리는 뇌가 기능하는 방식과 스트레스를 관리하는 기법을 가르치는 많은 가치 있는 책의 애독자이나, 여기에서 말하고 싶은 것과는 결정적인 격차가 있다. 우리의 목표는 뇌가 스트레스를 겪을 때 어떻게 변하는가를 이해하고 도와서 뇌를 의도적으로 사용하는 방법을 알게 하는 것이다.

제1부에서는 뇌의 스트레스 반응과 관리 체계를 탐색한다. 뇌가 어떻게 생존 모드에 돌입할 수 있는지, 학습에 초점을 맞추는 사고 중추와 기억 중추로 어떻게 자연스럽게 끌려들어 가는지를 보여 준다. 스트레스를 문제로 취급하는, 자주 저지르는 실수를 반복하는 대신 경보기와 뇌의 학습 중추 사이의 동반자 관계를 이루는 기회를 보여 줄 것이다. 뇌의 경보기와 학습 중추가 협동하면 붕괴가 멈추거나 시간이 더 짧아지거나 부드러워지거나 관리가 가능해진다.

제2부는 뇌가 가장 효과적으로 작용하도록 해 주는 두 가지 기술을 학습하고 실천함으로써 이 동반자 관계가 일상생활에서 어떻게 형성되고 유지될 수 있는가를 보여 준다. 당신은 “그 기술이라는 것이 뇌의 화학적 균형을 잡기 위해 항우울제나 항불안제를 복용하는 것이나 수술을 하는 것이 아니냐?”라고 물을 수 있다. 약물치료는 도움을 줄 수 있으나 뇌의 경보 체계가 작용하는 방식을 변화시킬 수는 없다. 약물치료는 경보 체계와 동반자가 되도록 뇌의 학습 중추를 활성화할 수 없다. 그러기 위해서 당신 스스로 뇌를 제자리로 돌아가도록 가르칠 필요가 있다. 이는 뇌의 위대한 강점—사고 능력—을 다른 뇌 중추와 동반자 관계를 이루도록 사용하는 것을 의미한다. 신경과학에 기초를 둔, 제2부에서 집중하는 두 가지 방법은 스트레스 반응에서 뇌의 역할을 복잡하게 만들기보다 단순하게 만들 수 있다. 뇌를 가장 효율적으로 사용하는 방법은 항상 의도적으로 초점을 맞추는 행동이고, 초점을 맞추는 방법은 기억하기 쉬우면서 임상적으로 효과가 있는 방식으로 설명될 것이다.

제3부에서 당신은 이미 뇌의 경보기를 제자리로 돌려놓는 가장 우수한 방법을 알고 있을 테지만, 우리 대부분이 스트레스를 다루려고 배워 왔던 방법이 **상식적이지 않다**는 것을 알게 될 것이다. 스트레스를 관리하는 전문가조차도 스트레스 반응을 제거하기, 극복하기, 벗어나기를 지나치게 강조한다. 스트레스 반응은 활용할 필요가 있다. 그것은 제거할 수 없으므로 일찍 포착하여 유용한 정보를 제공하는 것으로 이해한다면, 삶에서 가장 중요한 것에 초점을 맞추도록 뇌를 사용하는 학습을 도울 수 있다. 우리는 마음과 몸에 초점을 맞추고 경보기에서 오는 필수적인 메시지를 침묵하거나 무시하려고 노력하는 일상적인 오류를 극복해 주는 세 가지 강력한 뇌 영역을 보여 줄 것이다.

뇌의 기억과 사고 중추를 이용하여 경보기를 제자리로 돌려놓는 방법을 알 때 통제가 회복된다. 불행하게도 대부분 당신 주변 사람은 아직도 스트레스를 오해하고 뇌가 만드는 감옥에 사로잡혀 있다. 마지막 부분은 뇌가 작용하는 방식에 관한 지식을 이용하여, 학습 내용을 매일 온종일, 실용적인 방식으로 응용하도록 준비한다. 당신은 삶에서 스트레스를 관리하고, 학습한 것을 알지 못하는 사람과 더 의미 있는 방식으로 상호작용할 준비를 하게 된다.

뇌가 진정으로 스트레스를 관리하도록 준비하는 것은 가능하다. 그 결과는 노력할 만한 가치가 있는데, 그것은 바로 삶을 궁극적으로 가치 있게 만들어 주는 평온함과 자신감을 찾는 것이다.

제1부

스트레스와 뇌

제1장 생존 뇌
제2장 학습 뇌
제3장 우리의 목표: 최상의 뇌 육성하기

제1장

생존 뇌

제1장은 당신에게 스트레스가 어떻게 느껴지는가를 소개함으로써 시작한다. 우리 대부분은 심한 스트레스가 어떻게 느껴지는가를 알고 있으나 종종 매 순간 다가오는 스트레스를 알아차리지 못한다.

자기 스트레스 수준을 지금 바로 재어 보라. 1부터 10까지에 해당하는 척도에서 10은 스트레스를 가장 많이 느끼는 것이고 1은 가장 이완되고 행복한 것인데, 당신의 지금 스트레스 수준은 얼마인가?

당신이 집에서 안락의자에 앉아서 독서를 하고 있다면, 휴가 중에 해변에 앉아 있다면 혹은 맛있는 커피를 마시기 위해 휴식 시간을 갖고 있다면 스트레스 수준은 1 또는 2로 매우 낮을 것이다. 그러나 당신이 비행기에 타고 있고 옆에 있는 사람이 기침하고 있다면 스트레스는 3 또는 4 정도 될 것이다. 당신이 좋아하지 않는 사람에게 둘러싸여 있거나 혹은 일을 미루고 있는데 마감 시간에 쫓긴다면 스트레스는 더 높게 올라갈 것이다.

빨리 실험을 한번 해 보자.

당신의 모든 돈이 없어졌다고 상상하라. 더 나쁜 것은 당신은—도움을 줄 가족이나 친구가 없이—혼자이고 아무것도 갖고 있지 않다. 1초 동안 그런 생각에 머물러 있어 보라.

스트레스 수준은 얼마인가?

그 수준이 처음 자체 검사를 한 것보다 올라갔는가? 대부분 사람에게 자신의 모든 돈을 잃어버린다는 생각은 스트레스를 상승하게 할 것이다. 우리 각각은 스트레스가 어떻게 느껴지는가를 알아차릴 수가 있고, 이 책의 전반에 걸쳐 자기 스트레스 수준을 측정하는 연습을 하여 스트레스가 당신을 통제하도록 놔두기보다는 당신이 스트레스를 통제하는 일을 돕게 될 것이다.

이제 스트레스를 줄이자.

당신이 가장 사랑하는 사람, 가장 편안하게 느끼는 사람을 생각해 보자. 당신을 만나서 행복하고 들떠 있는 그 사람의 얼굴을 상상해 보자. 당신이 지금 그 사람과 함께 있다면 1분 동안 그 사람을 쳐다보는 즐거움을 가져라(당신이 노려보는 것처럼 느낀다면, 상대방에게 당신이 실험 중이고 1분 이내에 설명할 것이라고 말하라).

스트레스가 내려갔는가?

스트레스를 줄이는 것은 얼마나 완전하게 초점을 맞추는가에 달려 있다. 사랑하는 사람에 대한 생각 혹은 경험에 초점을 맞출 수 있으면 스트레스 수준은 내려간다. 스트레스 반응에 대한 가장 신속하고 좋은 해독제는 일차적 관계에서 안전감을 느끼는 것이다. 스트레스가 줄어들지 않았더라도 당신에게 어떤 문제가 있다는 것을 의미하지는 않는다. 이는 단순히 이렇게 하는 것이 당신에게는 생각을 지금 이 순간에 초점 맞추게 해 주는 방법이 아니라는 것을 의미한다. 이 책 전체에서 당신이 초점을 맞추기 원하는 것을 발견하도록 하여 스트레스를 관리하기 위한 가장 좋은 방법을 배우도록 도울 것이다.

처음 실험과 이번 장의 목표는 당신에게 스트레스가 뇌의 어느 곳에서 발생하는지를 알게 만드는 것이다. 때때로 스트레스는 신속하게 다가오고, 또 어떤 때는 서서히 나타난다. 스트레스가 어떻게 발생하는가를 알아차리는 것은 스트레스를 관리하는 데 필요한 자각을 쌓아서, 당신이 최선을 다할 때처럼 삶을 경험하게 할 수 있다.

불행하게도, 그것은 현재 스트레스 수준을 다시 증가시켜 볼 필요가 있다는 것을 의미한다. 우리가 지금 하려고 하는 일은 미안하지만, 그래도 중요하다.

사고가 났다는 전화를 받았다고 상상해 보자. 당신은 가장 사랑하는 사람의 목숨이 위험하고 사망할 가능성이 높아서, 그 사람을 다시는 볼 수 없다.

그 불쾌한 생각이 주는 영향을 몇 초 동안 느껴 보자.

마음과 몸에서 질주하고 있는 생각이나 느낌에 신경을 집중해 보자. 마치 뇌에서 어떤 경보가 울리고, 제대로 생각을 할 수조차도 없는 것처럼, 분명히 생각하는 것이 얼마나 어려운가에 주목해 보자.

당신이 이 상황을 기꺼이 현실이라고 믿는다면, 그야말로 스트레스 반응이 올라감을 느낄 것이다.

자, 이제 사랑하는 사람을 상상해 보자.

좋았던 경험, 이를테면 당신이 그 사람과 함께하기를 좋아하는 어떤 것, 같이 저녁 식사하기에 좋은 곳, 당신을 항상 웃게 하여 준 그 사람이 하는 작은 일 등을 떠올려 보라. 당신이 전적으로 좋아한다고 느끼는 한 가지 경험을 생각할 수 있다면 어떤 일이 일어나는가에 관심을 기울여 보아라. 스트레스 수준이 떨어지는 것을 느낄 것이다.

당신이 삶에서 가장 가치 있고 중요한 것에 마음의 초점을 맞추는 방법을 이해하는 것은 느끼는 방식을 변화시키는가? 우리가 감정을 가지고 장난하려는 것은 아니다. 스트레스를 통제하는 것은 어떻게 그리고 무엇에 초점을 맞추려고 선택하는가에서 비롯된다.

우리가 배워 왔던 상식적인 해결 기법, 즉 긍정적으로 생각하거나 문제를 해결하는 기법은 도움이 될 수 있다. 그러나 진정으로 긍정적으로 생각할 수 있게 되거나 스트레스를 일으키는 문제를 효과적으로 풀기 전에, 먼저 가장 중요한 것에 마음의 초점을 맞추어야만 한다.

우리는 그 방법을 알려 주려고 한다.

스트레스의 역설과 현대 세계

마음에 초점 맞추는 방법을 배우는 것은 몸이 스트

레스를 느끼려고 한다는 것을 깨달을 때 시작한다. 우리를 안전하게 하고 깨어 있도록 하는 것이 생물학적 성향의 일부이나, 우리는 거의 매일 이 선천적인 보호 장치를 나쁜 것으로 취급한다. 우리는 스트레스를 초래하는 일을 절대적으로 다룰 수 없거나 혹은 다룰 수 있을 때까지 회피하는데, 직장이나 학교에서 꾸물거리거나, 어려운 대화를 갖기 전에 마지막 순간까지 기다리거나, 휴일 쇼핑도 세일 마지막 날까지 미룬다.

우리는 스트레스를 받을 때 어떻게 느끼는가를 무시하려고 애쓴다. 우리는 TV를 보거나, 인터넷 게임을 하거나, 잡지나 소설에 빠져든다. 불행하게도, 우리는 스트레스를 무시하는 것이 효과가 없을 때가 되어서야 기분을 좋게 해 주는 어떤 것을—자신에게 좋지 않다는 것으로 알고 있더라도—시도한다. 그래서 여전히 우리는 스트레스를 피할 수 없다.

스트레스는 불가피하다.

스트레스를 효과적으로 관리하는 법을 학습하기 위해서는 스트레스를 회피할 수 없다는 것을 인정해야 한다. 뇌에 스트레스를 초래하는 위협은 곳곳에 있는데, 상품 가격이 오르는 것, 이전보다 더 늘어난 작업 시간, 긴 통근 시간, 집이 침수되는 것 등이다. 삶에서 압박은 보편적이고, 복잡성—지나친 일정, 끊임없는 연락, 국제경쟁—은 우리를 지치고 피곤하게 한다.

그러나 역설적인 것은, 현대 생활이 인간 역사에서 어떤 시점보다 더 많은 자원과 안락—정보, 음식, 기후 조절, 옥내 화장실, 보건, 오락—을 제공한다는 것이다. 이러한 발전 중 어떤 것도 우리에게 스트레스에 대한 면역을 제공하지는 못한다.

더욱 역설적인 것은, 매우 가치 있는 스트레스 관리법이 풍부하다는 것이다. 21세기의 대부분의 사람은 이전 세기의 가장 권력이 많거나 특혜를 받거나 지식이 있는 사람보다 스트레스에 대처하는 방법을 더 많이 알고 있다.

모든 기회를 고려해 보자. 다수의 헬스클럽에서 요가를 가르친다. 명상집단은 여러 지역에서 영적 공동체로 모임을 한다. 보험회사는 미국 대부분의 병원에서 마음챙김 훈련mindfulness training에 대해 비용을 지급한다. 기도는 과거 종교 전통에서 활용될 수 있다. 대부분 지역사회에 건강센터가 있고, 수많은 안전한 산책길과 달리기 및 자전거를 위한 길이 있다. 전 세계 수백만의 정신건강 및 인간 봉사 전문가는 최악의 외상의 고통에서부터 직장과 가정의 일상적인 스트레스까지 모든 것을 완화하기 위해 상담과 과학적으로 검증된 치료를 제공한다. 그럼에도 불구하고 우리는 여전히 스트레스를 너무 자주 겪는다.

뇌가 스트레스 감소를 위해 갖고 있는 자원을 이용하기 위해서는 스트레스 반응을 초래하는 뇌 부위와 스트레스 반응을 삶의 유용한 정보로 활용하는 방법을 알아야만 한다.

경보기

모든 사람의 뇌에 경보기alarm가 있다.

모든 과학자가 정서의 근원이라고 믿고 있는 아몬드형의 구조인 한 쌍의 편도체amygdala가 뇌의 심층부에 있다. 뇌의 좌측과 우측 모두에서 발견되고 중추신경계에서 일찍 발달한 이 영역은 잠에서 깨우는 자명종 그리고 생명이 위협받는 위기에서 화재경보기와 같은 기능을 한다.

편도체의 기능은 경계할 필요성이 있을 때마다 신체에 신호를 주는 것이다. 일상적인 환경에서의 첫 번째 정보는 잠에서 깨어나는 정상적인 변화일 수 있다. 이는 신체가 백일몽을 꾸거나 지루해하다가 주의를 쏟는 쪽으로 변할 때도 발생한다. 교사나 고용주가 당신의 이름을 부르면 다시 주의를 쏟고 반응하도록 신체와 정신을 깨우는 경보가 된다. 그 경보는, 우는 아기 혹은 고통을 받고 있다는 것을 알려 주는 어떤 시선이나 목소리 톤을 나타내는 친구와 같이, 다른 사람이 자신의 필요나 감정을 표현할 때도 반응을 한다. 운전 중에 의식적으로 도로를 주시하지 못하다가 갑자기 주의를 환기할 때, 주의를 촉구하는 것은 바로 뇌의 경보다. 대부분 뇌의 경보는 도움이 되는데, 일종의 놀라게 하는 신호로서 주의가 필요할 때 당신이 마음을 집중하도록 상기시킨다.

당신은 경보가 경계를 시키려고 하는 이런 부드러운 자극을 결코 알아차리지 못할지라도 이미 자신의 경보가 발령될 때와 조용할 때의 차이를 알고 있다. 당신이 잠에서 깨어나는 순간에 경보는 보통 최저 수준에 있고, 신체는 조용하고 평온하다. 일상적인 아침에 경보는 따뜻한 샤워기의 물 혹은 갓 내린 커피향을 느낄 때에야 비로소 활성화된다. 그것은 이를 닦아서 건강을 유지하거나 아침에 요가를 하여 강건함과 탄탄함을 유지하는 것 같은 작은 일에 주의를 더 많이 쏟도록 만든다.

그러나 당신이 늦잠을 자는 아침도 있다. 당신이 깨어나서 이미 늦은 것을 알았을 때 신체에서 느끼는 전율과 함께—그것도 뇌의 경보인데, 단지 지금에는 기본적인 모닝콜에 제2의 메시지를 첨

가한다. 당신이 문제를 알아차릴 때—실제로는 문제를 의식하기도 전에, 가장 심층에 있는 뇌의 부위가 어렴풋하게 오류를 인식할 때—경보는 행동하라는 신호를 보낸다. 그것은 '가만히 있지 말고, 무엇이라도 해라!'라고 말한다.

이것이 두 번째 메시지인데, 아드레날린의 쇄도와 함께 나타나고, 전율이나 강한 고통처럼 느껴진다. 그 시점에 경보는 위기를 직면하고 있다는 것을 알려 주고, 그래서 당신은 침대 곁에 있는 알람시계에서 울리는 소리를 부드러운 교향곡보다는 화재경보처럼 느낄 것이다. 뇌의 경보는 자신과 주변 사람이 하는 것을 생산적이고 즐겁도록 놔두지 않는다. 이제 그것은 **적색 경계경보**를 발령한다. 그것은 몸의 모든 자원을 동원하여 경보가 알려 주는 임박한 위기를 처리하라고 말해 준다.

다른 극단적인 경우에는 경보가 좀 더 심각한 목적, 즉 생존을 위한 역할을 한다. 어떤 사람이 위험을 직면하거나 현실적 피해에 노출되면 뇌의 경보는 고도 경계 상태로 전환된다. 이것은 경보의 위기 기능이다. 칼을 든 남자를 본 어떤 사람은 전신에서 경보가 울리므로 도망을 간다. 달려오는 차에 대해 생각 없이 반응하여 다른 사람을 도로 밖으로 밀쳐낸 어떤 사람은 경보 때문에 영웅적 행위를 할 수 있다. 멈추거나 생각할 시간이 없을 때, 즉각적 행동—싸움 혹은 도망—은 생명의 위협에서 도피하거나 그 위협과 투쟁하는 일에 필요하므로, 경보는 자기나 주변의 누군가를 구할 수 있는 행동을 하도록 만든다.

경보는 잘못 울릴 수 있다

뇌에서 이 경보가 갖는 문제는, 특정 종류의 스트레스가 경보를 잘못 울리게 만든다는 점이다. 누군가의 편도체는 각성하거나 경계를 하도록 유용한 독촉 신호를 제공하거나 과잉반응하도록 만들 수 있다. 좀 더 문제가 되는 것은 위기가 없을 때 혹은 위기가 지나가고 문제가 해결되었을 때에도 경보가 **생존 모드**survival mode에 머무를 수 있다는 것이다. 우리의 삶에서 상당한 스트레스는 경보가 알려 주는 심각성과 실제의 위험 수준이 맞지 않을 때 발생한다. 예를 들면, 회의 시간에 늦은 영업사원에 대해 말해 보자. 그는 자동차 열쇠를 챙기지 않고 집 밖으로 뛰쳐나간다. 그가 현관으로 되돌아 달려갈 때 두 살배기 딸이 자신을 향해 달려오면, 그는 "지금은 안 돼!"라고 소리친다. 그가 집 안으로 다시 들어왔을 때 아내는 추가로 작별 키스를 받을 것이라 생각하고 미소를 지을 테지만, 그의 경보 반응이 **그녀의** 뇌에서도 똑같이 강한 경보 반응을 일으키므로 이제 그녀도 고함을 칠 태세가 된다.

뇌의 경보기가 생존의 위협과 일상적인 사건 사이의 차이를 구별하지 못할 때, 기본 선택지는 그 경보가 중요한 위기를 알려 주는 것으로 보는 것이다. 예를 들면, 1950년대와 1960년대에 걸쳐 수행하였던 고전적인 사회심리학 실험에서는 보통 사람이 극단적인 반응을 요구하는 상황에 놓이면 낯선 사람이나 동료 학생에게 상상 이상의 폭력적 처벌을 가하는 반응을 보였다. 그들은 자신이 실험 상황에 있다는 것을 잘 안다고 할지라도 일반적으로 예상하는 것과 다른 방식으로 반응했다.

유명한 밀그램의 실험Milgram Experiment에서 참가자는 자신이 실험자의 기준에 미치지 못한 상대방에게 소름 끼치게 고통스러운 전기충격을 가하고 있다고 생각했다. 두 실험자는 전문 배우였고 전기충격은 실제로 주어지지 않았으나, 실험 참가자는 이를 알지 못했다. 그들은 상대방을 실제로 해칠 수 있다고 생각하면서도 계속 전기충격을 가했는데, 실험자가 그렇게 하도록 지시를 했기 때문이었다. 그들 모두는 '나는 이것을 해야만 해!'라고 믿었다. 뇌의 경보기는 단순히 질문에 잘못 대답하는 상대방을 해치는 것을 멈추어야 하는 자명한 선택을 무시했다.

그들 각각은 올바른 일을 하도록 결정할 수 있었고, 믿을 수 없게 잔인해 보이는 그 일을 멈출 수 있었으나, 자신의 기본적 가치를 떠올릴 만큼 분명하게 생각하지 못하고 있었다. 이것은 그들에 대한 비난만은 아니다. 이러한 일은 일상생활에서 우리에게도 발생한다—우리가 자신에게 중요한 것에 대해 타협을 시도할 때 이토록 분명하고 고통스럽게 반응하는 경우는 드물다. 우리는 보통 배우자나 자녀가 작은 실수를 할 때 부당하게 대하는 것과 같이 더 작은 방식으로 반응한다.

또 다른 연구인 스탠퍼드 감옥 실험Stanford Prison Experiment에서 교도관 역할을 하는 대학생은 수감자 역할을 하는 다른 학생에 대해 폭력적인 형벌을 가하였다. 이런 종류의 경보에 의해 유도되는 과잉 반응은 연구 참가자 자체 혹은 그들의 가치나 뇌가 근본적으로 선하거나 악해서 그런 것은 아니었다. 그들은 예기치 못하게 스트레스를 주는 부담스러운 문제를 다루기 위해 최선을 다하고 있었고, 경보기가 위협을 지각하고 있다는 것을 알지 못했다.

여기서 잘못된 것은 경보기가 문제의 심각성을 철저하게 오도하고, 필요하지도 않을 때 **생존 반응**survival reaction을 일으켰다는 것이다. 누구도 실제로 위험에 처해 있지 않았고, 특히 잘못된 대우를 하는 모든 참가자도 그랬다. 스티븐 핑커Steven Pinker가 자신의 저서 『우리 본성의 선한 천사The Better Angels of Our Nature』에서 주장했듯이, 우리가 선천적으로 잔인한 성향을 갖고 있지 않다는 증거는 많다. 그 경우에 참가자가 반응했던 방식에 대한 최선의 설명은 그들의 뇌가 자신의 생존이 극단적 조처에 달려 있다고 느꼈다는 것이다. 스트레스로 인해 뇌가 상황을 잘못 판단할 때, 인간관계, 직장 혹은 우리 생활의 다른 중요한 영역에 해를 끼칠 수 있는 과잉 반응이 초래된다.

그러나 어떻게 건강한 뇌가 진정으로 생존에 필요하지도 않을 때도 다른 인간에게 학대를 가하는 미친 짓을 할 수 있는가? 스트레스가 오랜 시간 쌓일 때 혹은 외상적 사고, 폭력, 학대와 같은 극단적인 스트레스를 경험한 후에, 뇌의 경보기는 지나치게 과민해지고 과잉 반응을 하는 경향을 보인다. 우리는 우연히 공으로 우리를 맞힌 자녀와 함께 농구를 하는 등 악의 없는 행동을 하다가도, 갑자기 사랑하는 자녀에게 소리치는 자신을 볼 것이다. 그 연구에서 참가자는 감정이나 생각이 생존 모드로 변경된 것을 의식조차 못했을 것이나, 그들의 반응이 그 사실을 대변해 준다. 우리 대부분은 최후의 순간까지 극단적 스트레스의 시작을 인식하지 못하고 주체를 못하는 것처럼 느끼거나 폭발 직전이 된다. 그러나 우리는 이를 금방 알아차릴 수도 있다.

앞으로 우리는 당신에게 스트레스를 받고 있다는 지속적인 느낌과 극단적인 경보 반응을 방지하기 위해서 경보를 가라앉히고 제자리로 돌려놓는 방법을 알려 줄 것이다. 때때로 극단적인 경보 반응이 필요한 경우가 있다. 우리가 아드레날린의 충격, 삶의 진정한 위기 중 하나를 극복하기 위해서 아드레날린이 제공하는 신체적 · 정서적 · 심적 역량이 필요할 때가 자주 있다.

헐크와 슈퍼맨

스탠 리Stan Lee와 잭 커비Jack Kirby는 1962년에 『두 얼굴의 사나이The Incredible Hulk』를 썼고, 만화의 주인공인 루스 배너 박사를 치명적인 방사능에 노출시켰다. 원작 만화에서 헐크는 옷을 단정히 입은 내성적인 의사에서 해 질 무렵 변화된 자아를 가진 헐크로 변했다. 원작 만화는 6권이 발행된 후 중단되었으나, 등장인물은 이 만화로 끝나지 않았다.

리가 헐크를 창조하는 데 지킬과 하이드 그리고 프랑켄슈타인의 영향을 받았다고 인용한 반면, 잭 커비는 아이를 구하기 위해 차를 들어 올린 여성을 목격한 이야기를 하였다. 헐크가 『테일즈 투 어스토니시Tales to Astonish』 편으로 돌아왔을 때 우리가 현재 알고 있는 우상이 되었다. 과학자에서 거대한 초록 괴물로 변하는 것은 심한 감정적 스트레스에 의해 일어났다. 공포나 분노 중 어떤 것에 뿌리를 두든지 간에, 우리는 현재 감마 방사선이 헐크에게 과잉 경보 반응을 하는 성향을 갖게 했다고 농담 투의 확신을 갖고 말할 수 있다.

그리고 만화책의 등장인물은 경보기에 대한 실제 세상의 이해에 커다란 의문을 일으킨다. 커비가 아이를 덮친 차를 들어 올린 어머니를 실제로 보았든지 그 이야기가 만화를 잘 팔기 위한 효과적인 수단이었든지 간에, 어머니가 실제로 아이를 덮친 차를 들어 올릴 수 있는가? 자동차의 평균 하중은 해마다 변해 왔으나 대충 1,800kg에 달한다. 인간이 실제로 헐크와 같이 될 수 있는가?

경보는 우리 또는 주변의 누군가에게 위협을 주는 어떤 경우에도 울린다. 극단적인 경보 반응의 경우에 어머니에게 자녀의 생명을 위태롭게 하는 것보다 더 큰 위험은 없다. 그렇다 해도 극단적인 경보 반응이 실제로 어떤 사람으로 하여금 자기 체중의 25배나 넘는 것을 들어 올릴 수 있게 한다는 말인가?

1982년에 50대 후반의 여성인 안젤라 카발로는 아들이 이웃에 의해 구조를 받는 동안 1964년식 쉐비 임팔라를 5분 동안 들고 있었다. AP통신의 보도와 칼럼니스트 세실 애덤스가 2006년 카발로와 했던 인터뷰에 따르면, 그녀의 아들은 집으로 들어오는 도로에서 자동차의 서스펜션을 손보고 있었다. 그가 실수로 자동차를 흔드는 바람에 자동차는 차를 들어 올리는 잭에서 떨어져 흔들거렸고, 안젤라가 집 밖으로 나왔을 때 아들이 의식을 잃고 자동차 밑에 깔려 꼼짝하지 못하고 있는 것을 보았다.

애덤스에 따르면,

> 안젤라는 이웃집 아이에게 도와 달라고 고함을 치면서 자동차의 측면을 양손으로 움켜잡고 안간힘을 썼다. AP통신의 설명에 따르면, 그녀는 자동차를 10cm나 들어 올렸고, 그녀는 그걸로 되었다고는 생각하지 않았으나 압력을 줄여 주기에는 충분하다고 믿었다. 그녀는 구조 당시 자신

의 행동에 대해 어떤 것도 기억하지 못했고, AP통신은 두 명의 이웃이 잭을 다시 설치하고 그 소년을 끄집어내었다고 말했다.

그녀의 아들은 완전히 회복했다. 한 가지 의문은 어떻게 172cm의 여성이 보통 건장한 남성들의 경연에서나 나타날 법한 위력을 발휘할 수 있는가 하는 것이다.

이것은 뇌의 경보가 신체를 통해서 가능하게 하는 일에 비추어 보면 가능한 범위 내에 있다. 그 이야기는 당신이 잊지 않기를 원하는 중요한 점을 예시해 주는데, 뇌의 경보만이 문제는 아니라는 것이다—사실, 그것은 종종 어떤 해결의 원천이다. 우리는 극단적 환경에서 생존할 기회를 제공하거나 누군가를 살리는 것을 돕기 위해 경보를 필요로 한다. 소방관이 그런 경보를 인지하고 있지 않다면 불타고 있는 건물에 결코 뛰어들지 못한다. 어머니는 자신의 건강에 대한 잠재적 위협과 자신이 사랑하는 사람의 안전을 돌보기 위한 경보를 인지하고 있지 않으면, 아이가 의자에서 떨어지기 전에 붙잡지 못한다.

스트레스로 인한 문제는 **우리 대다수가 뇌의 경보가 켜진 상태로 있을 때 낮추는 방법을 알지 못한다**는 데 있다. 스트레스가 전혀 없는 경우에 1이었고 극단적인 스트레스를 겪을 때 10으로 측정된 당신의 초기 자체 검사 수준을 상기하라. 우리의 스트레스는 종종 7 혹은 8의 수준에 머무는데, 1, 2 혹은 3 수준으로 낮출 수 있다면 쉽게 이완되고, 그 순간에 가장 중요한 것에 초점을 맞출 수 있다. 대신에 위기가 지나간 지 오래된 후에 우리는 경보기가 경계 상태를 유지하거나 어려움에서 벗어나도록 할 필요가 없지만,

더 이상 위급하지 않고 생명을 위협하지도 않는 경험을 떠올리면 여전히 그때와 같은 강도로 반응한다.

두 유형의 스트레스 반응

뇌의 경보가 켜진 때와 중지된 때 두 경우에 신호를 인식하는 것은 경보나 스트레스 반응이 신체에 일으키는 감각을 이해하는 것에서 시작한다. 뇌가 골칫거리를 감지하는 순간에 경보기는 신체의 스트레스 반응 체계를 활성화한다. 우리의 고대 선조가 사냥하고 생존하기 위해서 집단생활을 할 때 뇌는 끊임없는 위험에서 자신을 지켜야만 했다. 세상은 거칠었다. 위험이 곳곳에 도사리고 있고, 그래서 뇌는 계속 안전을 유지하는 일에 주의를 쏟았다.

우리가 식료품점에서 사자를 만날 일은 없지만, 우리 종species이 진화했음에도 불구하고 뇌는 아직도 모든 상황에서 어려움을 살핀다. 현대 세상에서 우리 대다수가 직면하는 문제는 쏟아져 들어오는 자극이 우리가 항상 곤란에 처해 있다고 뇌가 생각하도록 만든다는 것이다. 직장에서 일이 잘 안 풀릴 때 주머니에서 전화가 울리면 우리는 고용주 혹은 나쁜 소식을 전하는 누군가가 아닐까 걱정한다. 경보가 과활동적일 때, 뇌에게는 울리는 전화 소리가 굶주린 사자를 마주하는 것과 같은 경험일 수가 있다. 우리가 한밤중에 전달하기로 약속했던 이메일을 떠올리는 것은 자동차에 깔린 자녀를 보는 것과 같은 극심한 공포심을 불러일으킬 수 있다.

뇌가 골칫거리를 감지하면 경보기는 신경계를 통해서 스트레스에 대한 경계 경보를 보내서 신체가 우리를 보호하도록 준비한다. 정상적인 스트레스 반응은 다음을 포함한다.

- 긴장이 증가한다.
- 심박수가 올라간다.
- 마음이 동요하거나 기쁨에 매우 들뜬다.
- 땀을 흘린다.
- 호흡이 가빠진다.
- 떨린다.

이런 신체적 스트레스 반응은 신체가 시련에 대처하기 위해서 준비하는 방식으로, 그것들이 **싸움** 혹은 **도망** 반응이라고 불리는 이유이기도 하다. 적에 대해 반격을 하거나 혹은 상해를 입는 것에서 도피하기 위해 신체 자원을 가동한다. 그것은 뇌의 경보기가 다른 스트레스 화학물질과 함께 아드레날린을 생산하고 혈액에 순환하도록 부신선에 신호를 보내기 때문에, 종종 아드레날린 쇄도라고 불린다. 아드레날린은 신체가 잠재적인 위협에 대항하여 자신을 방어하도록 준비시키기 때문에, 당신은 가족과 편안하게 저녁 식사를 즐기려고 할 때 이를 전혀 바라지 않는다.

뇌의 경보가 일으킬 수 있는 다른 유형의 스트레스 반응은 거의 반대 형태를 취한다. 때때로 신체가 아드레날린으로 넘쳐나게 되었을 때 우리는 초인적인 힘을 얻는 대신에 동작을 멈춘다. 이런 **동결 스트레스 반응**freeze stress reaction은 신체의 신경계가 잠재적 위협에 대처하려고 준비하는 방식으로 급브레이크를 밟을 때 발생한다. 발각되지 않기 위해서 조용히 있는 동물처럼, 경보기는 자동 반응을 한다. 우리가 단순히 뇌의 원시 영역이 안전을 지키려고 노력하고 있는 것으로 이해하고 나서야, 그 반응은 비로소 의미가 있다.

동결 반응은 싸움 혹은 도망 반응보다 더 좋거나 나쁜 것은 아니다. 우리는 동요, 불안, 분노를 느끼게 하는 아드레날린 쇄도를 경험하는 대신에 탈진을 느끼고, 너무 지쳐서 대항하거나 도피할 수 없다. 단기적으로 동결은 아주 적응적일 수가 있는데, 예를 들면 당신이 멈추어서 잠재적으로 위험한 상황을 훑어볼 필요가 있을 때 그렇다. 그러나 당신이 동결을 **풀 수 없을 때**는 마비를 느낄 수 있다. 당신은 일시 정지뿐만 아니라 **완전 정지**shutting down도 될 수 있다. 이 때에는 동결을 마치 무너져 내리는 것처럼 느낄 수 있는데, 당신이 정말로 원할 때조차도 너무 탈진되어 도망가거나 방어할 수 없다.

두 스트레스 반응은 위기 상황에 따라 도움이 되거나 손해가 될 수 있다. 중요한 점은 스트레스를 받고 있을 때 느끼는 것이 몇 가지 형태를 취할 수 있다는 점인데, 그것은 표면상으로는 매우 다른 것처럼 보이나 근원—뇌의 경보기에서 온 신호—은 같다. 우리가 스트레스 반응을 하고 있다는 것을 스스로 인식할 때가 바로 그것에 대해 무언가를 할 수 있을 때다.

마스터즈 역사상 최악의 드라이브샷

로리 매킬로이는 13번 티 앞에 서 있었을 때, 털썩

앉아서 머리를 팔꿈치 사이에 파묻었다. 아일랜드 역사상 그 누구도 하지 못한 것을 이룩할 기회는 사라졌다. 최상위의 골퍼 중 한 명인 매킬로이는 2011년 조지아 주 오거스타에서 개최된 마스터즈 골프 토너먼트의 최종 라운드를 4타 차이로 선두를 지키며 시작했다.

골프에서 마스터즈 토너먼트는 최고는 아닐지라도 선망의 챔피언십 중 하나였다. 그것은 위대한 선수 중 한 명—보비 존스—에 의해 설계된 코스에서 개최한 초청 이벤트였다. 그 경기에서 승리했던 선수들의 이름은 골프를 치지 않는 사람에게조차도 친숙한데, 타이거 우즈, 잭 니클라우스, 아놀드 파머 등이다. 그날 매킬로이의 대실패 사건은 뇌의 경보가 스트레스를 지각했거나 실제로 겪는 순간에 어떤 일이 생기는지를 보여 준다. 그것은 동시에 행복한 결말을 가져온 이야기이기도 하다.

매킬로이는 5시 전에 그 경기의 후반 9홀에 접어들었다. 날씨는 이상적이었다. 그는 10번째 홀에서 티샷을 할 때 한 타 차로 선두를 지켰다. 4시 53분, 선두를 지키려고 노력함으로써 이미 스트레스를 심하게 받던 그날은 재앙으로 치달았다. 정상적으로는 경기에서 그의 강점이기도 한 드라이버샷은 페어웨이로부터 너무 멀리 벗어나서 TV 카메라가 찾을 수가 없었다. 그의 정상적인 드라이버샷은 300야드를 날아가는데, 이번 것은 100야드만 날아가서 두 오두막집 사이에 떨어졌다. TV 해설가는 특히 경기에서 앞장서고 있는 선수에게서 그런 터무니없는 샷을 본 적이 없다고 말했다. 그는 그렇게 벗어난 샷을 치고 난 후에도 여전히 선두를 지켰다.

그러나 그 선두는 그리 길지 않았다.

경보기가 생존 반응을 일으켰을 때, 가장 훌륭한 선수조차도 분명하게 생각하거나 이전에 수천 번 자연스럽게 해 왔던 것을 할 수가 없었다. 코치는 선수에게 긍정적 태도를 보이고 승자처럼 행동하라고 수년 동안 가르친다. 그들이 학생에게 정작 설명해 주지 않았던 것은 어째서 때로는 가장 훌륭한 선수조차도 자신감을 잃지 않으려고 발버둥치는가에 관한 것이었다.

매킬로이는 페어웨이 밖으로 공을 친 후 마침내 다섯 번째 샷으로 그린에 올렸다. 그는 퍼트를 놓쳤고 일곱 타로 홀에 넣었다. 7타, 즉 트리플 보기는 그가 세 명의 다른 선수보다 두 타를 뒤진 것을 의미했다. 그러나 그것은 단지 몰락의 시작에 불과했다.

그는 다음 홀에서도 세 번 퍼트했는데, 골프선수가 버디(파보다 한 타가 낮은 것)를 할 좋은 기회에서 보기 드문 일이었다. 그는 12번 홀에서 네 번 퍼트를 하여 더블 보기를 하였는데, 골프선수가 경기에서 일 년에 한 번 정도 보일 법한 플레이였다.

로리 매킬로이에게 일어난 일은 경보기가 통제를 벗어난 완벽한 예다. 그는 경기 후 기자회견에서 다음과 같이 자신의 몰락을 설명했다.

> 나는 전반 9홀에서 매우 잘했다고 생각했다. 나는 경기에서 선두를 지키면서 후반 9홀에 들어갔고, 10번째 티샷을 망쳤고, 거기서부터 흐트러졌다. 10, 11, 12번 홀에서도 그랬고, 돌이킬 수가 없었다. 그건 그냥 어쩔 수 없는 일이었다. 나는 그 순간에 매우 실망했고 분명히 이후 며칠 동안은 계속 그럴 것이지만, 결국 그것을 극복할 것이다. 나는 긍정적으로 생각해야만 하고, 그런 긍정은 내가 이번 63홀의 골프 경기 내

내 갖고 있던 것이다. 나에게는 충분히 많은 기회가 있다는 것을 안다. 오늘 일어난 일은 매우 실망스럽지만, 그것이 동시에 나의 인격을 조금 성장시킬 것으로 기대한다.

그가 그날의 시작에서 느낀 스트레스는 안전에 대한 실제 위협 때문에 발생한 것이 아니었다. 그는 전쟁터에 있지 않았다. 사자가 그를 쫓아오지도 않았다. 단지 그의 뇌가 커다란 위험을 지각했을 뿐이고, 몸은 그대로 반응했다. 그가 골프 코스에서 편안하게 느끼려고 노력할 때, 성취하고자 하는 것—자신의 업적과 국가를 위한 승리, 그 경기에서 승리함으로써 역사적으로 위대한 사람이 되는 것, 백만 달러의 상금과 수백만 달러의 보장된 수입을 얻는 것—의 부담감이 경보기를 과활동적으로 만들었다. 그는 과감하게 긴장을 풀고 집중하려고 노력을 하였으나, 과활성화된 **뇌가 이미 신체를 압도한 상황에서 어떻게 뇌를 제자리로 돌려놓아야 할지 몰랐으므로** 그렇게 할 수 없었다.

그가 다루기 힘든 드라이버샷을 쳤을 때, 경보는 이미 6, 7 혹은 8의 수준에 머물렀고, 그의 뇌는 아드레날린을 뿜어내고 있었다. 그의 생각은 실패가 의미하는 것으로 소용돌이쳤고, 근육은 딱딱하게 굳었고, 승리의 기회는 날아가 버렸다. 비록 그가 페이스를 되찾아 마지막 3홀에서 경기를 잘하였을지라도, 경보기를 통제할 능력이 없었던 것은 그가 선망의 타이틀을 획득하는 대신 공동 15등으로 경기를 끝내게 만들었다.

승리하려는 중압감을 이기지 못하고 무너졌던 일부 골프선수는 이전 수준의 경기력으로 절대 복귀하지 못하거나 경기를 완전히 포기했다. 그러나 매킬로이가 실망을 경험한 직후 기자회견에서 말한 것을 다시 주목해 보자. 그는 좌절을 인정한 후에 "나에게는 충분히 많은 기회가 있다는 것을 안다."라고 말했다.

자신의 경보기를 완전히 통제할 수 없어서 몇 시간 전에 몰락했던 그 젊은 선수가 기자회견장에 앉아 있었다. 참석자들은 경기 후 설명을 통해 아주 엉망인 상황을 정리하는 젊은 선수의 경이로움에 감탄하고 있었다.

그는 무너지는 대신 확신이 있었다. 그는 평온했다. 그는 이미 평정심을 회복했고, 또 다른 어려운 과제—골프와 대중연설은 둘 다 경보 반응의 영향을 많이 받는다—에서 세상과 소통하는 일에 성공했다. 그는 실제로 경보기를 껐다. 그리고 몇 달 후에 다른 커다란 골프 경기에서 그는 경보기를 통제할 기회를 가졌다.

마스터즈 만큼이나 모든 선수가 선망하는 네 개의 메이저 대회 중 하나인 U.S. 오픈에서 매킬로이는 다시 선두로서 최종 라운드에 들어가고 있었다. 그는 마지막 18홀의 경기를 하기 전날 저녁 인터뷰에서 "나는 오거스타에서 얻은 경험에서 내일에 접근하는 방법을 알게 되었고, 이를 가장 중요한 것으로 생각한다. …… 내가 이런 처지에 놓이면 놓일수록, 더욱 편안하게 될 것이다."라고 말했다.

그는 골프선수가 일생에서 가장 스트레스를 받는 순간에 처해 있을 때 경보기를 관리하는 법을 터득했다. 매킬로이는 2위와 8타차로 경기에서 우승을 했고, U.S. 오픈 역사상 최저타 기록을 달성했다. 그가 직관적으로 그것을 학습했듯이, 당신도 그처럼 그것을 학습할 수 있다—게다가 그런 고통스러운 실수를 하지 않고서도 할 수 있을 것이다.

당신은 경보를 끌 수 없을 것이고, 그러기를 원하지도 않을 것이다

당신이 경보를 받지 않는다면, 항상 늦을 것이다. 당신은 중요한 것이 없는, 의미 없는 시간의 먹구름 속에서 살게 될 것이고, 다른 사람에게 관심조차 없을 것이다. 경보기는 현실적인 관계의 욕구에 주의를 환기시키고, 때로 우리 다수가 경보 반응에 도를 넘게 집착함에도 불구하고 우리를 인간으로 만들어 주는 본능이 있다. 스트레스에서 자유롭게 해 주는 뇌의 부위를 가르치기 전에, 우리가 무엇을 잘못하고 있는가를 탐색하는 것이 필수적이다.

우리는 스트레스를 교사처럼 활용하는 법을 학습하는 대신에 스트레스로부터 숨는다. 경보를 멈추거나 둔감화하는, 다음의 수천 년 된 방법은 스트레스만큼이나 친숙하다.

- 경보를 부정한다—"어떤 것도 잘못되지 않았고, 나는 이완을 해서 과잉 반응을 멈추어야만 한다."
- 많은 사람이 좋아하는 둔감화 기법을 몇 가지 들면, 술, 다른 약물, 음식, 쇼핑, 섹스, 과로와 같은 자가 처방이 있다.
- 계속 경계를 하여 우리가 안전하기만을 원하는 경보기에서 오는 정상적인 감정에 대해, 우리는 자신 혹은 주변 사람을 비난한다. "모두 내 잘못이다." "모두 그들의 잘못이다."와 같이 말하면서 말이다.

우리는 왜 신체적 · 정서적 스트레스 반응을 기회로 생각하지 못하는 것인가? 우리가 부정하거나 자가 처방하거나 비난하든지 간에, 경우에 따라 우리는 경보기의 메시지를 심각하게 받아들이지 않는다. 이 경보 반응은 종종 경보기가 우리에게 처리하도록 요구하는 어떤 실질적인 문제보다 더 문제가 되는 것처럼 보인다. 그럴 때 우리는 엉뚱한 사람에게 화풀이하는 실수를 저지른다. 우리는 단지 울려 대는 뇌의 경보가 멈추기만을 바랄 뿐이다.

우리는 경보를 끌 수 없고, 실제로 그렇게 하기를 바라지 않는다. 경보가 없으면 생명을 위협하는 위기를 방지할 수 없으므로 심하게 상처를 입을 뿐 아니라, 하는 일에 최선을 다하지 못한다. 정점 경험—당신의 관점에서 원하는 삶을 사는 것—의 본질은 주의 초점의 방향을 정하는 능력이다. 이는 먼저 초점을 맞추는 것이 중요하다는 것을 알려 주는 경보에서 출발한다. 우리가 각자 원한다면, 경보기의 메시지로부터 커다란 도전을 극복하고 꿈을 실현하는 삶의 방식으로 방향을 돌리는 방법을 학습할 수 있다.

일상생활과 국제 수준에서의 생존 뇌

우리가 스트레스를 관리하려고 노력할 때 모두에게 발생하는 문제는 다음과 같은 의문으로 귀착된다. 세상이 이전보다 더 스트레스를 줄 때도 경보를 낮출 수 있을까?

직장과 가정의 생활에 관한 새로운 연구는 전문직 남자의 37.8%

와 여성의 14.4%가 주당 50시간 이상 일한다고 밝혔다. 지상의 모든 나라에서 여가에 사용됐던 수백만 시간이, 이제는 불가피하게 더 스트레스를 주는 근로 환경에 사용된다.

맞벌이 부부에 관한 최근의 연구는 아내가 남편보다 주당 10.5시간 이상을 가정에서 다중 작업을 하는 일에 사용한다는 것을 밝혔다. 이스라엘의 바-일란 대학교와 미국의 미시간 주립대학교의 연구자들이 368명의 아내와 241명의 남편을 대상으로 연구한 흥미로운 결과에 따르면, 아내는 자기가 하는 다중 작업이 스트레스를 준다고 보고한 반면에 남편은 그것을 보람 있는 일이라고 보고한다.

왜 그럴까? 남편에게 발생하지 않는 아내의 경보는 무엇이 문제인가? 이는 스트레스에 대한 탄력성의 성차로 설명하는 것보다는 아내가 가족과 가정에 더 많은 책임을 지기 때문일 것이다. 남편은 다중 작업의 스트레스를 축소하여 보고할 것이다—그들은 가정에서 스트레스를 더 받기를 원치 않으므로 경보 신호를 최소화하고 무시하는 경향을 보인다. 우리가 현대의 직장과 가정생활을 고려할 때 확실한 것은 모두가 더 바쁘고, 다중 작업을 더 많이 하고, 더 과잉된 스트레스 반응을 하는 경향이 있다는 것이다.

모든 분야의 학자는 우리 다수가 신체와 뇌가 스트레스를 감당할 수 있기를 바라면서도 계속 너무 많은 것에 주의를 쏟고 있으므로, 너무 많은 일을 하는 것이 미치는 영향을 알아내려고 노력하고 있다. 경보기의 관점에서 현실은 분명하다. 그것은 바로 우리가 다룰 수 없을 때까지 어마어마한 양의 스트레스를 처리할 수 있다는 것이다. 그리고 요즘에는, 전체 세상과 그곳에 사는 누구라도 장기적으로 지속되는 경보 반응을 하는 것처럼 보인다.

2008년에 시작된 경제 위기는 전 국가를 고도의 경보 상태로 몰아넣었다. 은행은 더 큰 손실을 두려워한 나머지 과거에 신용도가 높았던 고객에게조차 대출해 주지 않았다. 이것은 대단위 스트레스 반응의 예시로 뇌의 경보가 치솟아 생존 모드에 처한 은행가와 국제 금융 제도가 과거 10년 동안 거의 파국적인 정도를 넘어서 늘어났다. 은행뿐 아니라 전체 국가가 채무불이행 직전에 있으므로 은행가(그리고 정치가)의 뇌는 강한 생존 반응을 지속할 수밖에 없었다.

그 결과는, 이미 불안정했던 상황이 더 악화되는 것이다. 이 생존 반응은 은행이 주택의 현 소유자가 내놓은 집을 사려고 하는 잠재적 주택 소유자에게 자금을 공급하지 않는다는 것을 의미하고, 담보권 행사의 위기를 초래한다. 고용과 노동력 유지를 위해 돈이 필요한 고용주에게 은행이 대출해 주지 못할 때, 실업은 개선이 될 수 없다. 그것은 단순히 돈의 문제가 아니고 전체 재정 체계의 문제이며, 그 체계에 속한 사람 대부분이 뇌에서 발생하는 극단적인 생존 반응을 인식하고 이해하고 처리하는 방법을 거의 알고 있지 못하므로 위기에 처해 있다는 것이다.

그러면 스트레스가 삶을 탈선시킬 때 우리는 어떻게 해야 하는가? 뇌를 자유롭게 하면 된다. 경보기에 대한 가장 좋은 소식은, 그것이 위험을 감지하고 통제를 장악할 때 뇌 또한 경보를 낮출 수 있는 놀랍도록 강력한 내적 자원을 얻을 수 있고, 사실상 스트레스를 제자리로 돌려놓을 수 있다는 것이다. 생존 뇌는 우리를 경계 시켜 안정을 유지하도록 해 주는 강력한 도구이지만, 우리는 현대 생활의 모든 면을 더 좋게 느끼도록 해 줄 수 있는 좀 더 강력한 도구를 갖고 있다. 그것은 **평온**과 자신감의 감정을 느낄 수 있게 해 주는 뇌의 부분인 **학습 뇌**learning brain다.

제2장

학습 뇌

우리는 당신에게 자신의 스트레스를 측정하게 함으로써 제1장을 시작했다. 그 목적은, 당신을 경계시키거나 안전하게 하기 위한 시도로 경보가 켜졌을 때 어떤 느낌인가를 소개하기 위한 것이다. 이제 조용히 책 읽기, 바닷가에 앉아 있기 혹은 맛있는 커피를 마시기 등과 같은 낮은 스트레스 상황을 다시 상상하라.

1에서 10의 수준을 가진 척도에서 1은 당신이 전적으로 혼란스럽거나 생각 없이 행동을 하여 삶을 전혀 통제할 수 없다는 것을 의미하고, 10은 당신이 삶에서 전적으로 무엇이 중요한가를 분명히 알고 있으므로 삶을 절대적으로 통제하고 있다는 것을 의미한다. **지금 당신의 개인적 통제 수준은 얼마인가?**

당신은 뇌의 경보 체계로부터 스트레스 반응을 측정하는 것과 더불어 뇌가 보여 줄 수 있는 개인적 통제감을 측정할 수 있다. 스트레스의 **반대**는 완전한 이완 혹은 수면이 아니라 통제를 하고 있다는 적극적인 느낌이다. 개인적 통제는 고요함을 느끼는 것과 유쾌한 활력감을 느끼는 것 같은 형식을 취할 수 있다. 그것은 당신이 즐기는 것에 깊은 흥미를 느낄 때 경험하는 것이다. 통제하고 있다는 것은 감정일 뿐 아니라, 매우 특별한 능력이다.

개인적 통제는 **분명하게 생각할 수 있는** 능력으로서, 현재 발생하고 있는 것이 무엇이든지 간에 당신이 그것을 최대로 활용하게 한다. 개인적 통제는 신체적 강점, 재정적 부유함 혹은 사회적 인기에 의해 측정되는 것이 아니다. 자신의 삶을 진정으로 통제하고 있는 사람이더라도 발생하는 일 혹은 상황이 흘러가는 방식을 좌우할 수는 없으나, 그래도 삶이 자신에게 던지는 문제를 효과적으로 다룰 수 있게 해 주는 방식으로는 생각할 수 있다. 분명하게 생각하는 능력으로서 당신의 개인적 통제 수준은 지금 어느 정도인가?

우리가 당신에게 스트레스가 낮은 상황을 제시했고 당신은 책을 읽고 있으므로(일반적으로 스트레스 수준이 낮은 활동), 당신은 이 순간에 높은 개인적 통제 수준을, 아마도 6, 7 혹은 10수준까지도 느낄 가능성이 높다. 당신은 이 책을 즐기기로 결심했고, 학습하는 중이므로 매우 분명하게 생각하고 있는 것이다. 완전히 분명하게 생각하는 10수준은 드물지만, 당신이 지금 이 순간에 완전히 초점을 맞추면 가능할 수도 있다.

우리는 충격을 받거나 좌절하거나 재앙을 초래하는 사건이 발생할 때, 스트레스를 받는 경향이 있다. 우리는 스트레스와 함께 혼란스러움을 느끼거나 정서적으로 흥분하거나 단절하거나 완전 정지를 하여—둘 다 정상적인 스트레스 반응이라는 것을 상기하라—분명히 생각하는 것이 어렵다. 일이 잘못되었다는, 쉬이 사라지지 않는 느낌은 계속되는 좌절 혹은 걱정을 야기할 수 있는데, 이 또한 뇌의 경보다. 그리고 언제라도, 뇌가 경보를 울릴 경우, 분명하게 생각하는 능력의 감소에 따라 개인적 통제감도 감소한다.

당신이 보통의 환경에서 아무리 영리하고 능력이 있다고 할지라도, 중요한 스트레스 반응을 할 때는 분명하게 생각하지 못하여서 개인적 통제감이 급격히 떨어질 수 있다.

이는 새로운 것이 아니고, 우리 대다수에게 새로운 사실은 스트레스를 느끼는 것은 우리가 무언가 잘못되었다는 것을 의미하지 않는다는 사실이다. 통제를 못한다는 느낌은 항상 분명하게 생각할 수 없다는 것의 결과이지, 더 깊은 혹은 심각한 문제의 결과는 아니다. 그러나 우리는 자신을 통제하지 못한다고 느낄 때 분노하고, 두려워하고, 충동적이 되고, 절망하기도 한다. 그것이 진짜 문제인데, 무기력하게 느끼는 것은 뇌의 경보기에 과잉 반응을 하도록 만들 수 있고, 이것은 통제 밖의 행위를 초래한다.

좀 더 타당한 이유도 있다. 극심한 스트레스를 받을 때 뇌의 경보기는 사고 중추를 대신한다. 생존 모드의 경보는 그야말로 뇌를 볼모로 잡는 데다가 분명하게 생각하고 삶의 경로를 선택하는 당신의 능력을 빼앗아 간다. 그러나 이것은 당신의 생명을 지키도록 애쓰는 것이지, 당신을 괴롭히거나 해를 끼치려는 것은 아니다. 그리고 그것이 지나치게 반응하지 않기 위해서는 당신의 나머지 뇌의 협조가 필히 있어야 하는데, 지나치게 반응적이 되는 것은 실제로 방어

하는 것보다 더 큰 문제를 일으키기 때문이다.

내 안의 두 살배기 아이를 달래는 방법

스트레스를 관리하는 것의 어려움에 대한 당신의 자각을 더 깊게 하기 위해, 잊지 않도록 비유를 들어 보면, 당신의 뇌의 경보기는 불안을 느끼고 있는 두 살배기 아이와 같다.

경보기는 학습에 관심이 없다. 그것은 한 가지 역할을 하는데, 당신이 경계하고, 깨어 있고, 살아 있도록 한다. 나머지 어떤 것—삶을 즐기기, 좋은 관계를 맺기, 개인 목표를 성취하기와 같은 것—도 그것에게는 의미가 없다. 경보기는 논리적으로 이해하지 않으므로 당신은 그것과 사리를 따지거나 논쟁을 할 수 없다. 하찮은 일에도 경보기는 작동할 수 있고, 당신이 괴로워할 때 그것은 매우 오랫동안 법석을 떨 수 있다. 생존 모드에 있는 뇌를 진정시킬 수 있는 유일한 방법은 원하는 것을 주는 것이다.

우리는 두 살배기 아이가 놀기와 단것만을 원한다고 생각할 수 있다. 그러나 실제로 어린아이가 가장 원하는 것은, 자신에게 안전을 제공하는 성인(예를 들면, 부모)의 관심을 끌고자 할 때, 그들이 자기에게 관심을 쏟고 있다는 것을 확인하는 것이다. 대체로 두 살배기 아이는 가장 흥미로운 무언가를 할 때 혼자 있기를 원한다. 그러나 그들은 불안정을 느낄 때 성인 보호자가—그 즉시 전적으로 자기에게 주의를 쏟고 나머지 것에는 관심이 없이—자신과 함께 있다는 것을 확인하고 싶어한다. 매우 당황하고 있는 어떤 두 살배기 아이를 회복시키는 과정은 당신이 그 아이가 원하는 것을 얻도록 도울 수 있으므로 모든 것이 잘될 것이라는 사실을 침착하게 알려 주어 안심시키는 것을 포함한다.

당신이 어려운 일을 처리하는 방법을 알고 있고 모든 일이 실제로 잘되고 있다는 증거는, 생존 모드에 잡혀 있는 뇌의 경보기를 당신이 진정으로 중요한 것에 주력할 수 있는 평온한 상태로 바꾸는 것이다. 이것이 스트레스 관리의 진정한 과제인데, **눈으로 보거나 이야기를 나눌 수 없는 뇌 영역을 당신이 어떻게 안심시키고, 달래고, 제자리로 돌려놓는가 하는 것이다.**

스트레스를 관리할 때 사실상 대부분의 사람은 실제로 경보기를 **켜는** 일을 한다. 우리 대부분은 사소한 것부터 생명을 위협하는 것까지의 범위에서 문제를 찾고, 방지하고, 교정하려고 노력하는 일로 시간을 보낸다. 우리는 그것이 출세하고 성공하는 방법이라고 배워 왔으므로, 생존 모드에서 살고 있다. 그러나 그런 추구는 스트레스를 유발한다. 우리가 자신에게 "이완하라."라고 말할 때, 그 명령이 경보기에 전하는 것은 실제로 스트레스를 초래하는 것이므로 효과가 없다. 우리 자신에게 "이겨 내." "너무 당황하지 마." "걱정하지 마."라고 말하는 것은 실제로는 자신이 현재의 스트레스 요인을 처리할 수가 없다는 신호를 보내는 것이므로 경보기는 더 큰 소리를 낸다.

경보는 우리의 신체 통제가 학습 뇌로 돌아가서 자신이 안전하다는 것을 알게 될 때, 혹은 어떤 위험 또는 문제가 완전히 해결되거나 제거될 수 없을지라도 우리가 그것을 다룰 수 있다는 것을 알게 될 때에만 스트레스 화학물질 발산을 멈춘다. 우리가 “불평을 하는 사람이 되지 말자.”라고 말하면 말할수록, 경보기는 더더욱 우리가 실제로 위험에 처해 있다고 지각한다. 우리 스스로 “철 좀 들자.”라고 말하면 경보기는 스트레스 반응을 계속하며 조금씩 강도를 증가시킨다.

경보기는 실제 위험과 지각된 위험의 차이를 구분할 수 없다. 당신은 아무 이유 없이 울고 있는 걸음마를 배우는 아이에게 “울음을 멈춰라.”라고 명령할 수는 없다. 당신은 그 아이의 주의를 좋아하는 장난감에 돌리거나 혹은 그 아이를 들어 올려 줄 수 있다. 이전에 어떤 경험이 우리에게 스트레스를 일으켰다면, 단지 전보다 괜찮다고 말하는 것으로는 경보기에게 골칫거리가 지나갔다는 것을 알려 주지 못한다. 무엇이 스트레스 감정을 초래했든지 간에, 경보기가 실제로 전보다 괜찮다는 경험에 주의를 쏟게 하려면 학습 뇌가 필요하다.

당신의 뇌는 자신을 보호하기 위해 설계된 생존 체계를 갖고 있으나 그것은 통제를 벗어나도록 가속될 수도 있으므로, 우리는 당신이 규칙적으로 스트레스를 느끼는 이유를 살펴보기를 권한다. 당신은 또한 삶에서 스트레스를 겪는 와중에도 통제하고 있다고 느꼈던 많은 경험이 있을 것이다. 뇌는 이미 안정을 유지하고 분명하게 생각하는 준비된 경로를 갖고 있다. 당신은 생존을 위한 준비가 되어 있을 뿐만 아니라, 당신의 뇌 또한 세상을 탐색하고 학습하도록 타고났다.

학습 뇌의 두 가지 핵심 구조

우리는 모두 학습 뇌를 갖고 있으므로 분명하게 생각할 수 있다. 우리가 합리적인 마음을 갖고 생각하는 것의 생물학적 근원인 학습 뇌는 **전전두피질**prefrontal cortex과 **해마**hippocampus라는 두 영역에 의해 조정된다.

뇌의 **사고 중추**인 전전두피질은 두개골에서 가장 가깝고 이마의 바로 뒤쪽에, 뇌의 가장 바깥층에 있다. 이것은 우리가 감지하고 지각하고 느끼는 모든 것을 지성적 사고로 바꾸는 역할을 한다. 그것은 당신이 오감으로 경험하는 것, 정서적으로 느끼는 것, 생각하는 것을 말로 옮길 수 있게 해 준다.

전전두피질은 우리가 삶에서 경험한 것을 받아들이고 그것을 학습으로 전환하므로 뇌의 사고 중추다. 하지만 모든 종류의 **학습**에 다 관여하는 것은 아닌데, 우리가 단순히 습관을 기르거나 신체로 하는 어떤 것(차 운전하기, 악기 연주하기, 스포츠 경기에서 승리하기 등)에 관해 이야기하지는 않는다. 그것도 중요한 학습이기는 하지만 삶을 가장 흥미롭게 만드는 것은 아니다. 삶을 충만하게 만드는 것은, 우리가 의존하고 있는 습관이나 기술과 더불어 모든 행위, 능력, 경험이 어떻게 단일한 재능이나 성취보다 더 큰 어떤 것에 더해지는가를 아는 능력이다.

사고 중추의 고유한 기능은 삶을 의미 있게 만드는 것에 대해 생각하는 것이다. 그것은 무엇이 우리에게 가장 중요한가를 결정하도록 돕는다. 이는 사치처럼 보이나, 가장 중요한 것에 초점을 맞추는 것은 최악의 심리적 외상을 극복한 사람들에 관한 줄리언과 동료의 연구에 따르면 우리 모두의 삶에 필수적이다.

우리는 누구나 스스로에게 셀 수 없이 묻는다. 왜 내가 이것을 하고 있는가? 요점이 무엇인가? 그리고 우리는 이것이 어리석은 방식으로 철학적 명상에 잠기는 것과 같은, 단지 게으른 물음이라고 생각하는 실수를 저지른다. 사실상 그러한 질문의 의미는—우리가 생존 모드에 빠져서 경보기가 책임을 떠맡고 있을 때를 제외하고—우리의 뇌가 **항상** 생각하고 있다는 것이다.

당신은 자신의 사고 중추가 실제로 작용하고 있을 때를 안다. 당신은 어쨌든 바로 이 순간에 자신이 하는 것이 매우 가치가 있다고 깨닫는다. 당신은 특별히 심층적인 의문이나 욕망을 의식적으로 고려하고 있지 않으나, 그래도 지금 일어나고 있는 사건이 중요하다는 것을 느낀다. 당신 자신이 믿고 있는 어떤 것을 하고 있으므로 중요하다고 느낀다. 그것은 자기 집을 정돈하는 것과 같이 단순한 것일 수도 있고, 자기 삶의 목표에 대해 깊이 반성하는 대화처럼 복잡한 것일 수도 있다.

당신이 자신에게 진정으로 중요한 어떤 것에 초점을 맞출 때, 실용적 문제 해결이나 자기 생각을 단순히 표현하는 것을 넘어서 사고 중추를 활성화하고 있는 것이다. 당신은 뇌의 핵심적이고 숨겨진 능력에 다가가고 있다. 그것이 효과적으로 작동할 때, 전전두피질은 당신의 경보기에 자신이 어떤 일을 통제하고 있다는 신호를 보낸다. 사고 중추는 경보기에 걱정을 일으키거나 당황하게 만든 것을 해결하는 방법을 알고 있다는 확실한 메시지를 보냄으로써 내부에 있는 어린아이를 달랜다. **의도적으로 가장 중요한 것에 초점을 맞추는 역량은, 스트레스 관리에 있어 우리 중 어떤 사람도 배운 바가 없**

는 상실된 단계다.

경보기를 달래는 것은 마음의 필수적인 일부가 되는 또 다른 뇌 구조를 포함한다. 뇌에서 기억을 보관하거나 찾는 중추(요약하면, 기억 중추)인 해마는 뇌의 더 깊은 곳, 사실상 편도체(경보기)의 바로 옆에 있다. 해마는 우리가 하는 모든 경험을 기억으로 보관하는, 뇌에서 사서와 같은 일을 한다.

뇌 전체가 기억의 저장소이나, 뇌에서 기억을 수집하고 보관하는 것(종종 경보기의 도움을 얻는데, 특히 기억이 강한 정서적 경험이 있을 때)은—책을 어느 서가로 분류할까를 결정하는 사서 팀처럼—바로 기억 중추다. 어떤 기억은 인기 도서 같아서 신속하고 쉽게 찾을 수 있는 곳에 놓지만, 또 어떤 것은 우리가 그 정보를 드물게 사용할 것이므로 뇌의 깊은 곳에 파묻어 둔다.

기억은 여러 형태가 있다. 우리의 기억은 감정, 관념, 본 영상, 실행한 것과 발생한 것에 대한 시각적 재생, 들은 소리, 안전하게 해 준 무의식적인 단서조차도 포함한다. 어떤 기억은 복잡해서 책에 있는 이야기, 영화 혹은 TV 쇼처럼 조직화하는 경향이 있다. 또 어떤 것은 안전한 보관을 위해 다락방의 상자에 넣어 둔 수집된 기념품처럼 더 단순하고, 분산되어 있다.

뇌는 어마어마하게 복잡한 체계이나, 뇌의 기능을 잘 이해하고 분명하게 생각함으로써 스트레스 반응을 다루는 뇌의 힘을 활용하는 것이 중요하다. 해마가 기억을 찾을 때, 결국 이런 모든 형태의 기억을 복잡하게 조합한다. 그것은 보통—"나는 가게에 가서 우유를 샀다."처럼—단순 집행적인 요약을 얻지는 않는다. 대신에 그것은 발생한 모든 것을 하나하나 차례대로 보고하는 상세한 기술—느꼈던 것과 생각했던 것, 보고 들었던 것 중 가장 지속적인 인상을 남긴 것, 현재 기억을 회상할 때 느끼는 것과 생각하는 것—을 얻는다.

이런 우아한 복잡성은, 뇌의 다른 부위가 어떻게 기억을 탐색하고 관리하는가를 생각해 볼 때 또 다른 수준에 도달한다. 기억을 요청하고 있는 것은 꼭 뇌의 사고 중추만은 아니다. 경보기도 우리가 기억하고 있는 것을 요청하나, 비교적 미성숙한 정서적 천성에 따라 이런 요구는 보통 강요나 명령에 더 가깝다. 사고 중추가 "나는 현재의 순간에 좋은 선택을 하는 것에 도움을 받기 위해서 과거의 경험에서 학습한 것을 수집하는 것에 흥미가 있다."라고 말을 하지만, 경보기는 "나는 현재와 같은 경험을 할 때 나를 생존하도록 도울 수 있는 가능한 모든 나쁜 경험을 **지금 당장** 기억할 **필요가 있다.**"라고 외칠 것이다.

사고 중추가 적절한 기억을 요청할 때, 기억 중추는 가장 도움이 되는 파일을 찾기 위해서 시간을 들여 신중하게 살펴볼 것이다. 기억은 우리에게 신속하게 나타날 수 있으나, 반드시 그럴 필요는 없다. 사고 중추는 학습을 하려고 하지 긴급하게 문제를 해결하려고 하지 않기 때문에 시한에 맞춰 작업하지 않는다.

그러나 경보기가 기억을 강요할 때, 기억 중추는 심한 압박을 받듯이 즉각 반응하는 경향이 있는데, 놀란 나머지 자신이 최초로 발견하는 기억을—올바른 것이 아닐지라도—움켜잡는다. 그렇기 때문에 우리가 극심한 스트레스 상황에 있을 때(혹은 실제로는 큰 문제가 없는데도 심한 스트레스를 받을 때) 정서적으로 혼란스럽고, 압도당하는 것처럼 느끼고, 비효과적인 방식으로 생각하는 경향을 보이는 것이다.

해마가 효과적으로 기능할 때 새로운 기억을 쉽고 정확하게 찾을 수 있도록 보관하고, 실제로 정확한 기억을—단순한 검색으로 컴퓨터 자료의 폴더에서 정확한 파일을 찾는 것처럼—효율적으로 찾을 수 있다. 정기적으로 필요로 하는 기억은 **일상적** 파일에 들어가고, 가끔씩 필요로 하는 기억은 **매우 드물게 사용되는** 파일로 분류된다. 각 범주에서 가장 쉽게 보관하고 찾게 되는 기억은 강한 정서가 부착된 것이다. 최근 연구는 이것이 정서를 다루는 편도체와 사실적 정보를 다루는 해마가 그 기억을 보관하기 위해서 협력을 하기 때문이라고 밝혀냈다.

그러나 편도체가 심한 외상적 스트레스 혹은 지속적인 스트레스에 자동 반응을 하면서 통제를 벗어날 때, 해마도 곧 과부하가 걸려 붕괴된다. 실제로 우리의 경보기는 기억을 잘못된 곳에 보관하게 만들 수 있다. 신체적 학대를 받거나 자동차가 정면충돌해서 거의 죽을 뻔한 것과 같이, 드물게 사용되는 파일에 저장되어야만 하는 끔찍한 외상적 경험이 매일 어떤 순간에도 다시 발생할 수 있는 것처럼 보관될 수 있다. 그것은 외상후 스트레스 장애PTSD의 문제점 중 큰 대부분을 차지한다. 혼돈이나 혼란을 겪을 때의 기억은 기억 중추가 아주 가끔씩 접근하는 위치에 저장해야 함에도 불구하고, 일상적으로 필요로 하는 정보의—이를 닦는 방법처럼— 위치에 자동적으로 보관된다.

예를 들면, 가족의 복잡한 언쟁처럼 완전히 해결이 불가능했던 어떤 문제에 잘 대처했던 경험에 관한 기억이 경보 반응에 의해 잘못 보관될 수도 있다. 경보기는 경험을 재난 혹은 완전한 실패로 인식한다. 우리가 장차 유사한 문제에 직면할 때, 기억 중추는 어려운 상황을 잘 처리한 것을 기억하는 대신 폭발적인 자기 의심을 동반하는 불안, 좌절 혹은 우울의 감정을 찾는다. 잘못 보관된 기억을 상기하는 것은 경보를 더 증폭시켜서 스트레스가 절대 개선되지 않을 것이라는 감정을 초래한다. 우리의 뇌는 그 기억을 잘못 보관하면서 계속 스트레스를 상승시켜 완전히 통제가 상실된 것처럼 느끼도록 만든다.

외상적 스트레스를 경험하고 외상후 스트레스 장애에 걸린 사람에 대한 과학적 연구는, 외상적 사건의 기억이 뇌의 경보기를 과잉 반응하도록 만든다는 것을 보여 준다. 동시에 사고 중추와 기억 중추는 완전 정지를 하거나 오프라인 상태처럼 되어 버린다. 경보기는 관심과 도움을 외치지만, 그러면 그럴수록 기억 중추의 업데이트는 더 악화된다. 이것은 기억 중추가 도움이 되는 기억보다는 고통스러운 기억을 찾도록 만든다. 곧이어 사고 중추는 울려 대는 경보와 저항하기 힘든 기억의 조합으로 인해 무력해진다.

다행히도 우리 대부분은 외상후 스트레스 장애를 겪고 있지 않아서 대개 이런 극단적인 경보 반응을 나타내지는 않는다. 그러나 외상을 전혀 경험해 보지 않은 사람도 이처럼 심각한 경보기 붕괴를 보일 수 있다. 우리는 모두 공황이나 격노의 상태에 빠질 수 있는 경보기를 갖고 있고, 우리 대부분은 경보기에 규칙적으로 주의를 기울임으로써 경보기의 메시지를 가치 있게 이용하도록 사고 중추를 사용하는 방법을 알지 못한다.

지금까지 아무도 당신에게 알려 주지 않았을 최고의 뉴스는, 해마가 보통과는 다른 방식—더 분명하게 생각하도록 만들어 주는 방식—으로 기억을 선택하는 것을 돕기 위해서 전전두피질을 활용하는 것이 가능하다는 것이다. 분명하게 생각하는 것은 경보기를 낮은 수준으로 바꾼다. 이것은 우리가 모두 스트레스를 받을 때 원하는 것인데, 잘못되거나 도움이 되지 않는 사고나 기억에 대한 위험의 지각으로부터 우리의 주의를 돌려서 평온함과 개인적 통제를 회복할 수 있게 해 준다.

이것은 비록 우리 대부분에게 자연스럽게 나타나지는 않더라도, 뇌의 사고 중추와 기억 중추를 고도로 집중하여 사용함으로써 스트레스 반응을 조절할 수 있다. 우리가 실제 어떤 위험에 놓여 있을지라도, 사고 중추가 우리 스스로 그 상황을 어떻게 다루었었는가에 초점을 맞추게 함으로써 기억 중추는 도움이 되는 기억을 끄집어낼 수 있다. 초점을 맞추는 방법을 알면 경보기를 낮출 수 있고, 마침내는 제자리로 돌려놓을 수 있다. 이것은 자신감을 느끼도록 해 주는 것이고, 당신은 인생의 정점에 있는 동안 이를 직관적으로 학습해 왔다.

무대 공포

우디 앨런은 19세에 '에드 설리번 쇼The Ed Sullivan Show'나 '투나잇 쇼The Tonight Show'와 같은 TV 프로그램에서 코미디 대본을 쓰면서 경력을 쌓았다. 그러나 1961년에 그의 매니저인 잭 롤린스와 찰스 조프는 그가 연예인이 될 재목이라고 확신했다. 앨런은 자신은 작가라고 말했지만, 잭 롤린스는 그에게 스탠드업 코미디를 시도하도록 설득했다. 롤린스는 "제발 나를 한번 믿어 봐. 너는 내

말대로 하기만 하고, 생각은 하지 마. 생각은 내가 할게. 일단 내가 하라는 대로 하고 나서 1년 후에 네가 어디에 서 있는지 한번 보자고."라고 앨런에게 말했다.

1년 동안 그는 실패자였다. 소재는 재미있었으나, 그의 모습—두꺼운 안경을 쓰고 깊이 생각하면서 이야기하는, 키가 작고 지적인 남자—은 사람들을 웃기지 못했고, 대부분의 청중은 그의 스타일을 이해하지 못했다. 롤린스는 친구와 동료들에게 앨런이 '독특하고' '성실하다고' 계속해서 이야기했다. 앨런은 힘든 시간을 보냈다. 수줍음 많았던 그는 무대에 억지로 올라가야만 했다. 그리고 공연을 하기 전에 구토했다.

무대 공포는 뇌의 경보기를 고려하면 완전히 정상적인 것이고, 충분히 이해할 만하다. 공연자가 대중 앞에 나가서 이야기하고 노래하고 춤을 춘다는 것은 모든 것을 걸어야 하는 것이다. 로런스 올리비에는 젊었던 시절에는 열정적인 공연자였으나 나이가 들어감에 따라 앨런처럼 억지로 무대에 서야만 했다. 백만 장 이상의 레코드를 팔았던, 유명한 록풍의 대중음악 가수인 로드 스튜어트도 한때 스피커 뒤에서 전곡을 불러야 했다. 바브라 스트라이샌드는 1967년 센트럴파크 콘서트에서 노래가사를 잊어버린 후, 30년 동안 다시는 라이브 공연을 하지 못했다. 앨런은 이처럼 연예인들의 경력을 한순간에 혹은 언제든 오염시킬 수 있는, 같은 종류의 스트레스 반응을 보이고 있었다.

그러던 어느 날 밤, 그는 변했다. 앨런은 무대에 올라 전과 같은 공연을 했으나 완전히 다른 사람이었다. 그의 친구는 오늘날 우리가 수많은 TV나 영화 공연을 통해 알고 있는 그의 모습을 목격했다. 그는 민첩했고, 활기찼고, 자신의 농담을 즐기기에 푹 빠져 있었다. 그는 청중이 자기를 미워하지 않도록 하는 방법을 찾기보다는 자기 자신에게 가장 흥미로운 반응을 얻어내는 방법을 알아냈다. 뉴욕 그리니치빌리지에 있는 나이트클럽 '더 비터 엔드The Bitter End'에서의 6주간의 공연은 비평가로부터 격찬을 받았고, 1962년까지 그를 스탠드업 세계의 정상에 올라서게 했다.

무슨 일이 일어났던 것일까? 조명을 견딜 수 없었던, 온순하고 지나치게 사색적이었던 작가가 어떻게 한순간에 뉴욕의 비판적인 군중 앞에서 최상의 자아를 갖추게 되었을까? 아주 단순하게 말하면, 그의 뇌가 생존 뇌에서 학습 뇌로 바뀐 것이다. 그는 실패를 원하지 않는, 수줍음 많고 조심성 있는 공연자에서 사람을 웃기는 방법을 탐색하는, 침착하고 자신 있는 코미디언이 되었다. 이런 변화가 일어나는 것은 가능하다. 그것은 신비한 비법이 아니다. 당신은 30년간 고통을 겪을 필요가 없고, 자신에게 자극을 줄 팀 동료를 갖춤으로써 모든 인간은 우디 앨런처럼 거듭날 수 있다.

마땅히 하기를 없애기

생존 모드에 있는 뇌의 원시 체계를 제자리로 돌리기 위해서는 어떻게 해야 하는가? 첫째, '마땅히 하기'를 없앤다. 당신이 우리 대부분과 같다면, 하루의 상당 부분을 좌절을 주는 것, 압박을 주는 것 혹은 걱정거리와 관련된 별로 중요하지 않은 생각의 홍수에 빠져서 보낼 것이다. 우리가 단순히 긍정적이거나 안심을 시키는 생각을 하라고 충고하지 않는다는 사실에 주목하라. 당신이 현재 상황에 관해 모든 것을 이해하고 종합적인 해결책이나 행동 계획을 찾도록 노력하라고 제안하지도 않는다. 우리는 또한 당신에게 바로 심호흡하거나 이완하라고 이야기하지 않는다.

이 중 어떤 노력도 사고 중추를 활성화하여 뇌의 경보기를 안심시키거나 낮출 수 없다. 긍정적 생각, 깊고 편안한 호흡, 이완하기는 경보가 욕구를 충족한 **결과**이지, 경보기에 원하거나 필요로 하는 것을 주는 적절한 방법이 아니다. 뇌의 경보기는 원하는 관심을 얻었을 때 조용한 상태로 돌아가고, 당신이 해야 할 것을 마음껏 하도록 놔둔다. 당신은 이런 일이 일어났을 때 어떤 기분인지 알 것이다. 신체는 이완되고, 스트레스를 덜 느끼고, 분명하게 생각할 수 있게 된다.

당신은 아마도 얼마간의 심호흡이나, 어떤 긍정적 생각이나, 문제를 해결한 것 때문에 기분이 더 좋게 느껴지는 것이 아니라는 사실을 몰랐을 것이다. 당신은 학습 뇌를 활용하여서 뇌의 경보기에 주의를 기울이기를 선택하였으므로 기분이 좋아지는 것이다. 그런 다음에야 당신은 심호흡을 하게 되고, 하는 일을 즐길 수 있게 된다. 그러면서 당신은 실제로 긍정적으로 느끼게 되므로 긍정적인 생각을 할 수 있고, 그 후 당신은 다시 분명하게 생각하면서 문제를 해결할 수 있다.

우리는 이것을 잘못된 순서로 이해하는 경향이 있다. 우리는 먼저 이완을 하고, 문제를 고치고, 이후에 스트레스를 덜 느낄 것으로 생각한다. 그러나 사실은 우리가 먼저 경보기의 욕구에 주의를 기울인 다음에야 이완을 하고 문제를 해결할 수 있다.

대부분의 경우 우리는 의무적으로 해야만 하는 것을 하느라고 시간을 보낸다. 이제 당신에게 그런 사고방식과 생활방식을 그만두라고 권유하고 싶다. 당신은 모든 사람을 행복하게 할 필요가 없다. 당신은 직장에서 모든 문제를 해결할 필요가 없다. 당신은 자녀를 대통령 혹은 슈퍼스타로 만들 필요도 없다.

뇌의 경보기는 우리가 필요할 때 생존을 하도록 설계되었다는 것을 기억하라—그러나 경보기가 스트레스 수준이 9 혹은 10의 **적색 지대에서 작동하지만 않는다면**, 우리가 경계 상태를 유지하고 깨어 있는 일이 훨씬 수월하다. 경보기를 제자리로 돌리는 것은 낮은 스트레스 수준을 유지하는 비결이고, 이 경우에 그것은 우리에게 스트레스를 주거나 재앙을 초래하는 대신에 초점을 맞춘 상태를 유지하게 함으로써 제 역할을 할 수 있다.

뇌의 경보를 이해하는 것은 당신에게 문제를 해결하는 비결을 알려 준다. 당신은 회피하거나 무시하려고 애쓰는 것이 아니고, 단순히 그것에 주의를 기울임으로써 뇌의 경보기를 제자리로 돌릴 수 있다.

탤런트 쇼

높은 수준으로 과활동하는 경보기와 함께 살아가는 것에서 집중하고, 침착하고, 확신에 찬 마음으로 변화하는 것은 종종 꿈에서 깨어나는 것처럼 느껴질 수 있다. 메리 베스가 우리를 찾아왔을 때, 그녀가 원했던 것은 고등학교 탤런트 쇼에서 노래하는 것이 전부였다. 그녀는 15세 치고는 훌륭했다. 우연히 집에서 노래하는 것을 들었던 조부모와 친구의 언급에 따르면 천부적으로 재능 있는 목소리를 갖고 있었다. 그녀는 발성 훈련을 받았고, 초등학교 때부터 학교 합창단에 소속되어 있었다. 그녀는 〈아메리칸 아이돌American Idol〉과 같은 쇼를 보면서 상상의 청중을 위해 거울 앞에서 연습했다.

그녀가 도움을 요청한 것은 TV에 출연하기 위한 오디션 때문이 아니었다. 그녀의 학교는 연례 행사로 탤런트 쇼를 개최했고, 그녀는 거기에 응시하기를 원했다. 그러나 그녀는 스스로 할 수 있다고 생각하지 않았다. 소수의 상급반 학생과 몇몇 교사 앞에 선다는 생각이 그녀를 얼어붙게 하였다. 그녀의 얼굴은 딸기처럼 붉어졌고, 한 소절의 노래도 할 수가 없었다. 우리가 그녀와 스트레스 관리의 첫 번째 기술(제2부에서 소개하는)을 통해 작업했을 때, 그녀는 긴장을 풀었다. 그녀의 불안은 여전히 사라지지 않았으나, 경보가 상승할 때도 높은 개인적 통제 수준을 유지했다.

우리는 그녀를 부모 앞에서 연습시켰다. 그다음으로 그녀에게 친구 몇 명을 데려오라고 요청했다. 몇 주 후에 그녀는 탤런트 쇼는 아니었지만 소형 이벤트에서 최선을 다해 노래하였다. 우리는 최종 레슨에서 메리 베스의 무대 공포에 관한 이야기는 하지 않았고, 그녀가 노래하기를 원하는 곳에 관해, 그리고 그녀가 얼마나 같은 고민이 있는 아이들을 돕기를 원하는가에 관해 이야기했다. 오디션을 보기 며칠 전 우리가 그녀의 생각에 대해 물었을 때, 그녀는 "나는 아직도 불안하지만, 이제는 그것이 나쁜 게 아니라는 것을 알아요."라고 말했다.

오디션 당일에 눈이 내렸다. 학교는 문을 닫았고, 그날 아침에 전화했을 때 그녀는 울고 있었다. 그녀는 거의 말을 할 수 없었다. 우리가 무엇이 잘못되었느냐고 물었을 때, 그녀는 “아무 일도 없어요.”라고 말했다. 그녀는 정신을 차리고, “나는 행복해서 울고 있어요! 지난밤 나는 더 이상 불안하지 않을 수 있었어요. 나는 괜찮다고, 우리가 이야기한 것을 모두 했다고 생각했지만 나는 여전히 복통을 느꼈어요. 나는 거의 잠을 못 잤어요. 그 후 학교가 문을 닫았을 때, 복통은 깨끗이 사라졌어요. 이제 내가 아무것도 불안해하지 않고 있다는 것을 알려 드리려고 선생님께 전화했어요. 이 오디션에서 어떤 일이 일어날지라도 나는 다시 시도할 수 있어요.”라고 말했다.

극심한 스트레스 반응과 정상 스트레스 반응

자, 그러면 당신이 경보기가 보내는 메시지에 주의를 기울일 때마다 뇌가 항상 스트레스 반응을 낮출 것인가? 경보기 신호에 주의를 기울이도록 사고 중추를 훈련하는 것은 항상 편도체를 원상태로 돌리는 과정으로 시작한다. 그러나 스트레스를 감소시키는 것은 우리 모두에게 학습 과정이다. 당신이 극단적인 스트레스 반응을 겪고 있다면, 수년 동안 아니면 평생 동안 극심한 스트레스를 겪고 있다면 자신에게 여유를 주고 의도적으로 학습 뇌를 활성화하기 시작하면서 인내를 갖도록 준비할 필요가 있다.

그것이 우리가 두 종류의 스트레스 반응을 구별하기를 원하는 이유다. 당신은 극심한 스트레스를 겪은 후에 그 즉시 뇌를 최적 기능으로 되돌릴 수는 없다. **극심한 스트레스 반응**은 경보기가 학습 뇌를 통제하고 압도할 때다. 그것은 외상후 스트레스 장애를 초래하는 외상적 사건을 겪은 후에 발생하거나, 장기적인 만성 스트레스의 결과일 수 있다. 양자의 경우에 만성적 스트레스 반응을 겪으면서 뇌의 경보 반응은 지나치게 신속하고, 빈번하고, 강력해서 우리는 효과적으로 대처하거나 분명하게 생각할 수가 없다.

가장 흔한 극단적 스트레스 사례 중 하나는 전쟁에서 돌아온 남녀에게 발생한다. 최악의 전쟁을 목격하고 전쟁터에서 돌아온 사람은 생사가 오가는 전투의 외상보다 가정생활의 사소한 스트레스를 더 다루기 어려워한다는 것이 과학자나 그들의 가족과 친구에 의해 흔히 관찰되었다. 단지 식료품점에 가는 것조차도 재향군인에게는 적의 포화 속에 있는 것보다 더 많은 스트레스를 초래할 수 있다.

이것은 두 가지 이유에서 발생한다. 첫째, 군인은 전투에서 당면한 생명을 위협하는 위험을 포함하는 위기에 처한 경우를 제외하고는 뇌의 경보기에서 오는 신호에 주의를 기울이지 않도록 자신을 훈련한다. 둘째, 시민 생활의 일반적 스트레스는 종종 훨씬 덜 위험하지만 전쟁의 문제보다 더 해결하기 어려운 문제에 기인한다. 비록 두 상황이 유사한 경보 반응을 일으킬지라도, 무례한 사람이 당신 앞에서 새치기할 때 대처하는 방법을 아는 것이 더 어려울 수 있다.

재향군인에게 발생하는 또 다른 흔한 문제는 자동차 운전이다. 매사추세츠 주의 보스턴과 같은 도시의 교통체증을 상상해 보자. 보스턴은 찰스 강을 기준으로 케임브리지와 나누어진다. 강을 따라 달리고 있는 도로가 스토로 드라이브다. 그곳은 통근자, 배달 기사, 보스턴에 있는 식당이나 상업지구 및 역사적 장소 혹은 케임브리지에 있는 하버드 대학교와 MIT를 여행하는 관광객을 위한 주요 직통로 중 하나다. 이 도로에서 가장 흔한 자동차 중 일부는 흰색 밴이고, 이라크와 아프가니스탄의 자살폭탄 테러리스트에 의해 가장 흔히 사용되는 자동차의 일부도 흰색 밴이다.

어떤 흰색 밴이 한 재향군인과 아내 앞에 끼어들었다. 재향군인은 "조심해!"라고 외쳤다. 그는 땀을 흘리기 시작한다. 그는 문손잡이를 잡고, 좌석에 처박혔다. 그 순간 그의 뇌는 자신이 전쟁에서 전우에게 발생한 것을 보았을 때처럼 곧 폭파를 당할 것이라고 생각한다. 그가 할 수 있는 것은 아무것도 없었다. 그 트럭은 꽃이나 케이크를 운반하고 있는 것 같았지만, 그는 차를 갓길에 세우고 전쟁에서처럼 살펴볼 수 없었다. 운전자는 휴대폰으로 통화하거나 아예 신경 쓰고 있지 않을 수 있지만, 재향군인은 그것을 개인적인 위협으로 지각하고, 과활동을 시작한 경보기는 그가 그날 저녁 내내 진정할 수 없다는 사실을 알려준다.

우리는 모두 교통 상황이 얼마나 쉽게 경보기를 작동시키는가를 이해할 수 있다. 그러나 우리 대부분에게 그것은 **정상 스트레스 반응**이다. 정상 스트레스 반응은 경보기, 사고 중추, 기억 중추가 함께 작동할 때 발생한다. 아드레날린 방출은 학습 뇌가 위협의 실제 성질—교통이 우리를 위험에 빠뜨리지 않는다는 것—을 인식하게 되면 자연스럽게 소멸된다. 학습 뇌는 기억 중추에서 당신이 다른 차에 의해 가로막혔는데도 자신의 목적지까지 안전하게 도착하였던 유사한 사건을 찾을 수 있고, 동시에 이전에 도로에서 놀랐을 때 상황을 처리하면서 사용했던 개인적 자원을 활용할 수 있다.

도로에서 끼어들기를 당할 때 사람들은 정상적인 스트레스 반응으로서 깜작 놀랄 것이다. 그것은 당신에게 속도를 낮추고, 주변 교통 상황에 문제가 있는가를 살피고, 자신이 안전하다는 것을 확인시켜 주기 때문에 적절하다. 그 스트레스 반응은 당신이 경보를 알아채고, 주의를 기울이고, 이내 신속하게 정상 상태로 돌아가게 해 준다. 그것은 모두 당신이 그것에 대해 생각하지 않아도 **항상** 일어난다. 당신은 단지 스트레스가 올라가거나 떨어지는 것을 깨닫는다. 정상적인 스트레스 반응에서조차도 아드레날린이 분출하여 체내에서 폭포처럼 흐른다는 것을 아는 것이 중요하다. 당신이 모든 것이 괜찮다는 것을 알 때조차도 다시 편안하게 되는 데는 몇 분이 걸릴 것이다. 그러나 극심한 스트레스 반응과 정상적인 스트레스 반응 사이에는 핵심적 차이가 존재하는데, 정상적인 스트레스 반응에서 학습 뇌는 단지 생존을 하기보다는 학습을 하고 있는 것이다.

학습 뇌의 신호

우리는 어떤 순간에 자신이 다음과 같은 것을 할 수 있는 정도로 적절한 수준의 경보기 활동을 유지하고 있으면, 학습 뇌가 우리를 통제하고 있다는 사실을 알 수 있다.

- 행동을 하기 전에 잠시 멈추어 생각할 수 있다.
- 이완되었을 때나 압박을 받을 때도 분명하게 생각할 수 있다.

- 도전을 즐기고 받아들였으므로, 보다 잘 끝마칠 수 있다.
- 자극을 찾을 필요가 없이 조용한 순간을 음미할 수 있다.
- 우리가 벗어나고 싶은 경험에 관해 성찰할 수 있다.
- 친구나 가족과 조용한 대화를 즐길 수 있다.
- 어떤 문제를 창의적으로 해결할 수 있다.
- 고통 없이 당면한 욕구에 신속하게 반응할 수 있다.
- 모든 단계에 주의를 기울이면서 어떤 기술을 제2의 천성이 될 때까지 연습할 수 있다.
- 수업이나 책에서 '핵심 메시지'를 뽑아낼 수 있다.
- 다른 사람이 말하는 것에 흥미를 갖고, 경청하고, 그들의 관점을 존중할 수 있다.
- 걱정을 모든 사람의 상황을 더 좋게 하는 계획으로 바꿀 수 있다.
- 사실과 가정의 차이를 인식할 수 있다.

이것은 아마도 어떤 경우 혹은 대부분의 경우에 당신의 모습을 설명해 준다. 우리 모두는 삶에서 많은 경우에 학습 뇌를 사용한다. 그러나 때때로 자신에게 중요한 것을 하려고 노력할 때임에도 불구하고 경보기가 방해한다.

그러면 우리가 학습하고 있을 때의 뇌는 무슨 차이가 있는가? 평온과 자신감은 어디에서 오는가?

우리 대부분은 평온하고 자신감을 가진 사람은 이완을 잘하거나 높은 자존감을 느끼고 있다고 생각한다. 두 가지는 자연스럽게 발생한다. 어떤 사람의 신체는 본능적으로 대부분의 경우 경보기를 제자리로 돌려놓는다. 그러나 거의 확실히, 성공한 것처럼 보이는 사람은 매우 높은 스트레스를 겪고 있을 때조차도 분명하게 생각하는 것을 학습했을 것이다. 자신감에 찬 사람조차도 자신이 성취하고 싶은 것에 초점을 두기 위해서 뇌의 선천적 역량을 활용하려는 노력과 의도를 필요로 한다.

또한 선천적으로 평온하고 자신감이 있는 것처럼 보이는 사람도 항상 통제권을 갖고 있지는 않다. 모든 사람은 자동 반응을 할 때 분노하거나, 충동적이거나, 두려워한다. 우리는 단지 통제하는 능력이 뛰어난 사람이 붕괴된 때를 보지 못했을 수 있다. 당신의 사고에 초점을 두는 많은 방법이 있으나, 공통분모는 자기 생각을 '무엇이 잘못되었는가' '자신이 무엇을 해야만 하는가'에서 '무엇이 진정으로 중요한가'로 돌리는 것이다. 모든 경우에 평온하고 자신감을 가진 사람은 사고 중추가 그 일을 하도록 학습했다.

지역사회로서 분명하게 생각하기

우리가 독립적인 개체로 학습 뇌를 경보기 낮추기에 사용할 수 있는 것처럼, 지역사회도 아이가 어린 시절부터 가장 험한 환경에서도 스트레스를 줄이고 개인적 통제를 발견하는 방법을 학습하도록 돕는 힘을 갖고 있다. 우리는 청소년 사법제도에서, 시카고 인근의 험볼트 공원이나 뉴욕 인근의 사우스 브롱크스와 같은 도시 환경에 있는 아동을 위한 프로그램을 통해 아동 및 십 대를 양육했고, 학대나 범죄 목격과 같은 최악의 외상적 경험을 극복하도록 아동을 도왔다.

우리가 사는 세상에서 미래에 대한 가장 큰 위험 중 하나는 불안정이다. 우리 아이의 경보기를 활성화하는 지속적인 방아쇠—미디어의 폭력 영상물, 경제적 불안정, 어린 시절부터 학업의 압박, 안전하지 않은 이웃 사람—는 분명하게 생각하고 초점을 두는 방법을 발견할 필요가 있을 때에도 학습 뇌의 발달을 위협한다.

개발도상국과 선진국 모두에서, 취약 계층의 아동은 사색가와 인간으로서 어떤 잠재력을 발휘하기 위해 안전한 공간과 관계를 필요로 한다. 항상 스트레스를 받는 아동은 분명하게 생각하는 것을 학습하려고 애쓸 것이다. 그것이 바로 뉴욕 할렘의 아동구역Harlem Children's Zone이 도시 빈곤과의 투쟁에서의 성공담 중 하나이자 역할 모델인 이유다. 할렘의 아동구역은 젊은이들이 가장 끔찍한 스트레스도 극복하는 능력을 갖춘 학습 뇌를 발달시키는 환경을 조성하는 것을 도왔다.

1980년대와 1990년대의 뉴욕의 할렘 자치구에서 문젯거리는 한 단어로 지칭되는데, 그것은 마약의 일종인 크랙crack이었다. 약물이 빈곤을 가져오는가 아니면 빈곤이 약물남용 문화를 초래하는가는 닭이 먼저인가 달걀이 먼저인가의 논쟁이지만, 부정할 수 없는 것은 경보기가 항상 켜져 있는 자포자기한 사람들이 즐비한 야외 마약 시장, 파손된 주택, 실업, 폭력은 아동이 학습할 수 없는 환경을 의미한다. 학교는 이미 제 역할을 하지 못했고, 이에 덧붙여 문화적 붕괴는 전체 세대의 아동을 위협했다.

그 후 1990년대 초기에 어떤 실험이 한 구역에서 시작되었다. 그

전략은 보건, 폭력 예방, 사회봉사, 작은 교실, 방과후 프로그램을 아동 교육의 시작부터 그들에게 제공하는 것이었다. 그것은 그 후 24개 구역으로 확장되었다.

학습 기회는 아이가 태어나기 전부터 제공되었다. 할렘 아동구역은 출산을 앞둔 부모에게 유아대학 과정을 제공했고, 아이가 출생한 후 1개월 동안 학습하도록 임산부를 도울 준비를 했다. 유치원은 종일반을 운영하였고, 맞벌이 부모의 아동도 가정에서 혼자 있거나 취약한 입장에 놓이지 않았다. 갈등 해결을 돕도록 준비된 보조 교사로 훈련을 받은 중재자는 학교에서 아동을 집중적으로 돌보는 일을 했다. 대학 상담, SAT 자율학습, 진로 상담은 아동에게 고등교육을 받도록 자극했다.

할렘 아동구역은 현재 할렘 인근의 97개 구역에서 17,000명의 아동을 대상으로 분명한 목표—모든 아동을 대학에 진학시키는 것—를 갖고 진행한다. 할렘 아동구역에서 방과후 프로그램 참여자의 90%가 2011년에 대학을 진학했다. 아동이 어린 나이에 경보기를 관리하는 법을 학습하고 뇌를 학습에 초점을 맞추도록 하는 환경을 경험할 때, 생각에 초점을 맞추는 방법을 알게 된다. 지원을 받거나 대학과 같은 목표를 가지면, 발달을 방해하는 스트레스도 그들과 가족이 가장 중요한 것을 성취하는 것을 방해하지 못한다.

모든 조직, 지역사회, 국가는 구성원이 생존이 아니라 핵심 가치를 바탕으로 행동하도록 격려하거나, 가능하게 하는 환경을 조성하는 정도에 그친다. 아동이 학습에 실패하고, 기업의 실적이 저조하고, 전체 국가가 정치적 · 군사적 갈등에 수년 혹은 수십 년을 허비하는 일차적인 이유는 경보기에 의해 발생하는 생존 명령과 학습 뇌를 활성화하는, 주의 집중의 균형을 유지하는 방법을 알지 못하기 때문이다.

할렘 아동구역이 해 온 것은 전체 지역사회의 초점을 생존에서 학습으로 전환하는 것이다. 그것은 조직의 방법 혹은 조직 자체가 어떻게 자신의 임무를 유지하는가에 대해 논쟁하지 않음을 의미하지는 않는다. 그것은 지역사회 안팎으로 비난하는 사람이 없다는 것을 의미하지도 않는다. 그것은 대화 자체가 변화했다는 것을 의미한다. 안전과 생존에 관한 경보에 기반을 두는 논쟁 대신에, 현재의 대화는 모든 아동의 삶을 가치 있고 충만하게 만드는 방법에 초점을 둔다.

생존 모드에서 벗어나기

우리는 지적이고, 능력이 있고, 두드러지게 성공할 수가 있고, 세상에서 가장 위대한 관계를 맺을 수 있지만, 여전히 우리는 대부분의 경우 생존 모드에 사로잡힐 수 있다. 우리는 단지 그것을 깨닫지 못할 뿐이다. 우리는 이완되었다고 생각하지만, 실제로 뇌는 아직도 위험을 살피려고 높은 경계 상태를 유지한다. 이런 상태에서 우리의 뇌는 신체에 압박과 좌절이나 우울을 느끼도록 만드는 스트레스 화학물질을 뿜어내도록 지시하는데, 이것은 모두 더 경계하고 깨어 있도록 하기 위한 시도다.

어떻게 이것이 가능한가? 어떻게 재능이 있는 전문가, 유능한 부모, 우리가 존경하는 사람조차 실제로는 항상 스트레스를 받을 수 있는가? 그 대답은 개인의 단점 혹은 약점이 아니다. 그것은 보편적인 인간의 딜레마다. 우리는 모두 뇌에 경보기를 갖고 있는데, 경보기를 인식하고 다루는 방법을 알지 못한다면 지속해서 스트레스를 받을 것이다.

해결책은 고도의 지능이나 뇌 과학이 아니다. 경보기가 단순히 우리에게 주의를 기울이게 만들려고 노력하고 있다면, 지속적 스트레스의 수수께끼에 대한 해답은 단순히 **경보기에 주의를 기울여서 그것이 우리에게 이야기하려는 것을 학습하는 것이다.**

그러나 여기에도 애로사항이 있다. 우리 대부분은 경보기가 스트레스 반응을 일으키도록 만드는 문제나 고통에 마음이 사로잡혀 있을 때도, 자신이 중요한 것에 주의를 기울이고 있다고 생각한다. 우리가 이야기하는 것은 그와는 다른 것이다. 우리의 뇌가 학습에 초점을 두도록 주의를 기울이는 것은, 경보기를 만족하게 하고 경보기가 **스스로 멈추도록** 만든다.

지속적이고 참을 수 없는 스트레스가 주로 뇌에 있는 과활동하는 경보기에 기인하는 것은 아니다. 과활동하는 경보기는 제 기능을 못하는 학습 뇌의 결과다. 우리 대부분은 자신의 뇌를 최상으로 만드는 법을 배우지 못했다.

제3장

우리의 목표: 최상의 뇌 육성하기

모든 인간의 뇌는 이 순간 가장 중요한 것을 겨냥하여 초점을 맞추는 능력을 갖고 있다. 주의력 결핍이나 학습장애로 투쟁하는 사람조차도 실제로 관심을 두는 것에 주의를 기울이는 방법을 알아낼 수 있다. 스트레스 반응은 어떤 사람이 심각한 뇌 손상을 겪었거나 뇌 손상을 주는 알츠하이머와 질환을 가진 경우를 제외하고는, 뇌가 잘못되거나 파괴됨으로써 발생하지는 않는다(설령 그런 비극이 발생하더라도, 초점을 맞춘 마음의 상태를 성취하는 방법이 있다). 스트레스 반응은 뇌의 헤아릴 수 없는 힘을 생존 뇌와 학습 뇌의 관계를 **최적화시키는 일에 충분히 사용하지 못해서** 발생한다.

초점 맞추는 학습은 스트레스에 주의를 기울임으로써 시작한다.

단지 스트레스를 생각해 보는 것도—스트레스를 고치거나 없애려고 노력하는 것이 아니라—뇌를 활성화한다. 스트레스를 무시하는 것은 상황을 더 악화시킬 뿐이고, 사고 중추를 활성화해서 경보기를 조용히 만들도록 돕는 기회를 잃어버린다.

자, 다시 한번 연습해 보자.

10점은 파국적인 사건이 당장 발생하려는 것이고 1점은 완전히 조용한 상태를 나타낸다. 1~10점의 척도에서 자신의 스트레스 수준을 측정해 보자. 당신이 삶에서 한 걸음 물러나서 뇌에 관한 학습에 흠뻑 빠져 있으므로 스트레스 점수가 낮기를 희망한다.

이제는 10점이 완전히 분명한 생각을 하는 것이고 1점이 완전히 혼란된 것을 나타내는, 1에서 10까지의 척도에서 자신의 개인적 통제 수준을 측정하자. 우리는 그것이 높기를 희망하는데, 당신이 지금 읽고 있는 것으로 삶을 향상하는 일에 활용할 수 있는 방법을 고려하면 6이나 7 혹은 더 높기를 바란다.

스트레스 수준이 낮고 개인적 통제 수준이 높다면 당신은 뇌가 실제로 작용하는 방식을 학습하는 일에 초점을 두기로 선택한 것이다. 커튼 뒤에서 오즈의 마법사를 훔쳐보고 있는 도로시처럼, 당신은 경보기, 기억 중추, 사고 중추 사이의 관계를 알아내려고 하고 있다. 이런 학습 뇌의 활용은 경보기와의 연결을 최적화해 준다.

당신이 학습할 때 스트레스를 좀 느끼더라도, 그것 또한 정상이다. 학습은 관심을 끄는 일이고, 흥분되는 일이기도 하다. 학습 뇌가 당신에게 중요한 어떤 것에 초점을 맞추면, 각성 수준은 올라간다. 당신이 현재 하는 일에 관심을 가지면, 경보기도 동시에 활기를 북돋는다. 그것은 마음이 해매는 것을 원하지 않는다. 대신 당신이 주의를 기울여서 그 자료에 몰두할 수 있기를 기대한다.

스트레스가 유익할 수 있다는 것은 완전히 역설적으로 들린다. 하지만 사실이다. 경보기는 학습 뇌가 개입하여 통제할 준비가 되어서, 긴장을 풀고 제자리로 돌아가기를 원한다. 당신에게는 생존 뇌가 학습 뇌를 깨워서 초점을 유지하거나 다시 맞추도록 신호해 주는 스트레스 반응이 필요하다.

우리의 뇌를 최대로 활용함으로써 스트레스에서 자유롭게 하는 비결은 바로 학습에 초점을 두는 것이다. 학습은 사고 중추가 경보기에 "나는 지금 나에게 진실로 중요한 것을 알아내려고 하고 있고, 그래서 나는 그것을 다룰 수 있다."라고 소통할 때 일어난다. 이 메시지는 경보기에 실제로 모든 것이 통제될 수 있다는 것을 알려 준다.

우리의 뇌는 극단적인 스트레스 반응을 할 때도 붕괴하지 않는 이유는, 그것이 운전자의 오류이기 때문이다. 우리가 경보기의 메시지를 중요한 것에 관한 새로운 탐색으로 해석할 필요가 있을 때는 경보기의 흥분에 자동 반응한다.

최상의 뇌

생존 뇌인 경보기와 학습 뇌인 사고 중추 및 기억 중추 사이의 관계를 최적화하는 것은 스트레스를 줄일 뿐 아니라, 더욱 중요하게는 학습 뇌를 삶에서 가장 원하는 것을 성취하는 일에 활용하는 비결이다. 우리의 뇌가 기능하는 방식을 최적화하는 것은 뇌가 어떻게 조직되어 있는지를 이해하는 것으로 시작한다.

에이브러햄 매슬로Abraham Maslow가 발견했듯이, 우리는 욕구의 위계를 갖고 있다—사랑이나 사회적 조화와 같이 보다 높은 기본 욕구를 추구하기 전에, 음식이나 피난처와 같은 기본적인 욕구를 충족할 필요가 있다. 유사하게, 우리의 뇌에도 위계가 있다.

뇌는 세 개의 기본적 수준을 갖고 있다. 첫 번째는 신체와 생존 뇌를 연결하는 다리다. 뇌의 바닥—그야말로 두개골 아래에서 척수의 꼭대기를 시작으로 하여 중뇌의 아래 부분까지 연장되는 부분—에는 연구자가 **파충류 뇌**reptile brain라고 부르는 것이 있다. 파충류 뇌는 실제로 이 영역을 포함하고 있으나 인간의 뇌에서 발견되는 두 개의 상위 체계를 갖고 있지는 않다.

파충류 뇌는 살아 있을 정도의 산소, 음식, 물을 받아들이는 신체의 생명유지 체계다. 그것은 우리가 걷기, 말하기, 잠자기, 먹기, 성교하기와 같은 신체 활동을 할 때, 신체를 활성화하고 조정하기 위해서 화학적 메시지(호르몬을 통해)와 전기적 메시지(신경계를 통해)를 전달한다. 파충류 뇌는 생각이나 선택을 하지 않고 로봇처럼 자동으로 작동하도록 설계되었다. 그것은 우리를 위험에서 보호하기 위해서 설계되지는 않았고, 단지 기본적인 신체적 기능을 정상적으로 유지해 준다.

두 번째 수준은 뇌의 중앙부 깊은 곳과 파충류 뇌의 바로 위에 있다. 과학자들은 이 중앙 영역을 **구포유류 뇌**paleomammalian brain라고 부르는데, 가장 원시적인 뒤쥐에서 가장 진보한 종(인간)에 이르기까지 모든 포유류가 이런 추가적 구조를 갖기 때문이다. 구포유류 뇌는 공포와 분노 같은 기본 정서뿐 아니라 행복이나 만족을 느낄 수 있게 하는 경보기, 보상 중추, 몇몇 인접 영역을 포함하고 있으므로 **정서 뇌**emotional brain라고 불린다.

정서 뇌는 두 가지 책임을 갖고 있다.

첫째로 그것은 뇌의 경보 중추를 포함하는데, 우리가 경계하도록 하고 위험으로부터 지켜 준다. 중앙 부위에 있는 경보기는 생존을 위해 아래에 있는 파충류 뇌와 팀을 이룬다—이들을 합쳐서 생존 뇌라고 한다.

뇌의 중앙 부위의 두 번째 역할은 우리에게 생존 다음으로 우선권을 가진 것—쾌락—에 주의를 기울이도록 만들 수 있다. 뇌의 보상 중추는 우리에게 즐거움을 주는 일이나 활동, 사람에 주의를 기울이게 함으로써 삶을 즐겁게 만들 수 있다. 그러나 그것은 또한 중독이나 위험한 모험과 같이 값비싼 대가를 치러야 하는 경우에도 보상을 쫓도록 압박을 가함으로써 삶을 재앙으로 만들 수 있다.

보상 중추는 경보 중추 옆에 있고 종종 서로 정보를 소통하기 때문에 스트레스와 관련이 있다. 그것이 협동을 잘할 때, 삶은 보다 풍요롭고 풍성하다. 그러나 그것이 반대 목적을 갖고 일을 할 때, 정서 뇌는 상당한 문제를 일으킬 수 있다. 경보기와 보상 중추가 우리를 다른 방향으로 밀어붙일 때 그 결과는 극심한 스트레스 상태일 수가 있다. 예를 들면 보상 중추는 우리가 스카이다이빙을 하도록 요구하지만, 동시에 경보기는 3,000m 상공의 비행기에서 점프하는 것은 안전하지 않다고 부르짖을 것이다.

감사하게도, 인간은 생각하고 나서 반응하도록 해 주는 세 번째 수준의 뇌를 갖고 있다. 최고 수준으로서 학습 뇌라고 부르는 **신포유류 뇌**neomammalian brain가 바로 그것이다. 가장 진보한 포유류만이 신포유류 뇌를 갖고 있는데, 영장류는 인간과 유인원이나 원숭이처럼 두 다리로 설 수 있으며 팔과 손을 독립적으로 사용하는 다른 포유류를 포함한다. 신포유류 뇌는 단순히 정서 뇌의 명령에 복종하거나 파충류 뇌의 반사와 습관에 의존하는 대신, 사고를 기반으로 선택을 할 수 있게 해 준다.

신포유류 뇌는 두개골 바로 밑에서 뇌의 가장 상층부를 이루면서 머리의 뒷부분부터 앞까지 모든 부분을 둘러싸고 있다. 사고 중추라고 기술하는 영역이 여기에 존재한다는 것은 놀라운 일이 아니다. 사고 중추는 포유류 뇌의 가장 앞부분에 있으면서 머리의 위쪽(피질)에, 이마의 바로 뒤(전전두)에 있으므로 전전두피질이라고 불리는 영역에 위치한다.

그 위치는 흥미롭고, 아마도 우연이 아닐 것이다. 사고 중추는 뇌의 가장 위쪽이면서 가장 앞부분 영역으로, 심층부의 파충류 뇌 수준과 정서 뇌 수준에서 메시지를 받아들이는 최후의 영역이다. 이것은 일부 장단점을 갖고 있다. 사고 중추는 가장 많은 정보를 받는다. 그것은 명령 중추이고 의사 결정을 하는 부위다. 그러나 그것은 뇌의 다른 모든 영역이 입력을 맡고 그 자료에 반응할 기회를 가진 후, 가장 나중에 정보를 받는다. 사고 중추는 또한 계획하고 선택할 때 미래를 예상해야 하므로, 그것은 상당한 양의 에너지를 요구한다.

사고 중추는 자신의 책임을 다하려고 좋은 정보를 얻기 위해 다른 뇌 부위에 의존한다. 그러나 경보 중추와 보상 중추는 끔찍하게도 유용한 것과 부적절한 것의 구분을 못한다. 이것들은 아무리 사소한 것이라도 모두 최고 우선순위에 둔다. 파충류 뇌는 사고 중추가 존재한다는 것조차 알지 못한다.

결과적으로, 사고 중추는 다른 수준에서 발생하는 부담스럽고 긴급한 메시지를 처리하기 위해서 뇌의 기억 중추를 활용한다. 기억 중추는 사고 중추와 멀리 떨어져 있을지라도, 그 위치는 사고 중추에 너무 많은 정보가 쏟아져 들어가기 전에 경보 중추와 보상 중추에서 오는 메시지를 포착하고 여과할 수 있으므로 도움이 된다. 기억 중추는 사고 중추가 집행 기능을 완수할 때 유용한 메시지를 찾기 위해 메시지를 선별한다. 그러므로 학습 뇌는 기억 중추의 가치를 헤아릴 수 없을 정도의 지지와 조력을 받는 사고 중추가 이끄는 팀의 노력에 의한 것이다.

최상의 뇌는 대단위 팀인데, 학습 뇌뿐만 아니라 정서 뇌에 있는 경보 중추와 보상 중추 그리고 파충류 뇌에 있는 우리의 동물적인 모든 욕구를 포함한다. 이 팀에서 발생할 수 있는 주요 문제는 경보 중추와 보상 중추가 너무 부담을 느끼게 되어 강한 메시지의 범람으로 인해 기억 중추를 교란하고 압도할 수 있다는 것이다.

이 위계는 우리의 경보기가 뇌에서 발생하는 모든 것의 중앙에 있으며 항상 옳기 때문에 중요하다. 거의 잠들지 않는 경보기는 항상 파충류 뇌와 능동적으로 소통하고 있는데, 예를 들면 심박과 호흡을 높이거나 낮추고 근육의 긴장을 높이거나 이완시키라는 명령을 내린다. 그리고 동시에 그것은 파충류 뇌에서 신체의 안전, 활력, 건강 상태에 관한 메시지를 받는다. 그것은 쥐덫이 설치된 것처럼, 우리가 위험에 처해 있다고 지각을 하면 경보를 울린다. 경보기는 또한 위험이나 잠재적 보상에 주의를 기울이는 것을 도울 파일을 끄집어내라고 끊임없이 기억 중추에 메시지를 보낸다.

우리는 뇌를 최적화하기 위해 모든 수준에서 오는 메시지를 무시하기보다는 인식할 필요가 있다. 이렇게 되기 위해서 경보기는 우리가 충분히 안전하다는 것을 확실히 알아야만 한다. 보상 중추는 이런 메시지를 제공할 수 없는데, 우리에게 쾌락을 주기만 한다면 벼랑 끝으로 몰고 가려고 하기 때문이다. 기억 중추는 경보기를 안심시킬 수 없는데, 판단이나 결정을 하지 않고 기억 파일의 정보를 제공하기 때문이다.

파충류 뇌와 정서 뇌에서 오는 정보를 모두 처리할 수 있는 것은 바로 사고 중추인데, 정보 처리 후에는 우리가 배우려고 하는 것으로 주의를 전환한다. 우리는 신체에서 스트레스 수준을 선택할 수 있으므로 성취하고 싶어 하는 것에 초점을 맞춘다. **생각하는 것이 뇌의 가장 위대한 힘이므로 이를 사용하는 능력은 스트레스를 감소시킬 수 있는 가장 위대한 기회다.** 뇌가 어떻게 스스로 최상의 상태가 될 수 있는가를 설명하기 위해 신체의 강건함, 예술적 탁월성, 마음을 집중하기와 같은 영역에서 정점 수행을 달성하기 위해 뇌를 사용한 젊은 여성의 예를 살펴보자.

정점 수행의 비결

정점 수행의 주요 장애는 신체적 · 창의적 · 심적 능력의 결핍이 아니다. 그것은 바로 생존 뇌와 학습 뇌가 경쟁적 파트너이기보다는 서로 적이 되어 있는 관계다. 정점 수행을 하려는 사람은 신체, 과학 기술, 지식뿐만 아니라 마음도 최적화해야 한다. 그들은 사고 중추가 경보기에 의해 아는 것과 자신이 통제하고 있음을 경보기에게 전달하는 것에 초점 맞추기를 직관적으로 할 수 있다. 즉, 그들은 초점을 맞추는 방법을 시범으로 보여 주었던 멘토나 역할 모델을 통해 이 능력을 발달시켰다.

2002년 유타 주 솔트레이크 시에서 개최된 동계 올림픽의 스케이팅 경기에서는 최종적으로 새로운 여왕에게 왕관을 씌울 준비가 되어 있었다. 22세의 미셸 콴은 네 번의 월드 챔피언십과 여섯 번의 U.S. 챔피언십에서 우승했다. 그녀는 1998년 일본 나가노 올림픽에서 미국 동료 선수인 타라 리핀스키에게 미세한 차이로 금메달을 빼앗기고 은메달을 수상했다.

콴은 금메달 수여를 판정하기 위한 두 개의 경기 중 하나인 쇼트 프로그램을 마친 후 이미 선두에 올랐다. U.S. 챔피언십에서 동메달을 획득한 사라 휴즈는 4위였다. 휴즈는 국제 경기에 처음 서는 것이 아니었고, 콴은 여전히 인기가 많았다. 콴의 삶의 목표는 본인이 이루지 못한 이 한 번의 시합에서의 승리에 맞춰져 있었다.

그 시합의 첫 번째 스케이트를 하기 전에 발생한 일은 뇌를 최적화하는 일에 있어서 흥미로운 연구 대상이다. 콴은 쇼트 프로그램을 앞두고 미소 짓고 있었다. 콴은 쇼트 프로그램 전 과거 경험에서 현재에 초점을 맞추는 방법을 학습했다. 첫 번째 밤이 지난 후 그녀는 "나는 미국인인 것이 자랑스럽고, 진심을 다해 스케이트를 타려고 노력했고, 미국의 자랑이 되려고 노력했다. 그것은 나에게 믿을 수 없는 순간이었다."라고 말했다. 그녀는 확실히 불안했으나 통제할 수 있는 것에 초점을 맞추는 일에 학습 뇌를 사용했고, 그것은 경보기를 낮추었다.

반면에 휴즈는 첫날 밤에 최대의 경보 반응을 하고 있었다. 그녀는 시작을 기다리며 아래를 내려다보고 원을 그리면서 스케이트를 탔다. 그녀가 심호흡하려고 애쓸 때, 어깨는 눈에 띨 정도로 긴장하여 올라갔다. 그녀는 비록 불완전하지만 견고한 점프를 성공시켰고, 그제야 미소를 짓기 시작했다.

그들의 경보기에서 차이점을 주목하라. 콴은 불안과 예상을 다루는 방법을 알았다. 그녀는 자기 나라를 대표하고 진심으로 스케이트를 타는 즐거움에 초점을 맞추는 것이 학습 뇌가 통제하고 있다고 경보기에게 알려 주는 방법이라는 것을 이해했다. 휴즈는 16세였고 상당히 미숙했다. 그것이 그녀의 첫 번째 올림픽이었고, 그녀는 U.S. 챔피언십에서 다른 두 미국 선수에게 패배했다. 그녀는 경보기를 낮출 수 없는 상태에서 겨우겨우 아드레날린을 헤쳐 나갔다. 그러나 그 후 어떤 것이 변했다.

며칠 밤이 지난 후, 휴즈는 어떻게 스케이트의 롱 프로그램에 출전하게 되었는지를 설명했다. "나는 금메달을 위해 스케이트를 타고 싶지 않다. 나는 출전하는 것 자체를 매우 즐길 것이다. 나는 '이것이 올림픽이다. 나는 최선을 다하고 싶다.'라고 말하고 싶다."고 다짐하면서, 그녀는 연기하는 도중에 뇌를 최적화했다.

그녀는 롱 프로그램을 시작하기 전에 미소를 지었다. 그녀는 첫 번째 더블 점프를 성공했고, 빙판 위를 부드럽게 흘러갔다. 그다음에 그녀는 첫 번째 트리플 점프를 했는데, 사실상 두 번의 트리플 점프의 콤비네이션이었고, 착지한 순간에 경보기가 제자리를 찾은 것 같아 보였다. 그녀는 마음껏 미소를 지을 수밖에 없었다. 그리고 매번 점프 전에는 그녀의 얼굴에는 강한 집중이, 그리고 착지를 한 후에는 완연한 환희가 일었다. 그녀가 프로그램을 마쳤을 때 즐거움으로 빛이 났고, "나는 순수하게 즐기면서 스케이트를 탔다. 그것이 내가 원하던 올림픽에 임하는 순간 나의 모습이었다."라고 말했다.

전날 밤에는 경보기를 잘 관리하였던 콴은 롱 프로그램의 끝에서 두 번째 순서로 스케이트를 탔다. 아마 그녀의 앞이 휴즈의 연기였을 것이다. 아마 그것은 또 다른 금메달을 획득할 기회를 기다렸던 4년 동안의 압박이었을 것이다. 그녀는 스케이트를 타기 전에는 집중하는 것처럼 보였고, 음악이 시작되기 전에 활짝 미소를 지었다. 그러나 그녀는 첫 번째 점프에서 긴장했다. 다음의 트리플 점프도 양발 착지로 실패했다. 프로그램을 시작한 지 3분이 되었을 때, 그녀는 넘어졌다.

콴은 나중에 "나는 나가노에서 많이 실망을 했다고 생각하는데, 왜냐하면 내가 스케이트를 더 잘 탔기 때문이다." "오늘 밤 그건 어쩔 수 없는 일이었다. 나는 무엇이 잘못되었는지 모르겠다."라고 말했다.

그들의 초점이 바로 차이점이었다.

콴에게 승리하려는 경보기의 목표가 최종 연기에서 그녀를 압도했다. 그녀의 필생의 꿈이 이루어진 즐거움을 느끼려는 욕망은 진정으로 중요한 것, 즉 올림픽에서 스케이트를 즐기는 것에 초점을 맞추는 학습 뇌의 능력을 압도했다.

첫 번째 스케이트에서 긴장했던 휴즈는 두 번째 밤에 잇따른 성공적 점프로 인해 더욱 자유롭게 되었다. 그녀는 올림픽 선수가 되는 즐거움에 초점을 맞추었으므로 매번의 성공적 착지는 그녀에게 더 높은 통제감을 주었다. 그녀의 뇌는 연습에서 착지했던 수만 번의 점프에 관한 기억을 끄집어냈고, 매번 새로운 도약을 위한 준비를 할 때 분명하게 생각하는 능력을 증가시켰다. 콴의 경보기는 매번 실수할 때마다 더욱더 크게 울렸고, 그녀는 이를 낮추는 능력을 갖추지 못했다.

두 사람의 사례에서, 그 위대했던 연기의 비결은 학습 뇌가 경보기의 신호를 경청하고 잘 통제하고 있음을 경보기에게 보여 주는 것이었다. 두 사람 다 완전히 초점을 맞출 수 있었으나, 단지 휴즈가 가장 결정적인 순간에 그것을 더 잘했을 뿐이다.

초점 변경

진정한 초점 맞추기는 중요한 것에 주의를 기울이는 것이지 상승된 경보 반응을 생각으로 대체하는 것은 아니다. 당신이 스스로 "나의 삶에서 진정으로 가장 중요한 것은 무엇인가?"를 물을 때, 마음에 떠오르는 첫 번째 대답이 문제인가? 당신은 가장 원하는 것을 결코 얻을 수 없을 거라고 걱정하는가? 혹은 당신은 자신을 화나게 만든 상황 혹은 사람에 대해 생각하는가?

이것은 정상적인 생각이지만, 당신의 정점 수행이나 당신이 원하는 삶을 성취하는 일을 돕지 못할 것이다. 그것은 무엇이 자신에게 가장 중요한 것을 성취할 수 없게 막고 있는가를 말해 주는 뇌의 경보기에서 온 메시지를 바탕으로 한 자동 반응이다. 문제에 대한 해결책을 알아내거나 문제를 회피하거나 일이 기적적으로 개선될 것이라고 희망을 품는 것 외에, 당신은 무엇을 할 수 있는가?

뇌의 경보기에게 당신이 경보기의 염려를 인식하고 그 상황을 다룰 수 있으므로 걱정할 필요가 없음을 알려 주기 위해서는 초점의 변경이 필요하다. 그 변경은 당신이 문제의 메시지에 이끌려 가는 것에서 학습하기를 원하는 것으로 초점을 바꾸는 것이다.

최상의 뇌에서 경보기가 울릴 때 생각해야 하는 첫 번째 핵심적인 것은 다음과 같다.

- 정서(사랑, 신뢰, 확신 따위)
- 사고(자신의 기본적 가치 따위)
- 목표(자신의 가치에 따라 살기 위해서 성취하려는 목표 따위)
- 선택(논쟁하거나 방어적이기보다는 공감하거나 존중하기)

최상의 뇌에서, 당신은 경보기가 단지 생존(혹은 일시적 보상)을 기초로 모든 선택을 하도록 놔두기보다는 삶에서 가장 중요하다고 학습한 것을 알아내어서 자신을 인도하는 일에 활용한다.

그리고 당신은 단지 때때로가 아니라 그것을 매일, 온종일 한다. 당신은 매일 자기 삶에 더 큰 방식으로(기도하는 시간을 갖거나, 쉽지는 않으나 세상을 더 나은 장소로 만드는 일을 의도적으로 하기 같은) 혹은 더 작은 방식으로(당신이 짜증을 다른 사람에게 퍼붓기 전에 멈추어서 생각하기 같은) 가치를 부여하는 일을 상기하는 데 전념한다.

최상의 뇌는 우리 모두에게 가능한가? 혹은 당신이 초점 맞추기를 학습한 코치 팀을 동반한 올림픽 선수일 필요가 있는가? 그렇다. 그것은 우리 모두에게 가능하고, 코치 팀을 요구하지도 않는다. 모든 인간의 뇌는 최상의 수행을 위한 잠재력이 있다.

누구라도 생존 뇌와 학습 뇌를 팀으로 묶는 능력을 갖추고 태어나지는 않는다. 초점 맞추기는 학습되고 계발된다. 그것은 결정, 헌신, 반복 연습을 필요로 한다. 그러나 그것은 다른 어떤 기술을 학습하는 것보다 어려운 일은 아니다.

후방의 영웅

부모와 가족은 매일 정점 수행을 위해서 같은 기술을 사용한다. 가장 두드러진 예 중 하나가 군인의 배우자나 파트너다. 그들이 사랑하는 사람이 해외에서 목숨의 위험을 무릅쓰고 있을 때, 후방의 영웅은 자녀의 건강과 교육, 가족의 재정, 안정적인 가정 환경을 제공하는 것에 초점을 맞추고 있다. 많은 사람이 가정 밖에서 일하며 추가의 책임을 지고 있다.

어떻게 책임을 지고 있는가? 그들은 파트너가 전쟁 지역에 있고, 집안일과 걱정과 공포를 다루어야만 하고, 사랑하는 사람이 멀리 떨어져 있을 때도 그를 지지해야만 할 때 어떻게 계속 붕괴되지 않고 버틸 수 있는가? 그들은 가장 중요한 것에 초점을 맞춤으로써 학습 뇌를 활성화한다.

메리 베스의 남편이 10월 1일 아프가니스탄으로 파병이 정해졌을 때, 그녀는 무엇을 해야 하는지를 정확하게 알았다. 가족이 가장 좋아하는 휴일은 추수감사절이다. 그때는 양가의 부모들이 그녀의 세 자녀와 함께 축하하기 위해서 집에 방문을 했다. 그래서 그녀는 9월에 전통 파티를 열었다. 그녀는 모든 가족을 일찌감치 모아 놓고 그들에게 남편이 떨어져 있는 동안 기억해야 할 것을 제공했을 뿐 아니라, 그들이 함께하는 시간을 되도록 풍성하게 만들었다.

누구라도 자신의 학습 뇌를 완전하게 혹은 항상 활성화할 수는 없다. 이런 사람은 분노를 느끼거나 우울해한다. 그들은—자신이 직면한 스트레스에 부담을 느끼고 있는 경우, 최선의 환경이라고 해도 우리 누구라도 그러는 것처럼—생각 없이 말을 하기도 한다. 그러나 그들은 파트너가 위험에 처해 있는 동안에도—자신의 건강과 안녕을 포함하여—가족과 가정을 가능한 한 안정되게 만드는 사람이 됨으로써 가치를 헤아릴 수 없는 기여를 할 수 있다.

그들은 종종 전쟁의 이름 없는 영웅이었고, 용기와 헌신을 갖고 초점을 스트레스에서 사랑으로 바꾸었기 때문이다. 뇌를 최적화하는 것은 이별의 고통이나 파트너가 안전하다는 것을 알지 못하는 불안을 사라지게 하지는 않는다. 그러나 그들은 학습 뇌를 활용함으로써 고통에서 의미를 만든다. 그들은 초점을 가치 있는 것에 맞추고, 배우자에게 계속적으로 지지와 안심을 제공하면서 경보 양식에 있는 것과 고도로 초점을 맞추고 있는 것의 차이를 구분 짓는다.

학습 뇌 빌려 오기:
에베레스트 1

군인이 파병 기간 동안 경보기를 낮추는 일에 도움을 얻기 위해 배우자나 파트너가 필요한 것처럼, 때때로 우리 모두는 스트레스에 사로잡힌 것처럼 느낄 때 필요한 학습 뇌를 이용하기 위해 다른 사람에게 의존한다.

당신이 가장 좋아하는 코치나 교사를 생각하라. 최선의 코치는

존 우든과 같은 사람인데, 짧으면서도 교정적인 한마디의 충고와 더불어 학습 뇌를 선수에게 빌려주었다. 가장 영향력 있는 교사는 1년에 수십 회의 강연을 했던 시인 마야 안젤루와 같은 사람으로, 청중에게 모든 사람이 초점을 맞출 수 있는 삶과 문화의 다양성을 상기시킨다. 어떤 사람이 우리가 그 순간에 할 수 있는 것에 초점을 맞추도록 도움을 줄 때, 학습 뇌에게 분명한 메시지—우리가 스트레스를 받기보다는 지금 이 순간에 해야 할 더 중요한 것이 있다—를 보내는 것을 가르침으로써 경보기를 조용하게 한다.

우리가 전혀 기대하지 않던 사람도 누군가가 초점을 맞추는 것을 학습하도록 도와줄 때 놀라운 일을 성취할 수 있다. 2010년 이전에 에베레스트 정상을 최연소로 등반한 사람은 16세의 네팔인 등반가였다. 조던 로메로가 2010년 5월에 13세가 되었을 때 이제까지 정상에 도달한 최연소 등반가로 세계기록을 세웠다. 그는 경험 많은 등반가인 아버지와 새어머니와 함께 8,850m 정상에 도달했다.

어떻게 그것이 가능한가? 대부분의 십 대는 대수 숙제를 해내기 위해 계속해서 집중하는 것도 어렵다. 무엇이 조던에게 5,000회 이상의 정상 등반 시도 중 200명 이상의 목숨을 앗아간 불편을 참아내게 했는가?

의심의 여지 없이, 그의 훈련과 준비는 엄격하고 광범위했다. 우리는 그 등반의 매 단계에서 그의 마음을 스쳐 간 것이 무엇인지를 정확히 알지 못하지만, 우리가 알고 있는 것은 그가 꿈을 갖고 있었다는 것이다. 그의 목표는 모든 대륙의 최정상을 등반하는 것이었다. 그러나 그것만으로 충분하지 않았다. 그는 단지 산을 정복하는 것만을 원한 것은 아니었다. 그는 매우 놀라운 일을 하기를 원했고, 그것은 그의 전 생애에 자부심과 확신의 원천이 되었을 것이다. 그는 나이에 상관없이 불가능해 보이는 도전을 해낼 수 있다는 것을 보여 주었다.

그러나 그런 것조차도 십 대가 그런 어마어마한 목표를 성취하기에는 충분하지 않다. 그의 뇌에 가장 중요했던 것은 자신이 홀로 등반하지 않는다는 사실이었다. 그는 아버지와 새어머니에게 깊은 신뢰감과 확신감을 갖고 있었다. 그 가족은 캘리포니아 빅베어레이크 근처에 살고 있었고, 등반은 일상적인 삶의 양식이었다. 조던은 부모의 등반 기술과 그들이 교육을 위해 자신에게 원치 않는 압력을 행하지 않아도 자극을 준다는 것을 믿었다. 그는 〈투데이 쇼The Today Show〉와의 인터뷰에서, 포기하고 싶었던 적이 여러 번 있었는데 다른 어떤 가족도 해내지 못한 것을 자신의 가족과 함께하고 싶었기 때문에 계속 등반을 할 수 있었다고 말했다.

우리는 자신의 경보가 울릴 때 친구, 가족, 교사, 코치, 치료자로부터 학습 뇌를 항상 빌릴 수 있다. 자신을 두렵게 하는 새로운 것을 학습하기 원하든지 혹은 바쁜 삶에서 스트레스의 고통을 없애기 원하든지 간에, 우리는 홀로 초점을 맞추도록 뇌의 능력을 요구할 필요는 없다.

우리 모두는 경보 반응이 울리는 와중에는 핵심가치와 목표를 보지 못할 수 있다. 그러나 우리 각자는 어떤 시점에서 그런 가치와 목표에 대해 초점을 다시 맞추는 역량과 책임을 갖고 있다. 우리는, 학습 양식에 머무르면서 우리에게 다시금 초점 맞추는 것을 도와주었던 누군가가 주는 선물을 감사하게 받아들일 때, 최상의 뇌의 힘을 깨닫는다. 더욱더 흥분되는 것은, 우리가 앞으로 우리의 학습 뇌를 누군가에게 빌려줄 준비를 한다는 것이다.

뇌를 최적화하는 생존 뇌와 학습 뇌의 통합

이 책의 나머지 부분에서 우리가 당신에게 보여 주려고 하는 뇌를 최적화하는 접근은, 외상적 경험을 했거나 만성적인 삶의 스트레스를 겪고 있는 성인, 청소년, 아동을 대상으로 줄리언 박사가 진행한 임상과 연구 작업에서 가르쳤던 여러 기술에 기초를 둔다. 한 내담자가 그에게 이런 기술을 모두 묶어서 쉽게 기억할 수 있도록 사용할 만한 한 단어를 찾아 주기를 요청했다.

줄리언이 그 창의적인 요청에 관해 생각을 했을 때, 외상을 겪거나 스트레스를 받을 때 모든 사람이 직면하는 딜레마는 경보 상태에 사로잡혀 있다는 것임을 깨달았다. 어떤 외상적 경험이나 스트레스 요인도 끔찍할 수 있으므로, 보통 그러한 경험에서 최악의 시나리오는 스트레스 반응이 전혀 개선되지 않았을 때 수년 후나 수십 년 후에도 존재한다는 것이다.

비록 극단적인 스트레스 반응이 외상적인 경험에서 생존하기 위한 수단으로 시작될 수 있다고 할지라도, 미미하게 지속되는 스트레스 요인조차도 외상후 스트레스 반응을 촉발시킬 때에는 끔찍한 함정이 될 수 있다. 외상후 스트레스 장애는 외상적 경험이 끝난지 오래된 후에도 뇌가 생존 모드에 사로잡혀 발생하는 병적 상태이다. 생존자는 자신을 보호하려고 애쓰는 뇌를 멈추는 방법을 알지 못한다. 줄리언 박사는 더 나은 삶으로 가는 경로를 가장 잘 기술하는 단어를 'FREEDOM'으로 결정했다.

우리는 모두 외상과 스트레스에서 자유로워지기를 바란다. 전 세계적으로 폭력, 학대, 차별, 극심한 빈곤, 사회의 붕괴를 방지하는 일에 헌신하는 고무적인 계획이 많이 존재하지만, 외상과 스트레스는 절대 완전히 사라지지 않는다. 우리가 할 수 있는 것은 외상과 스트레스에 반응하는 방식이나 외상적 경험과 스트레스를 겪은 후에 삶을 회복하는 방식을 바꾸는 것이다.

약자인 FREEDOM에 있는 문자는 우리가 당신에게 가르쳐 주고자 하는, 뇌를 최적화시키는 모형을 의미한다. 각 문자가 의미하는 것은 다음과 같다.

- **F**ocusing(초점 맞추기)
- **R**ecognizing triggers(자극 인식하기)
- **E**mpowering your emotions(정서역량 강화하기)
- **E**xercising your core values(핵심가치 발휘하기)
- **D**etermining your optimal goals(최상의 목표 결정하기)
- **O**ptimizing your choices(선택 최적화하기)
- **M**aking a positive contribution to the world(세계에 긍정적으로 기여하기)

우리는 초점 맞추기가 스트레스를 처리하고 뇌를 최적화하기 위한 핵심적인 역할임을 소개했고, 다음 부분에서 그 기술을 육성하고 연습하는 실용적인 방법을 소개할 것이다. 당신은 자신이 이미 얼마나 자주 이런 방식으로 생각할 수 있었는가에 대해 놀랄 것이고, 그것은 이 기술을 학습하는 것을 쉽게 만들어 줄 것이다. 당신은 또한 매일 초점을 맞추고 자신과 다른 사람의 뇌에서 경보기를 낮출 기회를 얼마나 많이 갖고 있는가에 대해서도 놀랄 것이다. 이것은 어떤 누구라도 할 수 있는 가장 가치 있는 기여 중 하나다.

그다음에 이어지는 각 장은 극심한 스트레스 상황에서 초점을 맞추는 방법, 뇌를 최적화하기 위해서 초점을 맞추어야 할 대상, 매일 삶의 경로를 선택하기 위해 당신이 가진 개인적 통제를 보여 줄 것이다. 경보기가 울리는 것을 멈추려고 하지 않기 때문에 당신은 학습 뇌에 초점 맞추는 방법을 학습하기를 원한다. 당신은 그 경보를 경청하는 것이 이를 낮추기 시작한다는 것을 앎으로써 자유로워지기를 원한다. 경보기는 삶이 균형을 잃었을 때를 알려 주고, 우리는 스트레스 관리를 위해 삶에서 가장 중요한 것에 초점을 맞춤으로써 경보기의 신호를 활용하는 방법을 보여 주고자 한다.

간접 스트레스: 다른 주제로 넘어가기 전의 경고

뇌를 최적화하는 것이 왜 중요한가? 간접 스트레스. 당신이 뇌를 과학적으로 완전히 이해한다고 할지라도, 스트레스를 느낄 때 언제나 최우선으로 할 것을 안다고 할지라도, 교실에서 가르치거나 책을 저술할 수 있을 정도로 가르치는 기술을 실천한다고 할지라도, 지금 살고 있는 세상의 현실을 변화시키지는 못할 것이다. 당신이 활동하는 모든 환경에서 누군가의 경보가 발령되고 있거나 앞으로 발령될 것이다.

다른 사람의 경보기는 간접 흡연과 같다. 당신 근처에서 누군가가 흡연을 할 때, 이는 당신이 호흡하는 공기에도 영향을 미친다. 건물에 불이 났는데, 당신이 산소 마스크 없이 뛰어든다면 독가스를 마실 것이다. 같은 상황이 스트레스에도 적용된다.

당신은 집에서 좋아하는 의자에 앉아 완전히 편안하게 책을 읽고, 모든 기계—TV, 라디오, 휴대폰, 스마트폰, 일반전화, 컴퓨터—를 끄지 않으면 다른 사람이 당신에게 연락할 수 있다. 한 친구가 당신에게 "도와줘!" 하고 간단한 문자 메시지를 보낼 수 있다. 그것은 그가 시도하고 있는 새로운 요리법에 대한 도움일 수도 있지만, 당신의 경보기를 울리는 계기가 될 수 있고, 당신은 그가 생명의 위협을 받고 있다고 생각할 수 있다.

쇼핑도 간접 스트레스를 일으킬 수 있다. 장을 보는 것은 유럽인이 매일 하는 그런 일이다. 그것은 그들이 경보기를 낮추는 일종의 의식이다. 그들은 그날을 위해 완벽한 제품, 빵, 단백질을 선택하려고 상품 진열대 사이를 조심스럽게 걷는다.

자, 이제 지구 위를 천천히, 살금살금 움직이고 있는 현대 미국인의 쇼핑 경험을 생각해 보자. 당신은 모든 것, 원하는 모든 것을 지금, 지금 당장 살 수 있다!

불빛이 밝게 빛난다. 사람이 몰려든다. 목표는 가치 있는 식품을 제공하는 것이 아니고, 가능한 한 짧은 시간에 최대한 많은 것을 팔아서 다수의 고객이 매일 상점에서 소비할 수 있게 하는 것이다.

우리가 이 마지막 문장으로 당신의 경보기를 켰는가?

그것이 간접 스트레스가 영향을 미치는 방식이다. 당신이 진정으로 스트레스에서 자유로워지는 방법을 이해했다고 할지라도, 이것이 다른 사람도 똑같이 그럴 것이라는 것을 의미하지는 않는다. 정말로 뇌를 관리하기 위해서 알아야 하는 것을 가르치기 전에, 그것이 허풍을 떠는 친구나 정신없이 바쁘고 안절부절못하게 만드는 사무실 환경에서 당신을 갑자기 자유롭게 만들어 주지는 않을 것이란 점을 알아 두기를 바란다.

간접 스트레스가 모든 사람의 삶에 얼마나 많은 영향을 미치는가를 당신이 깨닫고, 또 잊지 않기를 바란다. 모든 사람이 경보기를 갖고 있고, 대부분의 시간에 주위에 있는 대부분의 사람은 경보 반응을 하거나 곧 경보 반응을 하려고 한다. 그들은 나쁜 사람이 아니고, 단지 자신의 경보가 삶을 어떻게 이끌어 가는지를 깨닫지 못하고 있을 뿐이다.

우리는 자신의 경보기가 다른 사람의 경보 반응에 의해 울리는 간접 스트레스에 대한 반응이 사고 중추와 기억 중추를 압도하려고 위협하는 환경에서 당신이 할 일을 알려 줄 것이다. 다음으로 당신은 그에 대한 해결책이 당신에게 스트레스 반응을 일으키고 있는 사람을 비난하는 것이 아니라는 것을 알게 될 것이다—왜냐하면 우리 모두가 때때로 그렇게 하기 때문이다. 대신에 당신은 의도적으로 최상의 뇌를 그들과 당신 스스로를 돕는 일에 사용할 수 있다. 그들의 뇌의 경보가 당신의 삶을 얼마나 비참하게 만들었는가에 관해 그들에게 불평하는 것도 적절하지 않다—그것은 당신의 경보기가 당신을 압도하고 있어서 그러는 것이다. 대신에 당신은 경보기를 제자리로 돌릴 수 있고, 그래서 다른 사람에게 생존 모드에서 평온하게 느끼고 분명하게 생각을 하는 상태가 되는 것이 가능하다는 것을 보여 줄 수 있다.

우리는 스트레스와 더불어 살고 있고, 앞으로도 더 많은 스트레스를 받을 것이다. 그리고 우리의 삶에는 제거됐거나 제거될 필요가 있는 또 다른 스트레스도 있다. 모든 경우, 스트레스를 다루기 위해서는 최상의 뇌가 필요하다. 그것은 당신이 경보기와 사고 중추 사이의 경로를 연 채로 유지하는 방법을 알 때 가능하다. 다행히도 우리 모두는 무언가에 집중할 때 이것을 학습하고 있고, 또 의도적으로 하는 법을 학습할 수 있다.

제2부

스트레스 관리에서 빠진 첫 번째 단계: 초점 맞추기

제4장

SOS에 대한 간략한 소개

지금까지 최상의 뇌가 할 수 있는 것과 매 순간 자신에게 가장 중요한 일에 초점을 맞춤으로써 경보기를 제자리로 돌릴 수 있다는 것을 소개하였으므로, 이제 그 방법을 알려 주고자 한다. FREEDOM의 첫 번째 단계는 초점 맞추기Focusing다.

우리는 자기가 초점을 맞추려고 하는 것—가족, 일, 숙달하고 싶어 하는 스포츠나 음악 같은 것—을 알고 있다. 그러나 우리는 어떻게 마음의 초점을 맞출 수 있는가?

초점 맞추기의 가장 효율적인 공식은 친숙한 용어—SOS—를 이용하는 것으로 설명할 수 있다. SOS는 일반적으로 통용되는 구조 요청 신호로 알려져 있는데, 바다에서 선장이 배가 침몰하고 있을 때 모스 부호로 전송하는 메시지의 약칭이다. FREEDOM 모형에서의 SOS는 이와 유사하나 다른 의미가 있다. 각 문자는 당신이 뇌가 초점을 맞추는 일에 필수적인 일을 하도록 상기시킨다.

SOS는 한 걸음 물러서기Step back, 한 생각에 초점 두기Orient, 자체 검사Self-check를 의미한다. 이는 당신이 원하지 않거나 잠재적으로 관리할 수 없는 스트레스 반응을 경험할 때 혹은 단순히 최선을 다하기를 원할 때는 언제라도 사용할 수 있는 단순한 기법이다. 이는 당신이 경보기를 낮추고 다시금 생각을 분명하게 하는 방법이다.

대부분 스트레스 관리 도구가 갖는 문제는, 비록 그것이 정확하게 무엇을 할 것인가를 기술한다고 할지라도 경보기와 학습 뇌 사이에 동반자 관계를 이루는 것이 가능할 때가 되어서야 비로소 효과를 낸다는 점이다. 동반자 관계는 스트레스 관리 기법을 활용할 때 우연히 일어날 수도 있으나, 일관성을 갖추기 위해서는 이를 발생시키는 방법을 알 필요가 있다.

SOS는 스트레스를 두 가지 방식으로 줄여 주는, 과학적으로 타당성이 있는 연습이다. 그중 한 가지는 **예방적 조처**preventive measure다. 뇌의 경보기가 헐크의 경보기처럼 통제를 벗어나는 경우에 나타나는 스트레스 반응성을 예방하기 위해서 당신은 스트레스를 많이 받는 상황에 대비하도록 마음을 훈련하거나, 스트레스가 부드럽고 쉽게 관리할 수 있는 수준 이상으로 반응을 일으키기 전에 그 출현을 살펴볼 필요가 있다.

SOS는 경보 반응이 발생할 때 그것을 차단하고 진정시키는 **개입**intervention이다. 경보기는 자동 반응을 통해서 경계를 하고 보호하도록 설계되었다. 경보기는 골칫거리가 당신의 삶에서 발생하는 것을 알고, 또 다른 어떤 나쁜 것이 앞으로 당신에게 발생하지 않는다는 것을—혹은 비록 예방될 수는 없을지라도 최소한 당신이 미래의 스트레스에 대비한다는 것을—확신하고 싶어 한다. 당신이 SOS에 숙달되었을 때라도 이를 개입으로 사용할 필요가 거의 없는데, 이는 당신이 경보 반응을 초기 단계에서 인식하여 스트레스가 뇌를 잠식하기 전에 초점 맞출 곳과 그 방법을 알고 있기 때문이다.

한 걸음 물러서기, 한 생각에 초점 두기, 자체 검사: 새로운 SOS

첫 번째 'S'는 **한 걸음 물러서기**step back의 S를 나타낸다. 한 걸음 물러서기는 현재에 머무르기다. 일단 멈춰서, 속도를 늦추고, 스트레스를 겪을 때마다 상승할 수 있는 소용돌이치는 생각을 마음에서 지우는 것이다. 경보기와 학습 뇌 사이의 경로를 개방하는 첫 번째 움직임은, 마음을 평온하고 안락한 경계 상태로 되돌리는 것이다. 분명하게 생각하고 마음의 초점을 맞추기 위해서는 이완하고 학습할 준비를 하는 것뿐만 아니라, 경계를 하라는 뇌 경보기의 요구에 주의를 기울이는 것 또한 필수적이라는 점을 상기하라. 한 걸음 물러서기는 두 가지 목표를 동시에 성취할 수 있는 방법이다. 그것은 뇌의 활동을 거의 즉각적으로 최적화한다. 당신이 그것을 즉시 경험할 수 있는지를 살펴보라.

10초 동안 멈추어서 마음의 모든 생각을 깨끗하게 비워라.

그것을 할 수 있는가? 우리 대부분은 처음에는 하기 어렵다. 우리 중 많은 사람은 마음에 소용돌이치는 수천 가지의 생각을 지우고 커피를 내리는 것과 같은 일상적인 어떤 일을 하려고 고군분투한다. 우리가 속도를 늦출 수 있을 때 현재 경험하고 있는 것 속에 전적으로 존재하게 되고, 초점을 뇌의 경보기에서 학습 중추로 전환하기 시작한다.

다시 한번 한 걸음 물러서기를 시도해 보자.

당신의 마음은 어린 시절의 기억이나 혹은 눈 깜박할 사이에 상상 속 또 다른 우주의 지역으로 당신을 데려다줄 수 있는 능력을 갖고 있다. 그래도 이 순간에 당신은 어떤 특정한 장소에 있다. 마음이 바로 비워질 수 없거나 생각이나 영상을 지워 버리려는 당신의 의도에도 불구하고 그것이 다시 밀려들 때, 한 걸음 물러서는 또 다른 방법은 자기 자신이나 신체를 둘러싼 환경에 주의를 기울이는 것이다. 당신은 항상 자신이 속한 장소를 보고, 듣고, 느낄 수 있다.

그 과정을 시작하기 위해 주위를 살피고, 알아차리는 어떤 것이든 그저 관찰한다. 판단하거나, 평가하거나, 변화를 시키려고 노력하지 않고, 그저 관찰한다. 당신이 어디에 있든, 10초 동안 멈추어서 보아라.

지금 그것을 다시 한번 하라. 이번에는 눈을 감고 단지 듣기만 하라.

양자의 경우 당신은 뇌의 서로 다른 수준 간의 경로를 열기 시작한다. 당신이 한 걸음 물러날 때, 마음은 늦춰지고 현재에 머무른다.

이제 당신의 SOS에서 '**한 생각에 초점 두기**orient의 O'를 할 준비가 되었다. 한 생각에 초점 두기는 하나의 분명한—그러나 쉽지 않은—선택을 하는 것이다. 그 선택은 '지금 이 순간 내 삶에서 가장 중요한 것을 표현하는 하나의 생각이 무엇인가?'라는 질문에 대한 대답에서 찾을 수 있다. 그렇다. 하나의 생각은 일종의 심적 활동이다. 생각하기의 여러 가지 예로 심상, 시각화, 관념, 단어나 어구, 정서, 가치나 목표가 있다. 스트레스를 감소시키는 비결은 그야말로 지금 이 순간에 당신의 삶에서 가장 중요한 현재의 **한 가지 일**one thing에 초점을 맞추는 것이다.

이것은 당신이 가장 자주 사로잡혀 있는 문제 혹은 도전이 아니라, 긍정적 의미에서 가장 위대한 가치를 지닌 삶의 한 측면에서 연마하는 것이 필수적이므로 보통 어떤 준비가 필요하다. SOS에서 흔한 오류는, 경보기를 낮추는 최상의 생각보다 실제로 경보기의 사안이 되는 어떤 생각에 초점을 맞추는 것이다. 예를 들면, 당신이 경기에서 실수를 하고 싶지 않은 것이나 발표에서 틀리게 말하고 싶지 않은 것처럼, 하고 싶지 않은 것에 초점을 맞추면 실제로 경보를 증가시키는 것이다.

당신은 더 많은 부정적인 사고나 어떤 신체적 스트레스 반응을 하지 않고서는 그 생각을 유지할 수 없으므로 그렇게 해 왔다는 것을 알 것이다. 우리가 당신에게 발견하도록 가르쳐 줄 사고는 분명히 생각함으로써 나타나는 평온함과 통제를 제공하는 것, 바로 그것이다. 그러면 지금 그 사고는 무엇인가?

당신이 매우 관심을 두고 있는 어떤 것을 학습하는 것인가?

당신이 가치 있게 여기는 누군가와 함께 있는 것인가? 혹은 그들과 함께 있는 것이나 그들의 목소리를 듣는 것을 상상하는 것인가?

당신에게 매우 큰 보상을 제공하는 어떤 것을 하는 것인가?

당신에게 진정한 자부심을 제공하는, 자신에 관한 어떤 것을 아는 것인가?

10초 동안 다시 한번 한 걸음 물러서라.

이제 이 한 가지 사고에 초점을 맞추어라. 나는 ________ 때문에 가치 있는 사람이다.

이 구절을 몇 번 더 읽어 보라.

당신은 지금 막 SOS의 두 번째 단계를 해 보았다. 당신은 주의를 기울이고 싶은 것을 결정하기 위해서 사고 중추를 사용하여 초점을 현재로 돌렸다. 당신이 마음을 깨끗하게 닦거나 현재 있는 곳과 신체가 느끼고 있는 것을 단순히 관찰할 때, 심적으로 통제하는 능력을 연습한다. 이는 당신이 경계하고 있고 깨어 있으면 스트레스를 받는다는 느낌을 가라앉힐 수 있다는 것을 알려 주는 피드백을 경보기에 제공한다.

그러고 나서 당신은 사고 중추를 직접 활성화할 수 있다. 당신은 이 책의 메시지에 초점을 맞추는 것과 같이 자신에게 가장 중요한 새로운 생각을 만들어 내는 일에 사고 중추를 사용할 수도 있고, 기억 중추가 과거에서 어떤 감정이나 생각을 찾도록 메시지를 보내는 일에 사용할 수도 있다. 그것은 단지 하나의 생각일 수 있는데, 그렇지 않으면 경보기가 다시 울린다. 그러나 당신이 하나의 생각—그것이 단어나 문장, 영상이나 소리, 어떤 활동이나 장소 또는 사람이든지 간에—을 찾았을 때, 당신이 생각하거나 기억하기로 **선택한 그것**은 경보기에 당신이 완전히 통제를 하고 있다는 것을 보여 준다.

그러나 그것은 때때로 효과가 없다.

그것이 SOS에서 세 번째 단계가 제2의 'S', 즉 **자체 검사**self-check의 S인 이유다. 당신이 SOS를 할 때마다, 선순환시켜 주며 당신이 그 활동에서 학습하였다는 것을 확실하게 해 주는 최종 단계는 바로 스트레스 수준을 1에서 10까지의 척도에서 단순한 수치로 평정해 보는 것이다. 우리가 제1장에서 이야기했듯이 10은 이제까지 삶에서 가장 높은 스트레스나 고통을 느끼고 있다는 주요 경보 반응이다. 척도의 다른 쪽 끝에 있는 1은 완전히 평온하거나 스트레스에서 자유로운 상태다. 스트레스 자체 검사는 경보기 온도를 알아내는 방법이다. 보통 우리 대부분은 3~8의 스트레스 수준에 있으며, 완전히 스트레스가 없거나 최고로 스트레스를 받는 경우는 드물다.

당신이 스트레스 척도에서 3~8에 이르는 중간 범위에 있으면, 마음의 초점을 맞추는 가장 좋은 방법은 스트레스 수준에 대한 심적 메모를 하고(혹은 일지에 메모를 필기하고), 그다음으로 개인적 통제 수준을 검사해 보는 것이다. 당신은 경보를 증가시키는 경험을 추적하여서 다음에는 그것을 다른 방식으로 처리하기를 원한다. 그러나 스트레스 수준이 9 혹은 10 정도로 매우 높으면(삶에서 최악의 경우), 잠시 멈추어서 심각한 위협이나 문제를 즉시 다루기 위해서 할 수 있는 일을 결정하는 것이 중요하다.

스트레스 수준을 검사한 후, 개인적 통제 수준을 자체 검사하는 것도 중요하다. 10은 마음이 완전히 초점을 맞추고 있어서 당신이 삶을 완전히 통제하고 있다고 느끼는 상태다. 1은 마음이 전혀 초점을 맞추고 있지 못해서 사고 중추가 전혀 작용하지 않고, 당신은 통제하지 못한다고 느끼거나 분명하게 생각할 수 없다. 스트레스 자체 검사의 경우처럼 개인적 통제 평가는 대부분 사람이 3~8의 어느 지점에 해당하는데, 이는 분명하게 생각하는 편이어서 어느 정도의 개인적 통제를 하고 있으나 완전히 통제하지는 못한다는 것을 의미한다. 그런 경우라면 심적 메모(혹은 당신이 일기를 쓰는 사람이면 재차 필기 메모)를 한다.

그러나 개인적 통제 수준이 1 혹은 2 정도로 매우 낮으면, 한 걸음 물러서서 당면한 상황을 처리하는 것이 최선이다. 보통 개인적 통제가 가장 낮을 때, 이는 당신이 통제를 못하거나 완전히 통제를 벗어나 있기 때문(사고 중추를 정지시키는 극심한 재난 혹은 개인적 외상은 예외이지만)만은 아니다. 경보기가 분명하게 생각하는 것을 방해하는 아드레날린으로 몸을 가득 채우기 때문이다.

'올바른 마음 상태'로 회복시켜 주는 것은 극심한 스트레스 반응에서 회복시킬 수 있는 바로 그것이다. 우리는 사고 중추를 활성화해서 초점을 학습으로 돌려야 한다. 당신의 개인적 통제 수준이 1 혹은 2라면, 다시 한 걸음 물러서서, 자신의 삶이 진정으로 무엇인가를 상기하는 것을 돕는 단 한 가지 핵심적인 생각에 초점을 맞춤으로써 마음을 다시 정해야 한다. 여전히 속이 상하거나 충격이 가시지 않을 수는 있으나, 지금 당신은 단순히 자동 반응을 하는 것보다 사태를 파악하는 것을 시작할 수 있다는 점을 알게 될 것이다.

당신이 일상적으로 한 걸음 물러서서 한 생각에 집중하고, 경보기와 분명하게 생각하는 능력을 자체 검사할 수 있을 때, 보통 위대한 신비주의자나 갖고 있음 직한 기술을 계발하게 된다. 경영, 예술, 스포츠에서 가장 성공한 사람은 이런 기술을 숙달하고 있고, 직관적으로 학습했다. SOS의 가장 좋은 점은 스트레스를 직면할 때 그것이 새로운 습관이 된다는 것이다. 당신은 스트레스를 받는 순간에 대해 대비가 되었으므로 스트레스를 적게 느낄 뿐 아니라, 경보가 상승한다고 느낄 때 무엇을 해야 할지를 안다.

긴장감 도는 위원회의 회의 중에 20분간 명상을 하는 것은 사실상 불가능하고, 배우자는 당신이 싸우던 중에 갑자기 요가 자세를 취하는 것을 이해하지 못할 것이다. 그러나 당신은 SOS를 할 수는 있다.

충분한 숙면

데니스는 잠을 잘 수가 없었다. 그 발표는 그야말로 그의 삶에서 가장 중요한 것이었다. 갓난아기는 자고 있었다. 아내도 자고 있었다. 데니스는 침실 하나가 더 있는 아파트가 필요했기 때문에 잠들지 못하고 있었다. 이사회가 그의 새로운 생산품 계획을 좋아한다면 사장은 두둑한 보너스를 주기로 약속했고, 이는 그가 좀 더 넓은 공간을 얻는 데 필요한 돈이 될 것이다. 그의 생각은 분주했다.

> 내가 실패하면 어쩌지? 나는 많은 사람 앞에서 수백 번도 넘게 발표했다. 나는 영업사원이다. 나는 그것을 할 수 있다. 그러나 내가 아프면 어쩌지? 내가 가장 중요한 요점을 잊어버리지는 않을까? 나는 이사회가 발표 중간에 중단시키는 것을 즐긴다는 것을 안다. 내가 올바른 슬라이드로 신속하게 넘어갈 수 없으면 어쩔 것인가?
>
> 나는 마시에게 더 커다란 집을 구할 것이라고 말했다. 그녀는 내가 이것

을 해내지 못하면 실패자라고 생각할 것이다. 그들이 그 생산품을 좋아하지 않으면 아마도 나는 실패자가 될 것이다.

데니스는 천장을 쳐다보았고, 이내 SOS를 기억해 냈다. '나는 잠을 자지 못하면 내일 잘 해내지 못한다는 것을 안다.'

그는 한 걸음 물러섰다. 그가 선호하는 방법은 아기의 숨소리를 듣는 것이었다. 그는 몸을 굴려서, 잠시 동안 아기용 침대를 보았고, 눈을 감고, 아기 소리를 들었다.

그다음에 그는 등을 대고 누워서 미소를 지었다. 그는 벌써 스트레스 수준이 내려가는 것을 느낄 수 있었다. 그는 어린 시절에 자기를 평온하게 만들어 주었던 한 가지 일, 즉 농구공을 던지는 것에 초점을 맞추기로 결심했다. 그는 자신이 농구공을 던지는 것을 상상했다. 이것을 몇 분 동안 했고, 대체로 효과가 있었다.

발표에 대한 생각은 계속 침입하였다. 그는 스트레스를 검사했는데 아직도 너무 높았고, 4로 내려갔으나 잠들만큼 충분히 낮지 않았다. 그는 발표를 많이 연습했고, 가장 원했던 것은 연습을 다시 하는 것이었다. 그가 절실하게 원했던 것은 확실한 성공의 악수를 만끽하는 것이었다. 그는 이사들이 자신의 얼굴을 똑바로 쳐다보면서 일을 매우 잘했다고 말해 주기를 원했다. 그는 조금 흥분을 하면서 '됐다.'라고 생각했다.

그는 다시 호흡 속도를 늦추기 위해서 눈을 감고 딸의 숨소리를 들었다.

그다음으로 그는 얼굴에 즐거운 기색을 띤 이사들과 악수하는 상상을 했다. 그는 아내가 자신이 해냈다는 소식을 들었을 때 얼마나 자부심을 느낄지에 대해 상상했다. 그는 호흡이 느려지는 것을 느낄 수 있었다. 그는 할 수 있다고 생각했던 것을 정확하게 해낸 자신이 현장에 있는 것을 상상했다. 그는 또 다른 이사와 악수를 했고, 의식이 점점 멀어지는 것을 느꼈다.

왜 사람은 흡연을 하는가?

대부분의 사람은 알지도 못하면서 일종의 SOS를 하고 있다. 그러나 그것 중 어떤 것은 실제로 뇌에 건강하지 않을 수 있다.

가브리엘은 흡연자다. 그녀는 일을 하다가 쉴 때에 흡연을 한다. 그녀는 남자친구와 다툴 때 흡연을 한다. 그녀는 친구와 기분전환을 하려고 외출하면 몇 대의 담배를 즐긴다. 우리가 그녀에게 이유를 물었을 때, 많은 다른 내담자처럼 그녀는 "그것이 기분을 좋게 만들어 주기 때문이다."라고 말했다. 우리는 흡연이 사람들에게 재충전한 것처럼 느끼게 하고, 다음에 나타날 어떤 것이라도 직면할 수 있는 것처럼 느끼게 해 준다고 말하는 것을 듣는다. 모든 대답이 실제로 같은 현실을 지적하고 있는데, 흡연이 일종의 SOS라는 것이다.

당신은 그야말로 뇌에 있는 경보기를 낮추어서 제자리로 돌려놓을 수 있다. 그러나 많은 사람은 중요한 한 가지 생각에 초점을 맞춤으로써 이를 하는 대신, 스트레스를 받거나 진행 중인 스트레스 요인을 접할 때 흡연을 한다. 당신이 흡연하려고 담뱃갑에서 담배를 꺼내 조심스럽게 불을 붙일 때, 물러서기를 하는 것이 틀림없다. 당신은 즉시 한 가지 일, 즉 회색 연기를 들이마시고 내뿜는 것에 초점을 맞춘다. 대부분의 흡연자는 흡연하는 동안이나 흡연을 한 후에, 비록 니코틴이 흥분제임에도 불구하고, 스트레스 수준이 내려가고 있는 것을 즉각적으로 느낀다고 말을 한다.

그들이 기분이 좋아진다고 느낀 진정한 이유는 담배 때문이 아니다. 그들은 SOS에 포함된 모든 것을 하기 위해서 담배를 사용하고 있는 것이다. 흡연하는 사람은 한 가지 일, 즉 흡연을 즐기는 일(혹은 더 그럴듯하게는, 흡연이 휴식할 명분을 줄 때면 무엇에 대해서든 생각하는 것을 즐길 수 있을 만큼 매우 자유로움을 느낀다는 것)에 초점을 맞춘 채 완전히 현재에 머무르고 있다. 담배는 마술이 아니고, 사람이 마음으로 생각하고 싶어 하는 것에 초점을 맞추기 위해 사용하는 도구일 뿐이다. 그것이 사람이 흡연한 후에 낮은 스트레스와 높은 통제를 느끼는 이유다.

만약 흡연이 그렇게 위험하지 않다면, 그것은 이상적인 교육 도구일 것이다. 경보기를 조절하는 방법을 학습하는 것이 매우 어려우므로, 우리 중 많은 사람이 스트레스에 대한 진정한 해결책을 찾는 대신 화학적 대체물에 중독되기 시작한다. 음주나 음식 먹기와 같은 중독은 우리가 단지 스트레스가 완화되는 것을 느끼기를 원할 때는 더 큰 혼란을 초래한다. 그것들은 대체로 우리가 관리하는 법을 배우지 못한 경보기 반응의 결과다.

그러나 다른 선택이 있다.

두 세상

SOS는 어둠 속에서 불을 켜는 것과 같다. 마음이 초점을 맞추는 방식을 제외하고는 아무것도 변하지 않았으나, 이 새로운 초점은 당신이 볼 수 있는 것과 아는 것을 변화시킨다. 우리 중 너무나 많은 사람은 스트레스 반응이 사람의 정상적인 조건이고, 스트레스가 없는 순간은 무작위적으로 혹은 우연히 발생한다고 생각한다. 우리는 낭만적인 저녁, 완벽한 휴가, 최선을 다해 경쟁하는 것 혹은 어떤 프로젝트를 완전히 숙달하는 것과 같은 순간의 기억을 음미한다.

비록 우리가 기분 좋게 느끼는 순간을 더 많이 원한다고 할지라도, 삶은 보통 관리할 수 없는 스트레스를 준다는 사실을 수용한다. 당신의 삶은 항상 스트레스로 가득 찰 필요가 없다. 당신은 스트레스 반응을 변화시키거나 스트레스를 처리하는 방식을 변화시키기 위해 세상을 바꿀 필요도 없다.

각각의 새로운 순간에 당신이 경험할 수 있는 두 가지 세상이 있다. 첫 번째 선택은 **경보기 세상**alarm world이다. 그곳은 어둡고, 고통과 스트레스의 장소다. 그곳은 당신이 통제를 못하고 있다는 느낌을 품게 하는 혼돈의 장소다. 그곳은 경보기가 당신의 경험을 따르기보다는 뇌가 생각 없이 즉각 반응하도록 만드는 장소다. 이는 공황 상태, 무력감, 공포심, 절망감이다. 그곳의 매일은 따분하고, 미래는 생각하고 싶지도 않은 바로 그 모습인 희망이 없는 장소다. 이는 조만간에 더 큰 스트레스의 시기로 종결될 짧은 순간의 행복에 의해 더 악화된다.

두 번째 선택은 **최상의 세상**optimal world이다. 마음의 초점을 맞추는 방법을 학습한 후 대부분의 날은 최상의 날처럼 될 수 있고, 그것은 행운이나 우연에 의해서 발생하기도 한다. 경보기를 자극하는 사고나 정서 대신에, 당신은 머릿속에서 갖기를 원하는 것과 경보기가 아닌 학습 뇌의 정서라고 느끼는 것에 관해 생각한다. 당신은 신체를 아드레날린이나 스트레스의 홍수로 넘쳐 나게 하지 않는 목표와 경험을 선택한다. 대신 당신은 불가능한 도전이나 재난이 되는 부담을 날마다 겪지 않고, 기여하는 삶을 산다.

최상의 세상에서의 삶도 완전하지는 않다. 그러나 경보기가 사고 중추나 기억 중추와 조화를 이루어 작용할 때와 실제 문제가 발생했을 때 이를 직면하는 방식을 선택할 수 있게 해 주는 최상의 뇌를 갖고 있는 것이다. 위기 상황에서 경보기가 스트레스 신호를 보낼 필요가 있을 때, 당신은 문제에 초점을 맞추고 해결을 위해 그 정보를 사용하는 방법을 알게 될 것이다. 당신은 최상의 세상에 살고 있어도 스트레스를 겪을 수 있고 그에 대처하려고 열심히 노력해야만 하지만, **자신이 관심 있는 것에 초점을 맞추는 것도 선택할 수 있다.**

제5장

한 걸음 물러서라: 자동 반응을 자기 조절로 바꾸기

우리에게 어떤 일이 일어났을 때 한 걸음 뒤로 물러나기, 즉 속도를 늦추는 것은 전두엽을 활성화한다. 이것은 모든 것이 잘되고 있다고 자신의 경보기에게 첫 신호를 보낼 수 있는 방법이다. 예를 들어, 아침에 샤워를 할 때 그날 일어날 일에 대해 숙고하거나 일상생활에서 일어나는 결정되지 않고 해결되지 않은 문제를 생각하기는 쉽다. 문제를 생각하는 것은 근육을 긴장시키고 스트레스로 인한 얼얼한 불편함을 일으킨다. 자동 반응을 초래하는 것은 우리의 경보기다. 그렇지만…….

우리는 자동 반응을 자기 조절로 바꿀 수 있다.

문을 열어라

한 걸음 물러나는 것은 경보기와 학습 뇌를 연결시키는 신경 경로의 문을 개방하는 일에 필수적인 첫 번째 관문이다. 경보기는 이 문을 꽝 하고 닫아 버리는데, 이것은 우리가 위험에 처해 있다고 생각할 때 자동 반응한다. 한 걸음 물러나면 뇌에 있는 모든 부분들 사이에 전달되는 정보를 위해 이 문을 열게 된다. 이때 조절된 뇌는 평온하고 통제가 가능하다. 이는 당신의 경험을 지시하는 경보 상태라기보다는 자신이 생각하고 느끼는 것을 스스로 선택하는 존재 상태다.

당신은 생각을 분명하게 하기 위해서 하루 종일 계속 물러나 있거나 지금까지 익숙했던 자신의 생활방식을 바꿀 필요는 없다. 당신은 어떤 순간에도 학습 뇌와 경보기의 소통을 선택할 수 있다. 그렇게 할 때, 당신이 괜찮다는 것을 알고 있는 뇌의 일부(사고 중추)는 위험에 대해 걱정하는 부분(경보기)을 안심시키게 된다.

SOS가 가진 단순한 목표는 초점을 맞추는 것이다. 초점 맞추기는 마음에서 여러 가지 생각을 깨끗이 정리함으로써 시작하는데, 거슬리고 부정적인 생각은 경보 반응을 일으키기 때문이다. 마감 시간이 임박했다는 생각이나 논쟁을 일으키는 대화가 마음에 들어오면 경보기는 속도를 높이게 된다. 이는 문제를 당장 해결하고 그날 남은 시간 동안 생길 수 있는 위험이 멈추기를 원한다. 그래서 우리가 책상에 앉아 열심히 일할 때 또는 대화가 어려운 사람에 대해 주의를 기울일 필요가 있을 때 도움이 된다.

지금 이 순간에 우리는 스스로 생각하기를 멈추고 싶다고 해서 경보기를 끌 수는 없다. 우리 스스로에게 '걱정하지 말라'고 말하는 것은 실제로는 또 다른 경보기의 생각이다. 이는 스트레스를 주고 있는 문제를 해결하기 위한 경보기의 시도인데, 그것이 더 많은 스트레스를 준다. 그 대신 초점 맞추기의 첫 번째 부분은 '나는 잠시 멈추고 좀 느긋해지려고 한다.'와 같은 하나의 생각이다. 우리 마음이 조급해질 때 샤워를 하게 되면 가장 중요한 것은 따뜻한 물의 쾌적함에 초점을 맞추게 한다는 것이다. 이것은 의도적으로 열의 진정 효과와 부드러운 감촉을 느끼는 것을 가능하게 해 준다. 만약 가능하다면, 한 걸음 물러나서 마음을 현재 경험하는 것에 집중하면 된다.

우리는 각자 한 걸음 물러서는 다양한 방법을 가지고 있다. 예를 들어, 업무에 대해 걱정을 하는 사람에게 속도를 늦추라는 것은 한 번에 한 가지를 하라는 것일 수 있다. 만약 학교에서 아이들과 일하거나 아직 손길이 필요한 어린 가족을 돌봐야 한다면 몇 분 동안 깊은 심호흡을 하는 것이 방법일 수 있다. 〈매트릭스Matrix〉라는 영화에서, 주인공 네오는 스승에게서 기계에 의해 창조된 가상세계를 통제하는 것에 자신의 마음을 사용하는 방법을 배운다. 네오는 자신이 총알을 잘 피할 수 있을까 걱정을 한다. 그의 스승인 모피어스는 네오가 준비가 되어 있다면 "걱정할 필요가 없다."고 말한다. 현실 세계에서는 총알을 멈출 수 없지만, 경보가 계속 발령되어서 자신을 붕괴시키지 않는 수준까지 스트레스 요인에 대한 자동 반응을 늦출 수는 있다.

SOS의 첫 번째 실천은, 사실 일을 덜 하는 것이다. 그것은 학습뇌가 경보기에게 '우리가 무슨 일이 일어났는지를 인식했고, 그것을 처리하고 있다'는 것을 알려 주기 시작하게 한다. 뇌가 경보 양식에 있을 때 모든 것은 위기다. 이는 모든 상황이 실제든 아니든

간에 해결할 문제라고 느낀다. 한 걸음 물러났을 때 학습 뇌는 다시 활성화한다. 학습 뇌는 경보가 넘쳐 나는 것을 느끼는 대신에 아드레날린의 흐름을 늦추고, 평온함과 통제감을 느끼게 해 주는 화학물질의 균형을 회복하기 위해서 사고 중추와 기억 중추를 사용한다.

그것을 다시 시도해 보라. 바로 지금 무엇인가가 당신의 주의를 끌고 있다. 만약 비행기에 탑승하고 있다면, 그것은 기침을 하는 사람일 수 있고, 자신도 감기에 걸릴 수 있다고 생각하도록 만들 것이다. 감기에 걸릴 수 있다는 생각은 경보기를 작동시킨다. 만약 당신이 직장에 있다면 할 일이 너무 많다고 생각해 보라. 당신이 가정주부라면 집안일이 쌓여 있다고 생각해 보라. 당신이 휴가 중이라면 휴식시간을 빼앗아가 버리는 많은 일을 생각해 보라. 요즘 우리는 항상 할 일이 너무 많다고 느끼고 있는 것 같다.

이런 것들이 당신의 경보기를 작동시키는가? 경보기는 잡다한 생각이나 우리 주위의 많은 자극에 의해 아주 쉽게 작동이 된다. 스트레스는 롤러코스터와 비슷한데, 늦추는 것은 하차를 하는 것이다.

이제 눈을 감고 몇 번 심호흡을 해 보라. 어떤 느낌인가? 만약 그래도 스트레스를 느끼고 긴장된다면 두 번 더 심호흡을 해 보라. 호흡하게 되면 당신의 뇌는 생존에서 학습으로 전환되기 시작한다. 따뜻한 물로 샤워를 하면 마음이 맑아지는 것과 같이, 당신이 모든 상황에서 경보기의 생각을 없애는 방법이 있다. 그것은 바로 당신 스스로 경보기가 작동하는 것을 인식하고, 생각의 홍수로 인한 혼돈 상황에서 개인적 통제를 가능하게 해 주는 초점을 맞춘 사고의 평온함으로 전환하기로 마음먹는 것이다.

진심으로 초점을 맞춘 마음

모든 분야—종교, 스포츠, 사업—에서 훌륭한 스승이나 전문가는 한 걸음 물러나는 방법을 알고 있다. 그들은 주위의 세상이 바쁘게 돌아갈 때 경쟁에서 탈피하는 방법을 알고 있다. 한 걸음 물러서는 기술은 인간의 문명만큼이나 오래되었다. 명상의 역사가들은 명상 자체의 첫 발견이 불 앞에서 며칠 밤을 보내는 호주 원주민 사회에서 비롯되었다고 본다. 불꽃이 깜빡거리는 것을 보는 것 자체로 마음을 비울 수 있고, 우리의 몸을 초월적인 장소로 이동시킬 수 있다.

한 걸음 물러설 필요성은 세계의 종교적 전통에서 가르치는 위대한 진리다. 부처와 예수도 한 걸음 물러서기를 했다. 부처는 정좌로써 마음을 비워서 그렇게 했고, 예수는 가르침과 치유를 베푼 후에 조용한 장소로 이동함으로써 한 걸음 물러났다. 고대 유대교의 고행자는 군중의 혼란을 벗어나서 사막으로 갔다. 이슬람교에서 살라Salah, 즉 예배의 행동강령은 하루에 다섯 번 기도를 하는 것인데, 기도용 깔개를 깔고 메카를 바라보는 것으로 시작한다. 기도자는 가장 중요한 것에 초점을 맞추는 것의 한 예지만, 그들이 깔개를 내려놓아 의도적으로 공간을 만드는 것은 한 걸음 물러서기의 완전한 예의 하나라고 볼 수 있다.

스포츠 세계에서는 더 많은 예를 볼 수 있다. 마이클 조던이 경기 전 하는 관례가 전형적인 예다. 전 시대에 걸쳐 가장 위대한 이 농구선수는 후원자와의 인터뷰에서 큰 경기를 준비하기 위해서 다음과 같은 것을 한다고 말했다.

> 나는 내 스스로 긴장을 풀기 위해 음악을 듣는다. 나는 친구들과 농담도 하며 경기에 대해 완전히 잊어버리려고 한다. 그런 다음 경기에 초점을 맞춰야 할 때가 되면 나의 경기 기술과 그것을 팀과 종합하는 것에 초점을 맞추고, 그리고 매일 함께 외출을 하고 함께 일을 한다. 나는 농구 경기를 하고 있는 매 순간에 스스로 최선의 농구선수가 되기 위해 도전을 한다.

그의 '모든 마음'을 경기로부터 벗어나게 한다는 생각이야말로 정확하게 한 걸음 물러서기가 의미하는 것이다. 경보기는 세계 챔피언십의 세계에서 자동 반응을 하게 되지만, 우리는 그 메시지를 인식하고 초점을 돌릴 수 있다.

또한 사업가에게도 한 걸음 물러서는 방법이 많이 있다. 빌 게이츠는 '사색하는 주간'을 가진다. 그는 마이크로소프트사를 경영할 때 매년 두 번씩 회사 직원들이 가져온 결재 서류에서 벗어나 일주일을 보낸다. 서류를 보는 것은 그에게 무엇이 가장 중요한 일인가에 초점을 맞추게 하지만, 이를 의도적으로 회피하는 것은 한 걸음 물러나는 자신만의 방법이다. 세계를 선도하는 소프트웨어 회사를 운영하는 데 있어서도, 변화가 빨리 일어나고 해결책이 복잡한 현실에서 느긋해지는 때가 회사의 성공을 이루기 위해 필수적이었다.

부모가 자녀를 일주일 동안 돌보지 않는다는 건 불가능한 일이고 중소기업 사장은 사원들을 얼마 동안 만나지 않고 한 걸음 물러서기를 하는 사치를 누릴 수는 없지만, 우리 각자는 의도적으로 잠시 멈추는 방법을 알 필요가 있다. 그것은 초점 맞추기를 가능하게 만드는 잠깐 멈춤이다. 진심으로 자녀를 사랑하고 일터에서나 생활에서 최선의 자기가 되기를 원한다면, 우선적으로 자신의 경보기가 말하는 것을 인식할 필요가 있다.

"나는 명상하기가 싫다."

느긋해지기 위해서는 여러 날이 필요하지 않다. 명상을 실천하는 의사, 승려, 요가인에 의해 20분의 시간이 추천된다. 20분이 대부분 사람에게 추천되는 이유는 그 시간이 진실로 마음을 정화하기에 충분하기 때문이다. 하지만 전통적인 명상이 많은 사람에게 효과적이지는 않다. 예를 들어, 당신은 아침에 단순한 희망을 품고 앉아서 얼마간의 평화로운 시간을 갖는다. 당신은 명상하는 것이 좋다는 것을 안다. 외상trauma이나 지속적인 스트레스가 경보기를 과다하게 활동시켜 우리 뇌를 변화시키는 것과 마찬가지로, 연구에 따르면 명상은 특별한 실행에 영향을 받는 뇌 영역을 실제로 성장시킨다. 명상은 사람이 더 많이 초점을 맞추거나 자비심을 갖도록 한다. 그래도 모든 점을 고려해 볼 때, 당신은 명상을 좋아하지 않는다. 당신은 자신이 단순히 앉아 있을 때 생기는 일을 좋아하지 않는다.

첫 번째 문제는 생각이 계속 소용돌이치고, 중단되지 않는다는 것이다. 명상의 개념은 호흡, 만트라* 또는 이미지에 집중하는 것

* 역자 주: 각 종교에서 사용하는 짧은 음절로 이루어진 소리나 주문

이다. 그러나 우리 중 일부는 매번 스스로 마음을 느긋하게 할 수 없기 때문에 실패한 것처럼 느낀다. 기분이 좋아지기는커녕 우리의 시도가 경보기를 더 울리게 한다. 우리 마음은 조용하지 않다. 그 이유는 주의를 기울여 달라고 소리치는 경쟁적인 경보기의 생각으로 인한 일종의 불협화음 때문이다.

명상이 누구에게나 통하는 것은 아닐지라도, 우리 각자는 명상이 제공하는 것, 즉 한 걸음 물러서서 마음을 정화할 때 나타나는 명료성을 얻기 위한 방법을 찾아낼 필요는 있다. 비록 당신이 가능한 모든 형태의 명상을 시도해 왔고 아무것도 효과가 없는 것처럼 보일지라도, 당신은 실패한 것이 아니고, 명상법 또한 잘못된 것도 아니다. 다만 한 걸음 물러서서 마음을 정화할 당신만의 방법을 찾지 못한 것이다. 당신은 그렇게 할 때 힘든 작업과 꾸준한 실천을 요구한다는 것을 알게 될 것이다. 그래도 자신의 마음을 늦출 수 있다(우리는 당신에게 다음 절에서 일련의 제안을 할 것이다).

두 번째 문제는 우리가 실제로 마음을 조금이라도 이완할 수 있는 장소에 있다면, 거기에서 태양의 따뜻함 혹은 짧은 기도나 만트라, 보편적인 평화와 행복의 감정은 아니라고 해도 몰려들기 시작하는 감정에 완전히 초점을 맞추는 것이다. 우리는 항상 하고 싶었지만 하지 못했던 것들을 떠올리기 시작한다. 또한 우리는 과거의 트라우마나 개인적인 상처, 다가오는 마감 시한 또는 해야 할 일을 잊어버렸던 일을 회상한다. 우리의 의식적 생각의 바로 아래 위치하는 경보기 생각은 주의를 환기하기 위한 적당한 때를 기다리며 우리를 자극하거나 더 나쁜 경우 믿을 수 없는 불안이나 통증을 유발한다.

명상을 시도하였지만 실패한 것처럼 느끼거나 심한 고통을 경험한 사람은 다시는 명상을 하지 않는다. 그러므로 분명한 것은 SOS의 첫 번째 단계는 명상이 아니라는 점이다. 그것은 동일한 처음의 목표—마음 정화하기—를 갖는다. 그러나 우리는 당신에게 단지 잠깐 동안—기껏해야 몇 초간—이라도 맑은 상태에 있으라고 요청하고 있다. 그래서 심한 스트레스를 경험하기 전에 자신이 있는 곳에 머무르는 시간을 가짐으로써 최선을 다하는 것을 학습할 수 있다.

그리고 당신의 가족이 늘상 해 왔던 성가신 일에 대해 화를 내려고 할 때, 뇌는 당신이 또 다른 선택을 할 수 있다는 것을 상기한다. 또한 중요한 발표를 앞두고 느끼는 불안이 유익하다는 사실을 인식할 수 있다. 당신은 스트레스를 경보기가 중요한 순간에 대비하기를 원한다는 신호로 인식할 수 있다. 높은 수준의 자각은 한 걸음 물러나는 것을 습득함으로써 나타난다.

우리는 명상이나 요가의 힘을 믿고 있지만, 시간을 빼앗기 때문에 바쁜 일상생활에서 이 중 어떤 것도 할 수 없을 수도 있다. 현대 사회의 스트레스로 인해 당신이 통제의 상실을 느끼거나 이미 통제를 상실한 때를 대비하는 전략이 필요하다는 것을 알고 있다. SOS에 대한 첫 번째 단계는 최상의 세상에 문을 여는 것이다. 이는 당신이 부처와 같이 앉아 있거나 마이클 조던과 같이 농담을 할 때 가능해진다. 그것은 어떤 호흡을 통해서도 일어난다. 그리고 하나의 단순한 생각, 즉 한 걸음 물러서기로도 가능하다.

한 걸음 물러서는 여섯 가지 방법

우리는 이미 당신이 소리를 듣거나 호흡을 함으로써 한 걸음 물러서도록 하였으나, 한 걸음 물러서기를 위한 완전한 방법이 없다는 것을 당신에게 분명히 하고 싶다. 경보기와 학습 뇌 사이의 문을 여는 것은 이상적인 제과 방법에 따라 쿠키를 굽는 것과는 다르다. 그것은 다양한 상황에서 다양한 목적을 가질 수 있다. 분명한 것은, 그것이 어떤 의도를 가지고 있다는 것이다. SOS의 첫 번째 단계는 여러 일을 하는 것이 아니고, 하나의 특정한 일을 하는 것인데, 그 비결은 올바른 방법을 발견하는 것이다. 우리의 내담자들이 자신이 한 걸음 물러서기를 위해 사용하는 몇 가지 성공적인 접근법이 있다.

느긋해진다. 그야말로 천천히 움직여라. 걷고 있다면 걸음을 늦춰라. 이야기하고 있다면 단어 사이의 간격을 충분히 두라. 게임을 하고 있다면 사이사이에 쉬어라. 일단 당신이 이 책을 읽었다면, SOS는 당신 삶의 정상적인 부분이고, 느긋해지는 단순한 행동은 감기에 걸려서 입맛이 없을 때 좋아하는 치킨 스프를 맛보고 즉시 기분이 좋아지는 것처럼 당신의 경보기를 끄기 시작할 것이다.

만트라. '한 걸음 물러서기' 혹은 '느긋해져라.' '멈춰라.'와 같은 소리, 단어 혹은 구는 당신의 만트라가 될 것이다. 그 비결은 당신 자신의 경보 수준이 올라가는 것을 느낄 때, 즉 경보기가 뇌를 점령하는 신호를 인식할 때 단순한 단어나 문장은 경보기가 울리고 있을 때조차도 당신이 통제하고 있다는 것을 상기시켜 준다.

호흡한다. 두 번의 의도적인 호흡보다 마음을 더 잘 정화해 주는 것은 없기 때문에 호흡하기를 다시 강조한다. 혈액으로 산소를 더 많이 보내는 것은 스트레스 반응을 완화시킬 수 있다. 호흡을 상기하는 것은 학습 뇌를 활성화시킨다. 훌륭한 명상가는 호흡에 주의를 기울이도록 추천하는데, 당신이 목적을 가지고 호흡을 할 때 초점을 맞추기 시작하기 때문에 집중하게 된다. 초점 맞추기를 시작하면 자신의 경보기에게 당신이 통제를 하고 있다는 것을 알려준다.

바라본다. 하늘의 구름을 쳐다보라. 새가 둥지 튼 것을 관찰하라. 어린 자녀가 무언가 새로운 것을 배우는 방식에 주목하라. 이런 단순한 바라보기 행동은 주변에 있는 모든 아름다움을 즐기도록 갈구하면서 현재에 머무르게 한다. 경보기가 작동하면 그야말로 우리 앞에 놓인 경이로움을 볼 수 없게 된다. 본다는 것은 한 걸음 물러서는 하나의 방법이고 자신이 존재하는 현재를 즐기는 것이다.

숫자를 센다. 토머스 제퍼슨은 “화가 났을 때 열까지 수를 센다. 정말로 화가 나면 백까지 센다.”라고 말했다. 수를 세면 숫자 사이의 간격에 주의하게 되고 이것을 선택함으로써 학습 뇌에 대한 경로를 열게 한다. 이러한 접근법의 비결은 당신이 통제를 잃어 가고 있다고 느끼도록 만드는 경보기의 사고나 정서에 휘말리기보다는 무엇인가를 하는 것을 선택한다.

비운다. 칠판을 생각해 보라. 여기에 끔찍한 말이 쓰여 있는데, 예를 들면, ‘너는 부족하다.’ ‘너는 이것을 할 수 없다.’ ‘너에게 무슨 문제가 있는가?’ 등이다. 이러한 생각이 지워져서 칠판에 아무것도 없는 것을 상상하라. 영화의 한 장면이 점점 검은 화면으로 변하는 장면, 혹은 자동차 앞 유리의 빗물을 닦아내는 와이퍼를 상상해 보

라. 스스로 선택을 하면 자신의 마음을 깨끗이 청소할 수 있다. 그렇게 했을 때 초점을 전환하여 SOS의 두 번째 철자를 경험할 준비가 된다.

제6장

한 생각에 초점을 두어라: 내부 나침반 회복하기

한 생각에 초점을 두는 것, 즉 이 순간 당신에게 가장 중요한 것에 초점 맞추기는 경보기를 낮추고 분명하게 생각하는 전두엽의 능력을 강화하는 것이다. 직장에서 당신이 폭발하고 싶었던 순간을 생각하라. 신체는 어쩔 수 없는 정서로 떨리기 시작한다. 그 후 당신은 '나는 이 일이 필요하다.' '나는 좋은 지도자가 되고 싶다.'와 같은 한 가지 생각을 한다. 다음 순간 당신은 안정되기 시작한다. 그것은 사고 중추가 당신에게 가장 중요한 것에 초점을 맞추었을 때 발생하는 것이다. 이제 우리는 당신에게 자동 반응성—정서의 범람으로 인한 기능 마비—에서 초점 맞추기로 전환하는 방법을 알려 준다.

당신은 내부 나침반을 막 찾으려는 참이다.

만성적 스트레스: 정서적 범람에서 길을 잃다

당신이 만성적으로 스트레스에 의해 압도됨을 느낄 때는 생존 모드로 살아간다. 이는 당신이 자동 조종 장치에 의해 달리고 있는 것과 같다. 당신은 자신의 뇌 혹은 느끼거나 생각하거나 행동하는 것을 통제하지 못하고, 경보기가 그것을 통제한다. 신체는 평온하고 이완된 상태에서 정서적 범람의 상태로 즉각 바뀔 수 있다. 분노, 공포, 걱정이 화산처럼 폭발하고 혈관을 타고 흘러서 당신을 망가뜨린다—그리고 당신이 그다음에 하는 일은 종종 자신과 주변 사람을 다치게 할 수 있다. 스트레스 반응은 부드러운 각성 자극이 아니고, 대신 당신을 신체적 · 정서적 고통의 심한 파도에 휘말리고 있는 것처럼 느끼게 만든다.

정서적 범람은 삶이 전적으로 통제 밖에 있는 것처럼 느껴질 때 그 순간이나 온종일 혹은 수 주 동안 발생한다. 그 범람은 당신이 정신을 잃고 있거나 이성을 잃고 있다는 신호는 아니다. 이것이 발생할 때, 즉 그것은 조만간에 **모든** 사람에게 일어날 수 있거나 일어나는 것으로, 비록 일시적일지라도 당신은 경보 신호의 범람 때문에 휩쓸려 간다. 당신은 방향을 되찾을 필요가 있다. 이것은 당신이 한 가지 생각에 초점을 맞출 때 일어난다.

거의 벌거벗은 채로

준은 딸깍거리는 소리를 들었을 때, 극심한 공포를 느꼈다. 그녀는 현관문으로 걸어가서 사촌의 생일 축하카드를 우편함에 넣었다. 그녀는 아침에 직장으로 허겁지겁 출근할 때 카드를 부치는 것을 잊어버리고 싶지 않아서 잠자기 전에 기억을 되뇌었다. 문제는, 지금 그녀가 추운 가을밤에 속옷과 티셔츠만을 입고 밖에 나와 있고 뒤에 있는 문이 잠겼다는 것이다.

그녀는 보조 열쇠를 갖고 있지 않았다. 보조 열쇠를 가진 이웃은 가 버렸다. 그녀의 집 창문은 보온을 위해서 모두 닫혀 있다. 그녀는 그야말로 경보기가 울어 대는 것을 느꼈다. 그녀는 추웠고, 거의 옷을 입지 않았음에도 불구하고 땀을 흘리기 시작했다. 그녀의 생각은 맴돌기 시작했다. 그녀가 속옷 차림으로 거리를 걸어 내려갈 수도 없었다. 어떻게 해야 할 것인가?

그녀가 그 이야기를 우리에게 할 때, 다음에 설명했던 것은 바로 학습 뇌가 모든 것을 통제할 수 있다는 신호를 경보기에 보내는 방법이었다. 그녀는 할머니의 목소리를 들었다. 얼핏 살펴보면, 그것은 미친 것처럼 들린다. 그녀는 문이 잠긴 채로 문밖에 있었고 할머니 유령의 목소리를 들었다. 그러나 그녀는 유령의 소리를 들은 것이 아니었고, 학습 뇌가 그녀가 신뢰하는 목소리 파일에 접근한 것이었다.

그녀는 SOS 과정을 이수했기 때문에 스트레스를 받았을 때 그것을 해소하는 방법에 익숙했고, 많은 연습을 했다. 그녀의 할머니의 목소리는 "한 걸음 물러서라."라고 말했다. 처음에 그녀는 들을 수 없었다. 그녀는 옷을 입지 않은 채로 어둠 속에서 홀로 집 밖에 서서, 다음 날 해야만 하는 것과 죽기 전에 최소한 한 번은 하와이로 여행을 가고 싶다는 생각에 가득 찼다. 이는 경보기가 작동한 것으로 경보기가 뇌를 장악하였으며, 갑작스러운 사소한 실수는 우리가 이미 갖고 있었던 모든 공포, 의심, 걱정에 빠져들게 하는 사고나 정서를 범람시킨다.

그녀는 "멈추고 생각하라."는 할머니의 목소리를 다시 들었다. 이때 그녀는 경청했다. 그녀는 눈을 감고 공기가 들어오고 나가는 소리에 주의를 기울이면서 몇 번의 심호흡을 했다. 그때 그녀는 그 순간에 삶에서 자신에게 가장 중요한 것—할머니의 사랑과 지혜—에 생각의 초점을 맞추었다.

공포와 당황의 무게가 그녀의 어깨에 실렸다. 그녀는 이완할 수 없었고, 완전히 평화로울 수도 없었다—그녀는 아직도 속옷인 채로 집 앞에 서 있다. 그러나 그녀는 할머니의 사랑이 무기력한 순간에 자신을 안전하게 느끼도록 도와주었기 때문에 평온함과 자신감을 느꼈다. 불안과 수치스러움은 단호함과 좋은 유머감각으로 바뀌었다.

그녀는 잠긴 문을 보았다. 그녀는 왼쪽에 있는 이웃집을 보았고, 그러고 나서 오른쪽에 있는 자신의 앞마당에 있는 나무를 보았고, 수건을 기억해 냈다. 한 생각에 초점 두기는 그녀의 학습 뇌에 무언가를 기억하도록 해 주었다. 그녀는 그날 해변에 갔다 온 후 수건을 말리기 위해서 뒤쪽 마루에 널어 놓았다. 그녀는 그것을 아직 집 안으로 걷어 들이지 않았다. 그녀는 그토록 멋있는 스커트를 입고 도움을 청하러 가 본 적이 없었다.

정향 반응

동물과 인간은 예상하지 못했거나 친숙하지 않은 것을 감지할 때, 파충류 뇌와 정서 뇌가 자동 반응을 일으키는 경향이 있다. 신체의 감각과 지각 기관은 그 근원이나 계기로 초점을 다시 돌린다—혹은 다시 맞춘다. 이런 정향 반응orienting response은 우리가 이해를 못하거나 친숙하지 않다고 인식하는 것은 위험할 수 있으므로 생존 기능을 발휘하는 것처럼 보인다. 이런 반사적이고 자동적인 정향 반응이 뇌의 사고 중추를 포함하지 않는다는 사실은 놀랍지 않다. 그것은 우리의 안전을 유지하는 일에 매우 도움이 될 수 있는 새로운 정보를 제공할 수 있으나 새로운 학습을 하게 하지는 않는다.

우리는 당신에게 유사하지만 매우 강력한 정향 반응을 하는 방법을 가르치려고 한다. 극심한 스트레스 반응을 하는 동안에 기능을 멈추는 당신의 뇌의 일부—사고 중추—는 어떤 인간도 접근할 수 있는 가장 위대한 강점과 힘의 원천, 즉 당신에게 희망을 주고 삶을 가치 있게 만드는 생각에 마음의 초점을 두게 함으로써 활성화할 수 있다.

한 생각에 초점 두기를 회복하는 것—진정으로 삶에서 중요한 것에 대한 균형감—은 고삐 풀린 스트레스 반응이 초래하는 혼란에서 벗어나는 길을 당신에게 알려 주는 일에 반드시 필요한 것이다. 당신은 그것을 알고 있으나, 장기적으로 스트레스가 지속되거나 강한 스트레스 반응 중에 중요한 것을 잊어버리기 쉽다. 당면한 압박과 위기는 당신에게 모든 주의를 쏟도록 요구하는 것 같다. 그러나 지금은 우리가 알고 있는 것—매일 성공과 실패를 판가름하도록 경로를 수정할 수 있는 수없이 많은 기회가 있다는 것—을 행동으로 옮길 때다.

매번 당신이 당면한 압력이나 삶의 쾌락에서 한 걸음 물러서는 순간은 마음을 가다듬고 활기를 되찾을 뿐 아니라 생각의 초점을 다시 맞출 기회다. 당신이 생각의 초점을 다시 맞출 때, 어떤 환경을 직면할지라도 개인적 통제를 얻는다. 그것은 생각에 초점을 두는 행위가 사고 중추를 활성화하고, 사고 중추가 경보기와 동등한 파트너로서 힘을 갖도록 해 준다. 마침내 이것은 뇌의 경보기를 제자리로 돌려놓는다.

생각하는 방식은 매우 많다. 당신은 상상하거나 자신의 기억 중추에서 영상을 끄집어낼 수 있다. 당신은 단어 혹은 구를 구성할 수 있다. 당신은 그야말로 아직 일어나지 않은 것을 보고 있는 것처럼 시각화할 수 있고, 비디오를 되돌려 감는 것처럼 기억에서 파일을 찾을 수 있다. 당신은 경험하고 싶은 감정을 느낄 수 있다. 당신은 어떤 가치가 삶을 인도할 것인가를 점검할 수 있다. 당신은 목표에 관해 꿈을 꿀 수도 있다. 이들 각각은 일종의 생각이지만 한 생각에 초점 두기는 온 마음을 한 가지의 강력한 생각, 즉 무엇이라도 바로 이 순간에 삶에서 가장 중요한 것에 초점을 두는 것이다.

그저 운전하기

당신이 도로에서 끼어들기를 당한 상태에서조차도, 당신은 매 순간 경보기에 걱정할 것 없다는 메시지를 보내도록 한 가지 생각에 초점을 맞춘 채로 있는 것이 가능하다. 우리가 제2장에서 기술했듯이, 어떤 사람이 우리 앞에 끼어든 순간에 경보기가 울려야만 한다. 우리가 방향을 바꾸거나 브레이크를 밟아야 하는가에 따라, 그것은 우리가 어떤 행동을 하도록 강요받는 것을 깨닫지 못할지라도 무의식적으로 행동하는 것을 가능하게 해 주는 경보다. 적절하게 기능하는 학습 뇌는 경보 신호를 안전을 확보하는 일에 활용하고, 그 후에 조용히 주의를 도로에 되돌린다—그러나 그것은 학습 뇌가 항상 작용하는 방식은 아니다.

문제는 다음 순간에 발생한다.

몸이 아드레날린으로 채워지면, 우리는 화를 낸다. 우리는 종종 삿대질을 하며 소리를 친다. 세상에서 대부분의 운전자가 끼어들기를 당한 후에 보이는 것보다 더 분명한 몸짓은 없다. 분노와 정당성은 도움이 되지 않는다. 그것이 우리를 더 나은 운전자로 만들어 주지는 않는다. 그것은 도로를 더 안전하게 만들지도 못한다. 끼어들기를 한 사람이 자신의 휴대폰으로 통화하고 있었을 수 있고, 뒷좌석에 있는 아이에 의해 방해를 받았거나 사각지대를 점검하지 못한 단순한 실수였을 수도 있다.

대답은 그저 운전하는 것just drive이다.

우리가 진정으로 세상을 더 나은 장소로 만들기를 원한다면, 도로에서 끼어들기를 당했을 때 모든 운전자가 한 걸음 물러서서 운전을 즐기는 것으로 초점을 바꾸고 있는 것을 상상해 보라. 이는 당신을 도로에서 약골로 만들려는 시도가 아니다. 이는 당신의 정신적 · 정서적 · 신체적 건강을 위한 것이다. 이는 당신이 진실로 경보 반응을 가치 있게 여기고, SOS를 이용하여 상황을 잘 처리할 방법을 알도록 만드는 것이다.

그저 운전하는 것은 운전대를 잡고 2톤의 자동차를 조종하는 느낌을 즐기는 것이다. 이는 도로에서 나는 소리와 엔진의 붕붕거리는 소리를 듣는 것이다. 이는 창문을 열고 얼굴에 바람을 느끼는 것이다. 이는 당신에게 중요한, 가고 있는 방향에 초점을 맞추고 있는 것이다. 당신이 과잉 경보 반응을 하고 있을지도 모르는 익명의 동료 운전자를 미워하는 것보다 그저 운전하는 일에 감각을 맞추는 것은 평온을 느끼고 그 순간을 즐긴다는 것을 의미한다. 자동차에 당신과 함께 있거나 도로를 공유하고 있는 사람은 당신의 얼굴에서 평온과 즐거움을 볼 것이다.

왜 한 생각에 초점 두기를 성가셔하는가: 마음챙김의 부담

우리는 머릿속에서 과거에 사로잡히거나 미래를 걱정하며 상당한 시간을 보낸다. 우리가 진정으로 관심을 갖는 것과는 접촉이 끊어진다. 우리는 멍한 상태로 삶을 살거나 스스로 향하고 있는 곳에 대해 잠깐 동안이라도 생각해 보지 않고 달려간다. 우리는 붕괴가 되고 나서야 비로소 이를 깨닫는다.

그 후 우리는 부분적으로 스스로 만든 절벽으로 돌진하기 시작하거나, 너무 늦어서 돌이킬 수 없는 곳에 사로잡혀 있다는 것을 깨닫기 때문에 그런 가슴 아픈 마술 같은 통찰의 순간을 갖는다. 악몽에서 깨어난 사람처럼, 우리는 그것을 분명하게 볼 수 있다. 그러나 분명히 피할 수 없는 재난의 시간임에도 불구하고 너무 늦은 것은 아니다. 더욱 중요한 점은, 재난이 일어나기 전에 방지하고 가장 중요한 것에 초점을 맞출 기회가 매일 가득하다는 것이다.

한 생각에 초점 두기는 마음챙김을 하고, 곧바로 삶에서 가장 중요한 것에 의식적으로 돌아가는 것이다. 그런데 왜 우리는 매 순간 삶에서 가장 중요한 것에 초점을 두지 못하는 것인가? 왜 우리는 뇌를 더 효과적으로 사용하는 방법을 가르쳐 주는 연구와 서적을 탐색할 필요가 있는가?

알아차림의 결핍lack of awareness은 한 생각에 초점 두기의 주요 장애물이다. 우리는 감각이 전해 주는 것을 분류하느라 마음이 분주할 때는 사고 중추에 주의를 기울이지 못한 채 이 정보를 경보기의 명령을 수행하는 일에 사용한다는 것을 인식하지 못한다. 우리는 끊임없이 생각하는 것에 마음을 쓰지만, 뇌의 힘을 단지 부분적으로만 마음대로 활용하여 그렇게 한다. 우리는 목적을 갖고 사고 중추를 활성화하는 데 실패함으로써 귀중한 정보를 놓친다—그래서 우리는 경보기가 생각과 삶을 멋대로 운영하도록 놔둔다. 이것은 가장 미성숙한 가족에게 책임을 지우는 것과 같은데, 상당히 흥분되겠지만 동시에 진정으로 중요한 것을 충분히 고려하지 못해서 많은 위기도 있을 것이다.

습관habit은 한 생각에 초점 두기의 두 번째 핵심적인 장애 요소다. 우리는 삶의 목적을 점검하거나 핵심가치를 숙고하는 것이 하찮은 시간 낭비라고 생각하거나, 그렇지 않으면 자신이 너무 바쁘다고 생각한다. 그래서 우리는 직면한 골칫거리와 문제에 주의를 기울이는 습관에 빠져들고, 진실로 원하거나 필요로 하는 일을 무시한다.

그것이 경보기나 보상 중추의 욕구를 만족시키기 때문에 대부분의 경우에는 괜찮지만, 사고 중추는 여전히 분별 없이 경보기의 요구를 충족시킨다.

노력effort은 한 생각에 초점 두기에 대한 세 번째 장애 요소다. 기능적 자기공명영상functional magnetic resonance imaging: fMRI과 같은 도구를 이용하여 뇌를 직접 관찰한 과학적 연구는 단순히 뇌가 자동 조종 장치를 따라가는 것보다 가치나 목표와 같은 복잡한 사고에 마음의 초점을 맞추는 것은 더 많은 화학적 · 전기적 활성화(노력)를 요구한다는 것을 보여 주었다. 당신이 실제로 어떤 일이 무엇을 의미하는가를 생각할 때, 이는 그 일 자체, 그것을 얻는 방법(보상인 경우)이나 회피하는 방법(골칫거리인 경우)에 대해 단순하게 생각하는 것보다 더 많은 뇌의 힘을 사용한다.

한 생각에 초점 두기에 대한 네 번째 장애 요소는 노력과 관련이 있는 **속도**speed다. 생각을 하는 것보다 단순히 자동 반응을 하는 것이 훨씬 빠르다. 사실 뇌 과학자는 스트레스가 활성화시키는 두 가지의 구분되는 신경로를 확인했다. 첫 번째 신경로는 그야말로 뇌의 국소 영역과 소수의 뇌세포(뉴런)의 빠른 신호만을 포함하는 회로이므로 '짧은' 혹은 '빠른' 고리라고 불린다. 이는 편도체의 근처에 위치하여 직접 보고를 하는 감각 정보를 분석하는 영역에서 오는 입력, 즉 심장박동이나 호흡과 같은 신체 기능을 높이거나 낮추기 위해 편도체에서 파충류 뇌로 전해지는 경보기의 지시로 시작한다. 이것은 활성화된 신체 영역에서 뇌의 감각처리기까지의 의사소통을 확실히 하기 위한 피드백을 준다.

긴 고리를 활성화하라

대안적 경로란 뇌의 여러 영역을 포함하고 시간이 더 걸리기 때문에 과학자인 조지프 르두Joseph LeDoux가 '긴' 혹은 '느린' 고리라고 명명한 것이다. 주요한 차이는 이 고리가 짧은/긴 고리에 있는 다른 뇌 영역과 더불어 사고 중추를 포함한다는 것이다. 그래서 사고 중추는 경보기나 더 하위의 뇌 영역과 조금 떨어져 있고, 사고 중추의 복잡한 메시지가 그 영역에 되돌려 전달되기 위해서는 많은 뉴런이 활성화되므로, 그 경로는 긴 시간을 필요로 한다. 실제로 생각을 하는 것이 단순히 자동 반응을 하는 것보다 더 많은 시간(그리고 더 많은 노력)이 필요하다는 것은 별로 놀랄 만한 일은 아니다.

이런 모든 장애나 잠재적 불이익에도 불구하고, 왜 깊게 생각하거나 모든 것을 생각하도록 애써야 하는가? 마음챙김이 있는 선택은 보통 마음챙김 없이 하는 반응보다 장기적으로 더 낫다는 것이 분명한 대답이다. 그러나 이는 우리 대부분이 노력보다는 편이와 효율성을 선택하는 것을 단념시키기에 충분한 이유가 되지는 않는다. 우리는 사고 중추를 평소보다 더 많이 사용하는 일에 드는 노력과 시간을 정당화하기 위해 충동적 결정에 비해 현명한 결정의 가치만을 말하는 것보다 더 나은 이유가 필요하다.

놀랍게도 우리가 사고 중추와 경보기가 협동하는 방식을 이해한다면, 경보기는 사고 중추에 의해 구원을 받는 것이다. 경보기가 하는 일이 당면한 생존과 보상이 전부라고 생각하지는 않는다. 그러나 중독의 경우처럼 경보기가 욕구를 실질적으로 충족시키는 것을 얻지 못하였을 때는 바로 그러한 것을 노린다. 경보기에 대한 가장 강력한 보상과 안심은 스트레스 반응이 아니라, 진정한 욕구를 충족시키지 못할지라도 스트레스 반응이 진정되는 것이다.

경보기는 실제로 사고 중추를 풍요롭게 하고 만족하게 하는 것에 초점을 두고 싶어 한다. 단지 걸음마를 배우는 아이처럼, 경보기가 정상 동작하지 않거나 신체활동을 멈추거나 감정을 소용돌이치게 할 때 경보기는 스스로 제자리로 돌아가는 데 도움이 필요하다. 걸음마를 배우는 아이를 가진 부모처럼, 사고 중추는 말썽을 부리는(예: 당신이 불안 혹은 분노로 압도됨을 느낄 때) 경보기를 진정시키거나 멈춘(예: 당신이 의기소침하거나 소진되어서 모든 것에 관심이 없고 단지 포기하기만을 원할 때) 경보기를 깨우기 위해 창의적이고, 조심성이 있고, 끈기가 있어야만 한다.

이것은 우리의 뇌, 특히 사고 중추에 많은 추가 작업을 지우는 것처럼 들리지만, 그 대가는 경이로울 수 있다. 그것은 바로 부모가 걸음마를 배우는 아이가 고통을 겪은 다음 진정을 할 수 있을 때 느끼는 만족과 같다. 그것은 안도감이다. 가장 즐거운 인간의 경험 중 하나는 뇌의 경보기가 제자리로 돌아갈 때 발생하는 기쁨이다. 특히 그것은 빠르게 감퇴하는 일시적인 쾌락이 아니다.

경보기가 제자리로 돌아간 후 생존 모드로 되돌아가기 위해서 보통 잠깐이긴 하지만 상당한 스트레스를 필요로 한다. 그것은 자연적인 경보기의 양식이—사고 중추에게 지시를 하거나 사고 중추의 일을 맡으려고 시도하기보다—사고 중추와 협동하는 최적의 시나리오를 갖고 있기 때문이다. 사고 중추에 의해 멘토링을 받는 것은 뇌의 경보기에 대한 욕구이자 자연스러운 경향이고, 학습 뇌를 활성화시키려는 노력을 하게 하는 가장 커다란 유인책이다. 그 대가는 기꺼이 협동하는 경보기이고, 이것은 잘 관리된 스트레스의 정의다.

한 생각에 초점을 둔 삶

헨리 데이비드 소로는 1845년 7월 4일, 월든 못 근처에 있는 작은 단칸방이 있는 오두막으로 이사했다. **수년** 전에 그는 좌절을 겪었다. 그는 저명한 작가이자 강연가인 랠프 월도 에머슨의 집에서 가정교사이자 편집 조수이자 보수공으로 일했다. 그러나 소로는 글을 쓰고 싶었다. 그는 20대 중반에 쉬지 못했고, 그래서 '과도하게 문명화된' 주변 지역에서 벗어나서 살고 싶었다.

그는 동료 시인의 권고로 에머슨이 소유하고 있는 땅에 집을 지었다. 그의 전체 삶은 일종의 SOS가 되었다. 그는 2년 동안의 단순한 생활에 관한 실험을 저술한 저서인 『월든Walden』에서 자신의 목적을 분명하게 말했다.

> 나는 찬찬히 살기 원하고, 다만 삶의 본연의 사실을 직면하기 위해서 숲으로 갔는데, 내가 숲이 가르치는 것을 학습할 수 없는가를 살펴보고, 그렇지 않다면 내가 죽게 되었을 때 제대로 살지 않았다는 것을 깨닫지 못하지 않을까를 살피고 싶었다. 삶은 소중하기 때문에 나는 삶이 아닌 것을 위해 살기를 원하지 않는다. 또한, 나는 불가피한 상황이 아니

> 라면, 체념하기를 원치 않는다. 나는 심오한 삶을 살며 삶의 진수를 모두 체득하고 싶고, 삶이 아닌 것을 일소하기 위해 불굴의 스파르타인처럼 살고 싶고, 낫으로 넓게 풀을 깎아 촘촘하게 다듬고 싶고, 삶을 궁지로 몰고 가거나 가장 낮은 상태로 환원하고 싶은데, 그것이 의미가 있다고 증명된다면 전체적이고 진정한 의미를 얻어서 어찌 세상에 그 의미를 출판하고 싶지 않겠는가. 혹은 그것이 숭고한 것이라면 그것을 경험으로 알고, 나의 다음 여행에서 그것에 관해 진정한 설명을 할 수 있게 되었으면 좋겠다.

이것이야말로 지속적이고 의도적인 한 생각에 초점 두기의 가장 위대한 예가 아닐 수 없다. 그의 경보기는 삶에는 더 많은 것이 있고 에머슨과 함께 사는 것 외에도 다른 학습 양식이 있다는 것을 말해주었다.

그는 그야말로 3.2km 떨어진 숲속으로 한 걸음 물러났고, 매일 가장 중요한 것에 초점을 맞추었다. 그는 '찬찬히 살기'를 원했다. 그래서 그는 스스로 먹을 것을 재배했고, 시간을 투자하여 3천여 평의 콩밭을 경작했다.

소로는 매일 주변의 자연환경에 으레 초점을 맞추고 있었다. 그는 늘 간과했던 것을 보고 들었다. 그는 월든 못에서 사는 방법에 대한 보편적 관념을 발견했다. 그는 세상으로부터 숨어 있었던 것이 아니었다. 그는 현대 문명의 소리, 예를 들면, 콩코드 역에서 기차의 기적 소리를 들었을 때 분노했다. 왜냐하면 청개구리와 새소리만을 듣고 싶었기 때문이었다. 그러나 그는 경보를 알아차리고, 가장 중요한 것이 자연 세상을 그저 보고 듣고 충분히 느끼는 것이므로 다시 자기 주변에 초점을 맞추었다.

소로는 글을 쓰기 위해 숲으로 들어갔다. 그가 무엇보다 충분히 쓸 만한 가치가 있는 중요한 것을 발견하기 위해서 갔다고 말할 수 있다. 그는 그다음 10년 동안 『월든』의 개정판을 낼 때 숲속에서 살았던 2년 2개월 2일 동안의 매일매일의 경험—일상적인 삶에서 한 걸음 물러서서 관찰한 것—에 대해 제일 먼저 썼다. 그의 학습 뇌는 최소한 한 번 더 8년 동안 활동적이었는데, 그 시간은 단순성과 통찰에 관해 위대한 저작을 하기에 충분했다.

월든은 그의 저작 생활에서 가장 생산적인 시기였다. 당신에게 가장 중요한, 기술에만 초점을 맞추고 있는 즐거움을 상상해 보라. 소로는 자신의 일과 주변의 아름다움에 흠뻑 빠져들었기에, 한 걸음 물러서서 한 생각에 초점 두기를 할 수 있었다. 나머지 생애에서 노예제도를 반대하고 자연을 보호하기 위해 투쟁을 할 때, 그는 가장 중요한 것에 초점을 맞추는 능력에서 나온 강점을 찾았다.

롤러코스터에서 내려서기

한 생각에 초점 두기는 우리가 혼란 상태로 사는 대신 진실로 중요한 것에 초점 맞추기를 선택하는 것이다. 고속의 롤러코스터와 같은 현대생활—현대의 과학기술, 가상 현실, 사회적 관계 맺기—은 잘못된 것만은 아니지만, 우리에게 끊임없이 경보기를 활성화하고 살아가기를 요구하는데, 그것 또한 잘못은 아니다. 잘못된 것은 우리 대부분이 경보기가 삶을 운영해 나간다는 것을 반드시 깨닫지 못한다는 점이다.

당신은 한 걸음 물러서서 현재 순간에 머물려고 결정한 후, 초점을 맞추고 더 나은 것을 느끼기 위해 실제로 무언가를 해야만 한다. 당신이 진실로 귀중하게 여기는 것에 초점을 맞추는 과정을 시작하는 방법이 여기에 있다(우리는 제3부에서 한 생각에 초점을 두는 더 구체적인 방법을 철저히 배울 것이다). 몇 분의 시간을 내어 자기에게 가장 중요한 것의 개인적 목록을 작성해 보라. 다음과 같은 것도 생각해 보라.

- 가족, 친구, 역할 모델 그리고 멘토와 같은 사람(동물도 고려될 수 있음)
- 가 보았고 사랑하는 장소
- 방문하기를 꿈꾸는 장소
- 좋아하고, 해 보기를 고대하는 활동
- 삶에 이로운 것에 대한 신념
- 가장 소중하게 여겼던 순간
- 세상이 어떤 곳이어야만 한다는 가치
- 개인적 성취 및 세상을 더 나은 장소로 만들기 위한 목표

이제 이 목록을 가지고 당신의 삶을 충만하거나 살 가치가 있게 만들어 왔고, 계속 그럴 것 같은 느낌을 제공함으로써 가장 의미를 주는 것을 네 개 혹은 다섯 개를 골라 동그라미를 쳐라.

이는 당신이 지금 상당히 스트레스를 받고 있다면 혹은 이전의 스트레스 경험에서 회복 중이거나 아직 신체적 · 정서적 부담을 느

끼고 있다면 실천하기 어려울 수도 있다. 다시 한번 말하지만, 이는 경보기가 통제하고 있다는 것을 뜻한다. 뇌의 경보기가 당신에게 어떤 것도 실제로 중요하지 않다거나 어떤 중요한 것도 실제로 지속되지 않는다거나 기대할 수 없다는 것을 알려 주면, 사고 중추가 다시 활동하기 위해서 어떤 도움이나 지지를 줄 필요가 있다는 신호다.

지지support는 단순히 당신이 믿을 수 있고 당신을 사랑해 주는 사람과 함께 있음으로써, 또는 치료자, 상담가, 영적 지도자에게서도 얻을 수 있다. 당신에게 학습 뇌를 빌려주는 누군가의 인내와 지지를 통해서, 자신에게 중요한 것에 초점을 맞추는 과정을 시작하기에 충분할 정도로 압박이나 스트레스에서 한 걸음 물러서는 것이 가능하다.

다른 한편으로, 당신은 큰 성취감과 의미를 제공해 주는 사람이나 어떤 것에 매우 구체적으로 초점을 맞추기가 매우 쉽고 즐길 만하다는 것을 알게 되었을 것이다. 당신은 그렇게 한 경험이 있으면 이제 끝이라고 생각할 것이다—목록을 만드는 것이 해결책이다. 이것은 단지 시작에 불과하다. 해결책은 이런 의미의 근원에 초점을 맞추는 것이다.

다음 단계는 핵심적인 사람, 장소, 활동, 목표, 가치에 관한 짧은 목록을 만들고 실행하는 것이다. 그것은 당신이 당면한 분주함에서 한 걸음 물러서서 잠시 마음의 초점을 목록에 있는 한 가지에 맞추는 일에 매일 시간을 내라는 것을 의미한다. 당신이 **스스로 선택한 한 생각**에 초점을 맞출 때마다 모든 혼란에서 자유로운 안전한 장소를 마음속에 만드는 것이다. 당신은 통제하고 있다는 것을 경보기에게 알려 준다. 그것은 속이 빈 은행 금고를 갖고 있는 것과 같은데, 당신은 소중한 것으로 그곳을 채우기 시작한다. 당신의 기억 중추는 잊지 않을 것이다.

당신이 그것을 할 때마다 뇌와 마음에 한 생각에 초점 두기를 가르치는 것이다. 그것은 여느 기술처럼 처음에는 어려운 것처럼 보인다. 그러나 사람이 한 생각에 초점을 맞추는 것을 학습할 때 다음과 같이 이야기하는 것을 들을 수 있다.

"나는 내 파트너에게 완전히 초점을 맞출 때, 분주한 생각이 가라앉는다."

"나의 걱정과 좌절은 나를 그렇게 많이 성가시게 하지는 않는데, 실제로 내가 한 생각에 초점을 맞추고 있으면 이내 사라진다."

"나는 경보 반응이 나의 진정한 감정을 숨기고 있고, 그래서 내가 가장 관심을 많이 갖는 사람이나 가치에 초점을 맞출 때 진정한 희망과 사랑을 다시 느낄 수 있다는 것을 깨달았다."

한 가지 생각에 초점 두기를 학습하는 것은, 처음부터 당신이 스트레스 화학물질이 넘쳐 나는 신체나 뇌로부터 즉시 회복할 수 있다는 것을 의미하지는 않는다. 그러나 헌신적인 연습을 한다면, 한 생각에 초점 두기는 당신이 소득을 두 배 혹은 세 배까지 늘리지 않고도 일상을 경험하는 방식을 변화할 수 있거나 삶에서 어떤 사람, 장소, 활동을 변화시킬 수 있다. 한 생각에 초점 두기는 사고 중추의 능력을 강화해서 당신이 분명하게 생각하는 것을 돕고, 이는 삶의 스트레스가 없을 때조차도 매우 가치가 있다.

또한 한 생각에 초점 두기는 당신이 스트레스를 관리할 때 혹은 완전한 붕괴의 와중에 있을 때조차도 사고 중추가 경보기와 협동하거나 지도하도록 준비할 수 있다. SOS의 한 걸음 물러서기와 한 생각에 초점 두기는 우리가 자동 반응하는 것을 방지함으로써 작지만 귀중한 멈춤을 제공한다. 이는 우리가 믿을 수 없을 만큼의 통증이나 고통을 겪을지라도 뇌가 가진 놀라운 자원을 어떻게 사용할지를 선택할 수 있다는 것을 보여 준다. 그것은 우리가 스트레스 사건과 그 결과를 다루는 방식을 변화시키는 일의 핵심일 수 있다. 당신이 SOS의 처음 두 단계를 숙달했을 때 가장 어려운 삶의 순간조차도 다룰 수 있다는 것을 알게 되고, 매일매일 스트레스로 인해 덜 붕괴될 것이다. 사실 당신이 내부 나침반을 찾으면 나날이 스트레스를 적게 느낄 것이다.

한 걸음 물러서기처럼, 모든 상황에 효과가 있거나 경보기를 완전하게 낮추거나 제자리로 돌려놓기 위해서는 한 생각에 초점을 맞추는 것만큼 완전한 방법은 없다. 당신이 한 걸음 물러서거나 한 생각에 초점을 맞추면 맞출수록, 뇌에 있는 신경회로가 더 강해져서, 이전에는 스트레스를 받았지만 지금은 그것을 처리할 수 있다는 것을 상기하도록 돕는다. 당신은 통제하고 있다는 것을 경보기에 상기시킬 때마다 몸속의 아드레날린의 흐름이 늦춰지고, 통제를 느끼는 학습 뇌의 능력은 높아진다. 그러나 때때로 처음에 초점을 맞춘 것이 우리를 진정시키지 못하거나 통제 수준을 높이도록 돕지 못하기도 한다. 그것은 우리가 자체 검사를 반드시 해야만 하는 이유다.

제7장

자체 검사: 몸의 계기판 읽기

자체 검사Self-Check는 경보기와 사고 중추의 기능에 주목하는 것을 말한다. 그렇게 함으로써, 우리를 안전하게 지켜 주고 우리가 가장 중요한 것에 초점을 맞추게 해 주는 정보로서 기억하게 한다. 우리의 본성은 동물과 같다. 위협을 느낀 개는 웅크리거나 짖어댄다. 스트레스를 많이 받은 말은 땀을 흘리거나 날뛴다. 성난 사자는 으르렁댄다. 이러한 동물들처럼 사람도 스트레스를 느낄 때 자동 반응을 한다.

인간도 스트레스를 받으면 동물처럼 몸 떨기, 땀 흘리기, 심장박동 증가, 두려움, 분노, 우울감과 같은 생리적 · 정서적 변화를 겪게 된다. 그러나 우리는 대부분 그러한 스트레스 반응에 주의를 기울이지 않는다. 우리는 스트레스 반응을 더는 무시하지 못할 지경에 이르러서야 비로소 주목한다. 우리가 신체적 느낌이나 정서적 삶에 주의를 기울이지 않으면, 엄청나게 많은 소중한 정보를 잃어버리게 된다.

당신이 그것을 깨닫고 있든 그렇지 않든 간에, **뇌는 당신의 몸을 계기판처럼 읽고 있다.**

마음속 타조 넘어서기

대개 스트레스와 관련된 느낌은 그다지 유쾌하지 않다. 타조가 위험에 처하면 도망가기보다 자신의 머리를 모래에 묻듯이, 당신이 자신의 느낌을 모르고 있는 것은 당신을 해칠 수 있다. 스트레스와 관련된 육체적 · 정서적 느낌은 실제로 혹은 잠재적으로 문제나 위험이 되는 것에 대해 주의를 기울일 필요가 있다는 뇌의 경보기에서 오는 신호다. 만약 당신이 그러한 느낌에 주의를 기울이지 않는다면, 그 문제나 위험에 관해 너무 늦은 후에서야 비로소 주목할 것이다.

우리는 앞서 경보에 주의를 기울이지 않는 중대한 위험에 관해 이야기했다. 그러나 SOS에 대한 소개를 마쳤기 때문에 다시 한번 그 중요성을 강조하려 한다. 스트레스 반응으로 생겨난 느낌은 우리가 무시한다고 해서 사라지지 않는다. 마치 타조가 머리를 묻고 있다고 해서 포식자가 그냥 가 버리지 않는 것과 같다. 오늘날 스트레스 반응과 관련된 문제는 대부분 우리를 공격하려는 포식자가 아니다. 문제는 바로 우리가 경보기의 메시지에 주의를 기울이지 않으면, 경보기가 그 신호를 계속해서 보내거나 아니면 더 많은 신호를 보낸다는 것이다.

마찬가지로, 스트레스와 관련된 느낌에 주의를 기울이는 것은 그것을 곰곰이 생각해서 자신을 비참하게 만드는 것을 의미하지는 않는다. 사실 이런 종류의 부정적인 생각은 우리가 그러한 느낌들을 무시하려고 할 때 일어나고, 경보기는 자신의 목소리를 들어주지 않으면 그 목소리를 높인다. 동물도 인간처럼 반응한다. 그러나 인간은 몸이 제공하는 정보를 가지고 무엇을 할 것인지 선택하는 능력을 갖추고 있다. 당신이 스트레스를 느껴서 불안해지거나 화가 나거나 혹은 우울해질 때, 공격을 할 수도 있고 물러서서 구석에 숨을 수도 있다. 아니면 SOS를 실천해서 자신의 정서를 인식한 다음 바로 그 순간에 당신이 경험하거나 성취하기 원하는 것에 가장 적절하게 반응한다.

타조가 되는 대신 몸과 정서가 느끼는 것에 이름을 붙이면, 그것이 뇌의 사고 중추를 활성화하게 된다. 이렇게 함으로써 당신은 사고 중추가 경보기에게 당신이 경보기의 요청에 따라 진지하게 행동하고 있다는 신호를 보내게 할 수 있다. 사고 중추와 경보기가 실시간 정보를 주고받을 수 있도록 하는 것은, 경보기가 모든 것을 관장하려고 애쓰지 않고 적절한 자신의 역할을 할 수 있도록 필요한 지원을 제공해 주는 것이다. 단순히 특정한 신체적 · 정서적 느낌에 주의를 기울이는 것만으로도 효과적이지 않은 생존 반응에 의존하지 않을 수 있고, 아주 위험하고 드문 경우를 제외하고 경보기가 감지한 문제를 해결할 가장 좋은 방법을 찾도록 도와주는 동반자 역할을 할 수 있다.

마음의 초점을 맞추고 스트레스 경험을 다루는 것이 필요할 때 한 걸음 물러서기와 한 가지 생각에 초점 맞추기를 선택하는 것처럼, 우리는 또 한 가지, 정서 상태를 측정하는 선택도 한다.

뇌 계기판 발견하기

정서뿐만 아니라 몸도 당신의 뇌에 가상 계기판을 제공한다. 계기판의 개념은 자동차나 비행기의 다양하고 복잡한 시스템이 정상적으로 작동하는지 조종사에게 확인시켜 줄 필요에 의해서 시작되었다. 작동하고 있는 기계의 상태를 시각적으로 나타내는 계기판의 정보는 컴퓨터와 다른 계기판의 숫자를 쉽게 이해하게 해 주는 사용자 인터페이스에 의해 매우 단순하고 편리하게 구성되어 있다. 이제는 기계의 조작뿐만 아니라 사업에도 생산, 재정, 수행 등에 대한 데이터의 기록과 관리를 위해 계기판이 사용되며, 태블릿 PC나 스마트폰과 같은 새로운 기술 덕분에 더 많은 정보를 점검하고 어디든 더 쉽게 접근할 수 있게 되었다.

그러나 불행하게도, 아직까지 인간의 신체와 마음을 측정하기 위한, 자동화되거나 고성능화된 계기판은 없다. 그러나 만약 우리가 그 사용법을 안다면 모든 면에서 아주 유용한 가상 계기판을 가질 수 있다. 인간의 세 가지 수준의 뇌를 다시 생각해 보자. 파충류 뇌는 음식, 휴식, 공기 등과 같은 기본적 욕구를 추적한다. 정서 뇌는 우리가 얼마나 경계할 필요가 있는지, 지금 어느 정도의 즐거움을 경험하고 있는지 등과 같은 순간순간의 필수적인 상황을 추적한다. 사고 중추는 이러한 하등 뇌로부터 오는 신호를 매 순간 알아챌 수 있다. 이것은 학습 뇌가 신체와 정서에서 포착한 피드백으로, 당신의 가상 계기판인 것이다.

스트레스 반응은 실제로는 많은 정서가 결합한 것이다. 그것은 주로 파충류 뇌와 신체의 신경계를 거쳐 뇌의 경보기에 의해 조직적이고 종합적인 느낌들이다. 우리는 이러한 특정 느낌에 공포, 걱정, 불안 그리고 분노와 같은 이름을 붙인다. 만약 우리가 주의를 기울인다면, 사고 중추는 자동차의 가속 장치와 감속 장치 같은 신체 스트레스 반응 계기판과 스트레스 관리 체계 계기판의 정보를 계속 판독한다.

심박 수, 근육 긴장도 그리고 호흡 수는 각 속도계의 수치처럼 우리가 얼마나 스트레스를 받았는지를 표시해 준다. 모든 정서는 당신이 어떤 삶을 살아가고 있는가에 대해 필수적인 것을 말해 줄 수도 있다. 우리는 종종 정서를 보다 중요한 생각을 하는 것을 방해하거나 효과적인 의사결정이나 행동에 간섭하는 잡음처럼 생각하지만, 그것은 전혀 사실이 아니다.

연구에 따르면, 스트레스 느낌을 인식하고 객관적으로 기술해 주기만 해도, 그 느낌 때문에 생겨난 괴로움이나 고통이 감소될 수 있다는 사실이 거듭 밝혀지고 있다. 스트레스 느낌에 이름을 붙이고, 또 그것의 강도가 어느 정도인지 혹은 얼마나 불편한지를 기술하는 것은 실제로 스트레스 느낌을 사라지게 하지는 않는다. 그러나 그렇게 하는 것은 우리가 다루어야 할 것이 무엇인지 알게 하고, 또 그것을 다룰 수 있도록 우리의 자신감을 높여 준다.

왜 느낌과 그 강도에 이름을 붙이는 단순한 행위가 당신이 느끼는 것을 변화시키는가? 그 이유 중 하나는 가상 계기판을 검사하고 그 계수를 생각하는 것에는 뇌의 사고 중추가 개입되기 때문이다. 이렇게 하는 것은 경보에 의해 지시받은 스트레스 반응보다 도움이 될 만한 무언가를 학습하는 것에 의도적으로 초점을 맞추게 한다. 경보기는 당신이 어떤 스트레스를 느끼는지 혹은 얼마나 많이 느끼는지에 관심을 두지 않는다. 다만 그것은 당신이 깨어나서 생존하기 위해 무언가를 하기를 원한다. 그러나 정서 계기판의 스트레스 수준을 검사하는 것은 당신이 경보기에 이미 경계 상태에서 조처를 취하고 있음을 보여 준다. 이것은 경보를 낮추게 하는 메시지가 된다. 자체 검사를 하는 간단한 행위는 학습하는 행위이며, 아마 당신의 뇌에게는 가장 의미 있는 학습이 될 것이다. 왜냐하면 당신은 지금 자기 자신과 당신이 가장 좋아하는 사람들에 관해 학습하고 있기 때문이다.

스트레스 온도계

자 이제, 첫 장을 시작할 때 해 본 것처럼, 실제로 SOS의 세 번째 단계인 **자체 검사**를 해 보라. 천천히 의도적으로, 우리는 당신에게 이런 식으로 연습시켜 왔기 때문에, 당신은 이제 그것이 뇌에 어떤 영향을 주는지 이해하고 또 그것이 몸과 정서에서 만들어 내는 차이를 느낄 것이다.

손가락 두 개를 목에 갖다 대고 심장박동을 느껴 보듯이, 당신은 어떠한 순간에도 당신의 스트레스 수준과 스트레스를 유도하는 정서를 검사할 수 있다. 또한, 당신이 느끼는 개인적 통제의 양도 점검할 수 있다. 스트레스부터 시작하여 이것과 관련된 정서를 다루고, 그다음에는 개인적 통제에 초점을 맞추면서 이 장을 마무리할 것이다.

우리가 말하는 스트레스는 당신이 직장 생활이나 학교 그리고 가정에서 다루는 도전이나 짜증을 말하는 것이 아니라, 어떤 것이 경보기를 자극했을 때 당신의 몸속에 흐르는 스트레스 화학물질의 느낌을 의미하는 것이다.

1에서 10까지의 척도가 있다고 생각하자. 당신이 경험했던 스트레스 중 1은 가장 낮은 것이고, 10은 가장 높은 것이다. 현재 당신의 스트레스 수준을 측정하라. 스트레스는 나쁜 것도 아니고 좋은 것도 아니라는 것을 상기하라. 그것은 어떤 것이 당신의 주의를 요구하기 때문에 경보기가 화학물질을 몸에 보내는 것이다.

척도가 0이 아닌 1부터 시작하는 이유는 우리의 경보는 결코 '꺼짐' 상태에 있지 않기 때문이다. 만약 경보가 0이라면 당신은 사망한 것이다. 당신은 경보기가 활동하지 않는 상태에 있기를 바라지는 않는다. 그렇게 되면 경보기가 당신의 안전을 지키기 위해 반응할 수 없기 때문이다. 당신이 밖에 앉아서 책을 읽고 있을 때 갑자기 구름이 심상찮게 검게 변한다면, 그것에 주목하고 싶어 한다. 희망적이게도 당신의 경보기가 지금은 낮은 강도의 신호를 보내고 있다. 왜냐하면 당신이 이 책을 즐기고 있으며 기억 중추는 생산적으로 활성화되어 책 내용에 대한 새로운 파일과 학습의 기쁨을 희망차게 만들고 있기 때문이다.

당신은 사고 중추가 언제 생산적으로 활성화되는지 알려고 하기 때문에 스트레스 수준을 측정하고 싶어 한다. 사고 중추는 경보기의 활동을 낮추는데, 왜냐하면 당신이 학습을 더 하고 싶어해서 경보기는 이제 걱정이 없다고 판단했기 때문이다. 만약 당신이 스트레스가 전혀 없어서 1수준에 있다면, 평온한 가운데 경계를 하고 있음을 느낄 것이다. 당신은 여전히 주위를 살피지만, 여태껏 당신이 느꼈던 것 중에 가장 적은 스트레스를 느낀다. 이때 과거에 스트레스를 받았던 것을 생각하면, 그것들은 당신이 나무 아래 정좌하고 있는 부처인 것처럼 마음을 그저 스쳐 지나갈 것이다. 당신의 몸은 거의 아무런 긴장을 느끼지 못한다—어깨는 이완되고, 어떤 두통이나 근육통도 없이 자유로워진다.

방금 배운 것에 관해 생각해 보라. 당신은 자신의 몸이 완전히 편안한 순간을 느끼고 알아챌 수 있다. 당신은 스트레스가 전혀 없다고 느끼든 혹은 그렇지 않든, 이 순간을 알아차려라. 이 3부 전체가 당신에게 생각했던 것보다 더 자주 선택을 함으로써 스트레스가 없는 상태를 느낄 수 있게 해 주는, 한 가지 생각에 초점을 맞추는 방법에 집중하는 힘을 주려고 하기 때문이다.

그러나 당신의 경보기는 지금 2 혹은 3의 수준에 있을 수 있다. 당신의 경보기가 당신이 주의를 기울일 필요가 있는, 어느 정도 구분은 되지만 비교적 부드러운 신호를 보내고 있다면—아마도 당신이 졸음을 느낄 때 깨어 있도록 하거나 혹은 당신의 기억 중추를 사용해 어떤 내용을 기억하여 친구에게 말하거나 내일 직장에서 다른 사람에게 알려 줄 일에 대해 부드럽지만 확실히 상기시키기 위해서—당신은 완전히 편안할 수는 없다.

만약 당신이 지금 이 순간에 중간 강도의 스트레스 반응을 하고 있다면, 이 또한 지극히 정상일 것이다. 이 경우 스트레스 수준은 아마 5나 6 혹은 7 정도가 될 것이다. 이 책에서 읽은 어떤 내용 때문이거나 혹은 읽고 있는 책과 관련이 없는, 생활에서 발생하고 있는 어떤 것 때문에도 경보기는 신체를 통해 스트레스 화학물질을 내보낸다. 중간 수준의 스트레스 반응을 하는 동안에도 읽기와 학습은 온전히 가능하다. 이것은 당신의 경보기가 당신에게 단지 무엇인가에 대해 주의를 기울이라고 신호를 보내고 있다는 것을 의미한다. 그리고 사고 중추는 당신이 읽고 있는 것에 계속해서 집중할 수 있도록 도와주면서 그 입력의 균형을 잡아 준다.

읽기를 하는 동안 완전한 스트레스로 인해 탈진을 경험하는 일은 거의 없을 것이다. 당신과 당신의 기억 중추가 결론을 파일로 보관하기 전에 당신의 사고 중추는 그 단어들을 학습하는데, 그러는 동안 당신은 해당 페이지에 집중하고 있고, 자신에게 가장 중요한 한 가지 생각에 초점을 맞추고 있다.

그러나 만약에 무언가 심각한 일이 최근에 일어났거나 세심하고 주의를 많이 기울여야 하는 스트레스 사건이 일어날 것을 예상한다면, 이때 당신에게 스트레스를 측정하라고 말하는 것은 경보기로부터 위기 전 동원 신호를 자극할 것이다. 이러한 스트레스 반응은 당신이 다가오는 문제의 사건을 생각하지 않았을 때보다 훨씬 높게 나타난다. 이것은 반드시 당신의 삶이나 당신에게 무엇인가가 잘못되어 간다는 것을 의미하는 것이 아니다. 그것은 당신이 마지막 순간까지 기다리거나 잊어버리고 있다가 기습을 당하지 않도록 미리 준비하라고 상기시켜 주는, 경보기로부터 오는 모닝콜이다.

사실, 스트레스 반응을 하고 있다고 암시하는 것 자체가 스트레스 반응의 계기가 될 수 있다. 당신은 갑자기 분노, 죄책감, 불안과 같은 강한 정서를 느낄 수 있을 것이다. 마음속에 온갖 생각이 홍수처럼 넘치기 시작할 수 있다. 몸에는 팽팽한 고무줄 같은 긴장감이 높아질 수 있다. 감당하지 못할 만큼 스트레스가 높아지면 고통스러운 상태에 빠졌다고 느낄지도 모른다. 만약 그런 일이 바로 지금 당신에게 일어난다면 스트레스는 거의 최고 수준인 9 정도로 높이 올라가게 될 것이다. 이 정도의 수준은 보통 교통사고나 아이들이 차가 달리는 도로로 뛰어들 때와 같이 즉각적인 행동이 요구되는 주요한 도전이나 위협을 위해 보류해 두어야만 한다.

그러나 다행히 10 수준의 붕괴는 드물다. 그것은 세상의 종말이 오고 있다거나 삶이 가치가 없다고 느끼게 할 것이다. 이것은 진실로 삶을 변화시키거나 삶을 위협하는 사건 때문에 또는 자살을 원하는 것과 같은 그런 심각한 정신과적 질병이나 증상을 초래하는 뇌의 화학물질의 와해 때문일 수 있다. 그것은 실제로 그러한 극단적인 위험이 존재하지 않을 때도 일어날 수 있는데 우리가 육체적 혹은 정서적으로 기진맥진하거나 고갈된 경우에 그렇다. 우리가 어쩔 줄 모르고 있을 때는, 보통 때라면 스트레스 온도계가 6이나 7 최대한 8 정도 되어 보이는 것도 우리의 경보기가 실제 위험의 수준에 맞춰 조율되지 못했기 때문에 10으로 상승시킬 수 있다.

그렇지만 만약 당신이나 어떤 사람의 스트레스 수준이 10이라고 확신한다면 실수를 해서는 안 된다. 자체 검사를 해서 이것이 실제이며 지금까지 느껴 본 최악의 스트레스라면 이때는 즉시 도움을 받아야 한다. 이것이 119나 병원 응급실, 비상전화 등이 존재하는 이유다. 안전에 대해서는 항상 지나치다 싶을 정도로 대해야 한다. 감사하게도 최고로 높은 수준의 스트레스는 가장 스트레스를 받는 삶의 한가운데에서조차도 경험하기 쉽지 않다. 희망적인 것은, 우리가 당신에게 그것에 관해 생각해 보라고 말했을 때 경보가 올라가더라도 당신은 이 페이지를 즐기는 것으로 다시 방향을 정할 수 있고, 경보를 낮추면서 즐거운 주의집중 상태로 돌려놓을 수 있다는 것이다.

우리의 스트레스 수준을 측정하는 것은 중요하다. 우리는 언제 스트레스를 느껴야 하고 또 언제 뇌가 과잉 반응을 하는지 알아야 하기 때문이다. 예를 들어, 수개월 혹은 수년 동안 매우 열심히 일한 후 휴가 때 녹초가 되는 사람은 여러 주 동안 자신의 경보기를 무시해 왔을 것이다. 그렇게 해야 한다고 느꼈기 때문이다. 그러고는 저녁에 웨이터가 잘못된 음식을 내왔을 때 경보기는 실제로 단지 4나 5 정도를 내보내야 함에도 9나 10의 신호를 보낸다. 스트레스를 측정하는 것은 계속해서 당신이 잘못된 경보를 감지하고 중요한 것—이 경우에 즐겁게 시간을 보내면서 식사를 즐기는 것—에 다시 초점을 맞추게 해 준다.

당신 몸의 계기판을 읽는 요령을 계발한다면, 위기를 불러올 수 있는 문제나 위험 및 도전을 인식하여 아직 스트레스 수준이 약할 때 그것들을 더 일찍 다루기 때문에 극단적인 스트레스 반응이 일어나는 빈도가 줄어들게 된다. 인간으로서 우리 몸을 계기판으로 읽고 우리의 뇌가 정서의 형태로 보내는 신호에 주목할 때, 그때 우리는 그 정보를 목표 달성을 위해 활용할 수 있으며, 또 원하는 삶을 살아가는 데 필요한 만큼의 스트레스를 일으킬 수 있다.

스트레스의 가치

어떤 운동선수가 "나는 오늘 경기에 죽을힘을 다 했어요."라고 말하는 것을 들어 보았는가? 이렇게 말하는 것은 그들이 초점을 맞추지 않았기 때문이다. 당신이 불쾌한 하루를 보내고 있으면서 자기 일에 마음을 쏟지 못할 때는 당신의 경보기가 너무 낮게 활동하고 있기 때문이다. 스트레스 수준을 측정하는 것의 힘은 당신이 언제 스트레스가 너무 높은지 또는 너무 낮은지를 알아차릴 수 있다는 것이다. 다음 지구력이 있어야 하는 운동경기와 대중연설의 두 가지 사례가 요점을 이해하는 데 도움을 줄 것이다.

대부분의 마라톤 선수는 42.195km 전 구간의 경기에 처음 참여할 때 경기 전 매우 힘들어한다. 적절히 훈련을 해 왔더라도 만만치 않은 거리를 달린다는 불안감이 완주에 필요한 에너지와 집중력을 고갈시킬 수 있다. 그러나 자신의 경보를 측정하고 관리할 줄 아는 장거리 선수들은 자신의 몸이 산출할 수 있는 것을 최적화하기 위해서 스트레스 반응에서 나오는 에너지를 활용할 수 있다.

유명한 마라토너인 그레테 바이츠는 직관적으로 SOS를 활용해 그렇게 하였다. 그녀의 10년간의 장거리 경력과 단거리 세계 챔피언 이력을 인정하여 1978년 뉴욕 시 마라톤조직위원회는 바이츠에게 경기에 참여해 달라고 초청을 하였다. 수많은 잘나가는 마라토너들은 경쟁자의 페이스를 빼앗기 위해 선두 그룹에 소위 '토끼'라고 하는 빨리 달리는 사람을 고용하여 뛰게 하였다. 이 토끼들은 전체 마라톤을 완주하는 경우가 거의 없었다. 그러나 바이츠는 그저 참가하는 것과 처음의 몇 마일을 반짝 치고 나가는 것 이상으로 뛰었다.

그녀와 남편은 마라톤 참여를 위한 뉴욕 여행을 그들의 두 번째 신혼여행으로 생각했다. 그래서 그녀는 전날 밤에 평온했을 뿐만 아니라 축하 파티를 열었다. 스테이크와 와인 그리고 아이스크림을 곁들인 네 가지 코스 식사를 하였다. 경기에서 그녀는 13,000명의 다른 주자들과 같이 출발하였고, 30km 정도까지는 빠르고 편안하게 달렸다. 그다음 그녀는 당신이 SOS를 활용해서 실천할 수 있는 일을 했다.

그녀는 몸이 지쳐 가기 시작하는 것을 알아차렸다. 그녀의 뇌도 역시 힘겨워했다. 그녀는 평소 미터법을 쓰는 유럽인으로서 마일을 미터로 환산할 줄 몰라 남은 거리가 얼마인지 알 수 없었기 때문이었다. 이것이 완전히 그녀의 에너지를 빠지게 했을 수도 있었을 것이다. 그러나 대신 그녀는 한 가지 생각에 집중했다.

그녀는『첫 마라톤』이라는 책에서 그날에 관해서 다음과 같이 말하고 있다.

> 나는 짜증이 나고 좌절감을 느끼기 시작했다. 나는 매번 작은 나무들을 볼 때, '아, 이곳은 센트럴파크가 틀림이 없다.'라고 생각했었으나, 아니었다. 나는 의욕을 잃지 않기 위해 우선 나를 이런 엉망인 상황으로 몰아넣은 남편에 대해 비난하기 시작했다.

이것을 생각해 보면 재미있는데, 그녀가 지쳤을 때 그녀의 남편에게 초점을 맞춘 것이 그녀의 개인적 통제를 높였고, 그것은 그녀가 마라톤을 계속할 수 있을 정도로 강인함을 유지하기에 딱 적절한 양의 아드레날린을 방출하는 정도로 경보기의 수준을 낮추었다. 만약 그녀가 스트레스 수준이 8이나 9 혹은 10에 머물러 있었다면, 마라톤 완주에 관해 공포심을 가졌거나 좌절했을 것이며 경기를 끝까지 하지 못하고 포기했을 것이다. 그러나 그녀의 최종 결과는 우승이었으며, 동시에 세계신기록을 수립했다.

바이츠의 신체는 믿을 수 없을 정도로 강했으나, 그녀에게 우승할 만큼의 강인함을 준 것은 그녀의 뇌였다—특히, 그 순간에 그녀의 삶에서 가장 중요한 한 가지 생각에 초점을 맞춘 그녀의 능력이다.

그녀가 이야기하는 방식 때문에 혼란스러워하지 마라. 당신은 그녀가 분노를 연료로 불태워 승리와 신기록을 달성하는 힘을 얻었다고 생각할 수도 있을 것이다. 그러나 그녀는 단지 화가 났던 것뿐이고, 혼란과 탈진이 그녀의 경보기를 울릴 때 발생한 스트레스에 단순히 자동 반응하였다면 그녀는 성공하지 못했을 것이다. 그것은 바로 스트레스 반응, 분노 그리고 모든 초점을 자신에게 이 세상의 전부라고 할 수 있는 사람에게 맞춤으로써 정신적으로 방향을 바꾸는 그녀의 능력이었다. 그것이 그녀를 신체적으로나 정신적으로 또 다른 수준으로 상승시켰다.

우리 뇌의 경보기에서 나오는 신호에 주기적으로 주의를 기울일 때, 우리는 다음 단계로 나아갈 능력을 갖춘다. 또한 주어진 상황에 따라 혹은 우리가 필요한 각성 수준에 따라 자신의 스트레스 수준을 올리거나 낮춰 줄 어떤 것에 초점 맞출 것인지를 선택하는 능력을 갖추게 된다.

대중연설은 지나치게 많은 경보가 우리를 불안하게 하고 또 학습뇌를 차단하는 경우의 또 다른 사례다. 그러나 경보가 적당히 존재하지 않으면 우리는 맥이 빠진다.

2011년 6월 티베트의 정신적 지도자인 달라이 라마가 호주 방문 중에 기자회견을 가졌다. 그가 호주를 방문하는 동안 수상인 줄리아 길라드는 달라이 라마를 만나지 않기로 했는데, 기자들로부터 이에 대해 실망하지 않았는지 질문을 받았을 때 그는 아니라고 답했다. 달라이 라마는 기자들에게 "만약 수상이 어떤 종류의 정신적 관심이 있었다면 나와의 만남이 유용하겠지만 그렇지 않으면 나도 역시 그에게 아무것도 물어볼 것이 없습니다. 보시다시피 그에게 충고를 받아야 할 일은 없습니다."라고 기자들에게 말했다.

옆에 있던 달라이 라마의 보좌관이 수상이 여성이라고 귀에다 대고 일러 주었을 때, 그는 재빨리 "오, 그녀에게"라고 정정했다.

녹화된 비디오를 보면, 청중이 웃고 있다. 달라이 라마는 순간적으로도 당황하지 않았다. 어떤 보통 사람이 공개적으로 그런 실수를 저질렀다면 즉각적으로 스트레스 반응을 느꼈을 것이다. 아마도 그는 말을 더듬고 얼굴이 붉어지고 자신의 실수를 정당화하려고 애썼을 것이다. 그러나 달라이 라마는 단순히 그의 실수를 정정만 하고, 계속 진행했다.

달라이 라마는 정규적인 명상 수련과 전 세계에서 수천 번의 대화와 인터뷰를 한 사람으로서 직관적으로 자신의 스트레스를 측정하는 방법을 알고 있다. 그는 자신의 초점이 의사소통에 있을 때, 실수가 자신을 방해하지 못할 정도로 높은 수준의 개인적 통제를 가지고 있다. 비록 어려운 상황에 닥쳐 있다고 할지라도, 모든 사람은 나름대로의 방식으로 스트레스 자체 검사를 통하여 통제를 느끼는 것이 가능해진다.

스트레스 온도계의 대안: 분노 수준

일반적인 스트레스 온도계는 대부분의 경우 자신의 스트레스 수준을 측정하고 관리하기 위해 작동된다. 그러나 여기에 더하여 당신의 삶에 따라 이용할 수 있는 좀 더 특수한 정서, 그리고 지속적으로 당신의 경보 반응을 높여 온 장소가 있을 수 있다. 스트레스를 측정하려는 목표는 당신의 마음이 경보 신호가 올라가고 떨어지는 것을 알아차리도록 훈련하는 것이다. 그래서 주어진 순간에 당신에게 가장 중요한 것에 초점을 두도록 바꿔 주는 것이다. 일반적인 스트레스가 측정하기에 너무 폭넓다고 느껴진다면, 혹은 강한 불안이나 신경과민과 같은 특수한 형태의 지나친 경보 반응을 경험한다면, 당신은 자신의 정서 뇌로부터 오는 그런 신호들을 사체 섬사할 수 있다.

우리 내담자 중 한 사람이 자체 검사에서 가치 있다고 발견한 정서는 분노였다. 우리 동료의 어떤 내담자는 판사로부터 여섯 번이나 분노관리 교실로 다시 돌아가라는 판결을 받은 후, 다음과 같이 말했다.

"나는 다양한 분노관리 기법을 이미 알고 있으며, 그 기법들을 쓸 때는 분노가 잘 관리된다. 그러나 내가 알고 있는 그런 기법들이 작동되지 않을 때가 있는데, 왜냐하면 너무 화가 많이 나면 그때는 그 기법들을 어떻게 써야 하는지 전혀 기억이 나지 않기 때문이다!"

분노는 뇌의 경보기에서 나온 신호 때문에 비롯되는 대표적인 스트레스 반응이다. 분노가 좋게 느껴지는 일은 거의 없다. 그렇다고 그것이 반드시 나쁜 결과로 이어지는 것은 아니다. 대부분의 사람에게 문제가 되는 것은, 화가 나기 시작하면 분노관리 기법을 사용하는 것을 잊어버린다는 것이다.

분노를 측정하는 것은 매우 중요하다. 스트레스 감소를 위한 훈련을 아주 많이 받은 사람들조차도 마찬가지다. 공영 라디오 토크쇼 프로그램인 〈카 토크Car Talk〉에 조이시라는 여자로부터 흥미로운 전화가 한 통 걸려 왔다. 그녀는 남편이 운전 중에 분통을 터뜨리기 때문에 고통을 받고 있었다. 보통 이 프로그램은 차 수리에 관해 도움말을 주는데, 그녀는 자기 남편을 어떻게 수리를 해야 하는지에 대해 도움을 요청했다. 그녀는 남편을 다음과 같이 묘사했다. 남편은 운전대를 잡으면 자동차경주 챔피언인 마리오 앤드레티와 HBO의 인기 쇼 프로그램 〈더 소프라노The Sopranos〉에 나오는 유명한 몹 보스 역을 맡은 토니 스프라노와 반반을 섞어 놓은 것 같다고 말했다. 더 반전인 것은 남편의 직업이 명상을 가르치는 사람이었다는 것이다.

전통적인 형태의 스트레스 감소 훈련을 아무리 많이 하더라도 만약 경보에 주의를 기울이는 방법과 그것이 보내는 정서에 초점을 맞추는 방법을 알지 못하면 소용이 없을 것이다. 이것은 마음을 괴롭히는 정서의 함정에 빠져 전전긍긍하라는 의미가 아니다. 유쾌하지 않은 느낌에 초점 맞추게 하는 것은 거기에 집착하거나 곰곰이 생각하는 것이 아니다. 초점 맞추기는 헨리 데이비드 소로가 자연에서 했던 것처럼, 의미와 가치를 관찰하고 발견하는 것을 말한다. 정서는 자연 세계와 같은데, 처음 보기에는 못생기고 귀에 거슬리나 결국은 더 깊은 이해를 할 수 있도록 안내해 준다.

비록 완전한 해결 방법은 아니지만, 분노에 단순히 주의를 기울이는 것만으로도 분노 감정의 만성적인 누적이나 우리의 뇌가 녹초가 되었을 때 일어날 수 있는 폭발적 분노를 방지해 주는 가장 좋은 방법이 된다. 스트레스를 자체 검사하는 것처럼, 분노를 자체 검사하는 것도 분노를 느끼지 않을 때 가장 잘 학습되고 연습된다. 확실히, 당신이 진정으로 좌절하거나 격분할 때 당신의 분노 수준을 매길 수 있을 정도로 멈추어서 분명하게 생각하는 것은 어려운 일이다. 그러나 당신이 신체와 정서가 가지는 분노를 검사하는 연습을 부지런히 하면 이 기법은 거의 자동으로 효과가 나타날 것이다. 가끔은 분노를 전혀 느끼지 않을 때 연습하는 것도 필요하다. 간단한 순간의 자체 검사는 분노가 당신을 통제하도록 두느냐 아니면 분노를 느끼지만 통제권을 가지고 있느냐 사이의 결정적인 차이를 만들어 낼 수 있다.

당신이 화가 나지 않았을 때 분노를 자체 검사하는 것은 당신이 화가 났을 때 자체 검사를 하도록 준비시켜 주고, 또한 작은 자극이 발생했을 때 거듭 상기시키지 않고도 사고 중추가 경계 상태에 있다는 것을 믿을 수 있음을 보여 줌으로써 경보기와 더 큰 신뢰를 쌓을 수 있다.

화가 나지 않았을 때 분노를 자체 검사하는 것의 또 다른 이점은 당신이 화가 났는지 알지 못한 채 화난 **상태**에 있을 수 있다는 것이다. 조심스럽게 분노를 자체 검사하는 것은 자칫하면 놓쳐 버릴 수 있는 분노의 조기 신호를 탐지하는 기회가 된다. 당신이 갑자기 생각지도 않은 분노를 발견했을 때, 보통은 심각하지 않으며 즉시 다룰 수가 있다. 그때는 당신의 경보기가 무엇을 말하는지를 알게 된다. 그리고 당신의 사고 중추는 분노가 격노로 변하기 전에 그 상황을 사려 깊고 긍정적인 방식으로 다룰 수 있는 계획을 세울 수 있다.

지금 바로 1에서 10 수준의 척도를 가지고 당신의 분노 등급을 매겨 보라. 1은 가장 낮고, 10은 당신이 지금까지 경험한 것 중에 가장 높은 것을 의미한다. 스트레스의 경우와 마찬가지로 분노 역시 좋지도 나쁘지도 않다는 것을 상기하라. 단지 무언가가 당신의 주의를 필요로 하므로 경보기가 당신의 몸에 화학물질을 내보내는 것이라는 사실을 기억하라.

만약 당신의 분노 수준이 3이나 그 이하로 매우 낮다면 그것은 다행스러운 일이다. 당신이 분노 수준을 판단했든 판단하지 못했든 간에, 당신은 삶에서 상황을 효과적으로 다루기 위해 경보에 주의를 기울이고 사고 중추를 사용한다. 낮은 분노 수준은 당신의 삶이 비교적 초조하지 않고 자유롭거나, 혹은 흔히 우리 모두의 삶에서 보통 좌절감이나 심각한 문제들이 있음에도 불구하고, 당신의 사고 중추는 분노가 더 심각해지기 전에 그것을 다루기 위해 경보기와 협력을 해 왔다.

만약 당신의 분노 수준이 4~6 정도의 중간 범위에 있다면, 이것은 문제가 되거나 되어 왔던 어떤 것에 주의를 기울일 필요가 있다는 것을 알려 주는, 경보기로부터 나오는 조기 경고 신호다. 아직 어떤 결론을 내려고 서두르지 말고 이 경고 신호를 주의가 필요할 수도 있는 상황이나 사람, 좌절감을 가져다줄 다른 잠재적 근원에 대해 생각하는 기회로 삼아라. 이 분노 수준은 분노를 예방할 기회이거나, 예방이 필요한 상황을 추적하기 시작하라고 알려 주는 적절한 신호다.

그렇게 자주는 아니지만, 당신은 7~9 범위의 강한 분노의 느낌을 확인할 수도 있다. 이것은 중요한 상태다. 이것은 거의 항상 당신의 경보기가 당신이 어떤 조치를 하기를 요구하고 있기 때문이다. 그러나 비록 높은 분노 수준에 있더라도 상황의 심각성을 인식하는 것은 충동보다는 사고 중추의 도움을 받아 당신을 사려 깊고 효과적으로 행동하도록 하는 더 나은 자리에 있게 한다.

그리고 물론 당신의 분노 등급이 최고 수준인 10에 있다면, 문제를 바로잡거나 위험으로부터 조처를 하기 위해 어떤 행동을 취하는 것이 필수적이다. 만약 당신이 이 책을 읽는 동안에 이런 일이 일어난다면, 그것은 우리가 당신의 과거로부터의 기억을 자극하였거나 혹은 당신이 무시해 온 상황에 대한 각성을 높여 주었기 때문일 것이다. 이 수준에 있는 분노는 당신이 미리 당신의 경보기로부터 포기하거나 정지하거나 폭발하도록 내몰리는 것을 방지하기 위해 준비시키는 것이다. 이러한 상황은 미리 비상 계획을 가지고 있다면 최고로 잘 다룰 수 있다. 최고의 계획은 항상 매우 개인적이다. 계획은 한 사람으로서 당신에게 무엇이 가장 최고인가, 그리고 문제가 되는 특별한 상황에서 무엇이 가장 좋은가를 기초로 수립된다.

그러나 분노 척도에서 10을 다루는 데 효과적인 계획은 보통, 심각하게 잘못된 어떤 문제를 바로잡기 위해 당신이 신뢰하는 어떤 사람과 협력하는 것을 포함한다. 최대치의 분노를 초래하는 사건을 성공적으로 해결된 문제로 바꾸는 데 있어서 다른 사람의 지지와 도움으로부터 자신을 고립시키지 않는 것이 특히 중요하다.

스트레스와 분노의 경우와 마찬가지로, 온도계는 중독 충동, 좌절, 불안, 걱정 등과 같은 우리가 경험하는 어떠한 종류의 정서에도 사용될 수 있다. 각각의 경우, 당신이 사고 중추를 갖고 그 느낌의 신체적 · 정서적 징후들을 알아차릴 때, 당신은 경보기를 훈련하여 스트레스 화학물질의 방출량을 낮춘다.

스트레스 자각은 스트레스 감소를 가능하게 한다

인간관계에서 스트레스 수준을 인식하는 것보다 더 중요한 것은 없다. 캐리와 톰이 우리를 만나러 왔을 때 그들의 문제는 간단했다. 그것은 '판단'이었다. 아이가 있으면서 간호사와 회계사로 일할 때 그들의 생활은 항상 무척 힘이 들었다. 그들이 출근하지 않을 때는 세 아이를 스포츠, 댄스 그리고 생일파티 등에 데리고 다니곤 했다. 그리고 매주 주말에는 반드시 서로 같이 보내는 시간을 가지기 위해서 애썼다. 금요일 밤은 둘만이 데이트하는 날이었기 때문에 항상 보육 도우미를 고용하여 그들 두 사람에게만 초점을 맞추어 시간을 보낼 수 있었다.

그러나 문제는 가정에서 일어났다. 그들은 아무도 서로의 기대에 맞추지 못했다. 일상생활의 사례로 설거지의 경우를 들었다. 톰이 요리하면 캐리는 항상 설거지를 했다. 어느 날 저녁에 톰은 캐리를 위해서 요리뿐만 아니라 설거지까지 하기로 마음먹었다. 그가 조리 도구들을 헹구고 식기세척기에 막 갖다 넣으려고 하는 순간, 부드럽게 미소 짓던 그녀가 갑자기 눈살을 찌푸리기 시작했다. 그녀는 그가 접시를 충분히 씻지 않았다고 말했다. 그는 충분히 씻었다고 말하면서 싸우기 시작했고, 그날 저녁 각자 다른 방에서 잠을 잤다.

스트레스 감소는 경보기를 관리하기 위한 학습의 목표다. 그러한 목표를 성취할 수 있도록 만드는 비결은 높은 수준의 자각이다. 톰과 캐리는 톰이 설거지하는 방식 때문에 스트레스를 받은 것이 아니었다. 그들은 각자의 생활 때문에 스트레스를 받은 것이다. 그러나 그들은 평상시에 자신의 스트레스를 측정하지 않았기 때문에 모르고 있었던 것이다. 그들의 평상시의 스트레스 수준이 4인지 5인지 혹은 6인지를 깨닫지 못하고 있었기 때문에 상대방 행동의 작은 자극 경향성이 그들의 이미 높아진 스트레스 화학물질을 완전히 와해 수준으로 상승시켰다.

우리가 그들에게 스트레스 수준을 측정하는 법을 가르쳐 준 다음, 마지막 상담을 위해 그들이 다시 방문했을 때 그전과의 차이점에 대해 말했다. 그들은 여전히 각자의 방식을 고수하고 있었으나 최근에 반복된 식기세척기 사건에 대해 다시 말했다. 캐리는 톰의 설거지 방식에 대해 다시 그전과 똑같이 반응했다. 그러나 그는 이번에는 화내는 대신에 미소를 지었다. 그의 경보기가 올라가고 있음을 알아차렸기 때문이다. 그리고 그는 "내가 하는 좋은 것에 초점 맞추고 만약 접시가 깨끗하지 않으면 다시 씻을게."라고 말했다. 그날 밤 그들은 같은 방에서 잠을 잤다.

개인적 통제 온도계

개인적 통제는 분명하게 생각할 수 있는 것에서부터 나오므로, 당신은 지금 이 순간 어떤 일이 일어나거나 자신에게 무엇이 찾아온다 하더라도 그것을 다룰 수 있음을 알고 있다는 자신감을 느낀다. 완벽하지도 않고, 다소 힘이 들고, 기복이 있을 수도 있다. 하지만 우리는 희망을 느낄 수 있을 정도로 충분히 스트레스를 잘 다루기 원한다. 우리가 스트레스를 받았을 때라도 한 걸음 물러나서 우리의 삶이 목적을 가지고 있으며, 그것을 달성할 수 있다는 것을 깨달을 수 있다.

그런데 왜 모든 스트레스 관리 교실과 책은 당신의 스트레스 수준만큼 개인적 통제 수준에 주의를 기울이라고 말해 주지 않는가? 당신이 스트레스를 사고 중추와 경보기 간의 붕괴로 보지 않고 주로 문제로만 바라보고 있으므로, 스트레스에 대한 해결 방법은 오로지 스트레스를 느끼는 것을 멈추는 것이다. 이제 당신은 뇌에서 스트레스에 대한 사고 중추의 핵심 역할과 또 최상의 뇌를 위해 필수적인 사고 중추와 경보기 간의 협력 관계에 관해서 알고 있으므로, 평상시의 개인적 통제 수준을 검사해 보는 것의 중요성을 간과할 수는 없을 것이다.

개인적 통제는 지금 이 순간 좋은 선택을 하고 당면한 도전을 잘 다룰 수 있을 정도로 분명하게 생각할 수 있다는 당신의 자신감이다. 당신의 사고 중추가 경보기를 무시하거나 제거하거나 꺼 버리려고 노력하는 대신 서로 얼마나 잘 협력하고 있는가 하는 것은 그레테 바이츠나 달라이 라마처럼, 혹은 접시와 같은 사소한 것 때문에 화를 내지 않을 때 톰이 한 것처럼 스트레스를 가치 있는 자원으로 활용하는 당신의 능력에 달려 있다.

지금 바로 1에서 10의 척도를 가지고 개인적 통제의 등급을 매겨보라. 1은 가장 낮은 상태이고, 10은 당신이 이제까지 경험한 것 중에 가장 높은 상태다. 개인적 통제도 뭔가 좀 대단해 보일지 모르지만, 사실은 좋은 것도 아니고 나쁜 것도 아니라는 점을 기억하라. 그저 단순히 사고 중추가 당신이 주의를 기울이고 학습을 할 수 있도록 뇌를 통해서 화학물질을 내보내는 것이다. 당신의 뇌와 몸은 지금 이 순간에 삶에서 어떻게 하고 있는지에 대해 말해 주고 있는 것이다.

만약 개인적 통제 수준이 8이나 그 이상으로 매우 높으면, 그것을 안다는 것은 좋은 일이다. 그러나 그것이 당신이 천재라거나 다른 사람보다 더 우월하다는 것을 의미하지는 않는다. 단지 당신이 분명하고 평온하게 생각하고 있다고 말할 수 있다는 의미다. 분명하게 생각하는 것은 우리 모두에게 최고의 스트레스 해독제가 되는 깊고 믿음직한 자신감을 주는 것이다.

만약 당신의 개인적 통제 수준이 그보다 낮다면, 그것은 문제가 아니라 개인적 통제를 하거나 사고 중추를 활성화하는 다양한 방법에 관해 학습하거나 책을 읽도록 요청하는 상태다. 지금 바로 SOS를 실천하라. 학습 뇌가 활성화되면 당신의 개인적 통제 수준이 올라간다. 당신은 이미 아는 것보다 더 많은 개인적 통제를 가지고 있다. 그러나 우리 대부분은 사고 중추를 활용하는 직관적 방식을 인식하지 못한다. 이것에 주목하지 않기 때문에 문제가 되는 것은 우리가 자신의 지혜가 주는 혜택을 잃는다는 것이다.

반성적 사고의 필요성

만약 우리가 반성적 사고reflection를 하지 않는다면 자동 반응을 한다. 우리 뇌의 힘은 상상하기, 창조하기, 의심하기, 결합하기, 믿기, 적응하기 등 수많은 복잡한 방법으로 생각할 수 있다는 것이다. 뇌에 대한 연구는 우리의 경험을 파헤치고, 주위의 세상과 우리의 관계를 이해하기 위해서 다양한 뇌의 기능을 밝히고 있다. 우리가 알고 있는 한 가지 확실한 것은, 우리가 만약 반성적 사고를 하지 않는다면 우리는 학습을 할 수 없다는 것이다.

스트레스와 개인적 통제 수준을 측정하는 중요한 이유는 과거 경험과 우리가 그것을 어떻게 기억하고 있는가에 따라 미래에 우리가 사는 방식이 변화될 것이기 때문이다. 만약 우리에게 일어나고 있는 것의 진정한 깊이—그것이 무엇처럼 느껴지고 무엇을 의미하는가—를 멈추어서 알아차리지 않으면, 우리는 자신이 앞으로 처신해야 하는 방식을 선택하지 못한다. 대신 우리는 경보기의 노예가 된다. 의도적으로 우리의 사고와 정서, 행동을 조절하기보다는 우리를 안전하게 지켜 주는 일에만 몰두하게 된다.

존 듀이John Dewey는 우리의 환경이 행동에 영향을 준다고 가르쳤던 교육 분야의 개척자다. 철학자이며 교육이론가였던 그는 또한 19세기 말 '신 심리학' 운동을 선도했던 인물이기도 하다. 그는 인간이 예측 가능한 기계라기보다 더 적응적인 유기체라는 것을 깨달은 선지자 중의 한 사람이었다. 그의 저서 『사고의 방법How We Think』에서 그는 반성적 사고를 하는 것에 대해 명료하게 정의하기 위해 수십 개의 기술을 사용했다. 그중에 책의 첫 페이지에 언급한 간단한 사례는 가장 가치가 있다.

그는 네거리로 나온 한 남자에 관한 이야기를 하고 있다. 그는 자신이 어디서 왔는지도 모르고 어디로 가야 할지도 알지 못했다. 우리는 물론 그 순간에 그의 경보기가 울릴 것을 잘 알고 있다. 그는 무엇을 해야 할지를 결정해야 했다. 그는 여기가 어딘지를 알기 위해 나무 위로 올라갔다. 어떤 조짐이나 자신의 기억을 자극할 어떤 것들을 찾아야 했다. 듀이는 이것을 '갈림길forked-road' 순간이라고 불렀다. 그는 다음과 같이 설명하고 있다.

> 우리의 활동이 하나에서 또 다른 하나로 부드럽게 미끄러져 가거나 혹은 우리의 상상으로 공상을 즐길 동안에는 반성적 사고를 할 필요를 느끼지 못한다.

간단하게 말하면, 우리는 자신의 뇌가 최상으로 기능할 때는 반성적 사고를 하거나 측정할 필요가 없다고 생각한다. 그러나 우리가 스트레스를 받았을 때는 모든 것이 바뀐다. 우리의 뇌가 무언가 잘못되었음을 깨닫기 때문이다. 그는 그런 다음에, 모든 사람의 마음에 왜 SOS가 중요한지에 관해 가장 중요한 말을 하고 있다.

> (문제의) 해결에 대한 요구는 반성적 사고의 전 과정에서 꾸준히 지침이 되는 요인이다.

우리는 경보기 세상에서 행복하게 살 수가 없다. 우리의 경보기는 도로의 어떤 갈림길에 대한 해결을 요구한다. 그러나 우리가 잠시 멈추고 자신의 환경에 대해 그것이 무엇을 의미하는지 그리고 우리가 가지고 있는 대안이 무엇인지를 생각하지 않으면 해결책을 찾을 수가 없다.

만약 우리의 경보기가 당신의 몸을 너무 많은 아드레날린으로 채운다면, 당신은 생각할 수 없을 것이다. 당신은 저녁 식사로 몸에 좋고 맛있는 음식을 고르는 것과 같은 간단한 선택이나 당신이 어떤 삶을 살기를 원하는가와 같은 큰 과제를 다룰 수 없다. 만약 당신의 경보기가 너무 자주 그리고 크게 울리면, 중요한 일에 초점을 둘 수가 없다. 경보기는 뇌가 우리에게 반성적 사고가 필요하다고 말해 주기 위해 울리는 경종이다. SOS는 반성적 사고의 과정을 위해 학습 뇌를 열어 주는 첫 번째 단계다.

그러나 SOS는 비록 그러한 목적으로 활용될 수는 있어도 위기 개입이나 단계적 감소를 위한 기술은 아니다. 우리는 당신이 위기에 이르기 전에 SOS를 활용하기를 원한다. SOS가 가장 가치 있는 것이 되기 위해서는 우선 삶의 기술이 되어야 하고, 당신은 그것이 필요할 때만 도움을 요청하라. 사실 우리는 **당신이 스트레스가 아주 낮거나 없는 순간에 그것을 집중적으로 연습하고 적용하고 난 다음에,** 비로소 위기에 처했을 때나 심지어 치명적이지는 않지만 높은 스트레스에 있을 때 SOS를 활용할 것을 강력하게 추천한다.

그 이유에 대한 대답은 다른 삶의 기술의 경우와 같다. 우리가 운전을 배울 때는 고속도로에 나가서 시속 120km를 달리기 전에 먼저 집 주위에서 충분히 연습한다. SOS도 이와 다르지 않다.

SOS를 정신적 비타민이라고 생각해 보라. 매일 정기적으로 먹는 것이 가장 좋은 방법이다. SOS는 마음을 더 강하게 하고 당신의 신체에 대한 자각을 증가시킨다. 그러므로 건강에 좋은 것을 하는 능력 또한 증가된다. 당신의 삶에서 가장 중요한 것에 관해 분명하게 생각할 수 있는 것은, 가끔 있는 비상시에서보다 일상에서 더욱더 큰 가치를 가진다. 그것이 많은 위기를 막아 줄 뿐만 아니라 죽음을 제외하고 최악의 위험이라고 할 수 있는 행복과 의미가 가득한 삶을 만들 기회를 놓치는 것을 막아 주기 때문이다.

그래도 우리는 가끔 스트레스를 받는다. 우리는 단지 SOS를 실천하는 것만으로는 초점을 맞출 수가 없을 것이다. 바로 이때 우리는 자극을 인식하는 것이 필요하다.

제8장

SOS를 실천할 수 없을 때: 자극을 인식하라

우리는 이제 모든 것이 다 수포로 돌아갈 때 초점을 맞추는 방법을 가르쳐 주려고 한다. 그러나 탈진을 방지하는 가장 좋은 방법은 SOS를 연습하는 것이라는 사실을 잊지 말아야 한다. 자주 연습하라. 뭔가 새롭게 일을 시작할 때나 혹은 어떤 일이나 하루를 마무리할 때가 마음의 초점을 맞추기에 가장 좋은 시간이다. 그것은 당신이 현재 경험하는 것을 최대한 활용할 수 있도록 준비하기 위한 조율이고, 당신의 뇌에서 일어나는 것에 확실히 주의를 기울이도록 해 준다. 따라서 지금까지 배운 것을 연습하기 위해, 다 함께 SOS를 실천하면서 이 장을 시작하려고 한다.

한 걸음 물러서기(S)를 하면서 시작하라. 당신이 초점을 맞추지 않으면, 당신의 마음은 경쟁적인 생각과 느낌들로 정신적인 교통정체 상태가 된다. 당신은 오로지 잡동사니로부터 완전히 자유로워지는 그 순간을 즐겨라.

긴장하거나 피곤함을 느낀다면, 이것은 당신의 몸이 균형 상태에서 벗어나 있다고 뇌가 보내는 경보 신호라는 것을 기억하라. 한 걸음 물러서는 것은 경보를 감지하는 당신의 사고 중추를 활성화함으로써 경보를 알아차리고 신체의 긴장감이나 피로감 낮추기를 시작할 수 있다.

이제 한 가지 생각에 **초점 맞추기(O)**를 하라. 사고 중추가 활성화되었기 때문에, 이제 당신의 마음은 **한 가지**에 온전히 집중할 준비가 되었다. 그 한 가지는 당신의 전체 삶에서 바로 지금 이 순간 **당신에게 가장 중요한 것**이기 때문에 **당신이 선택한 것**이다. 그것은 바로 지금 당신의 삶 전체에서 다른 어떤 것보다 더 **당신이 관심을 가지고 가치 있게 생각하는** 어떤 것이나 어떤 사람이다.

당신이 가장 중요한 한 가지 생각에 초점 맞추기를 할 때마다 뇌의 사고 중추는 충전되고 최적화된다. 이제 당신의 마음과 행동을 안내하기 위해 가장 깊은 가치와 신념을 중심으로 삼아 선두에 두었다. 당신은 지금 막 당신의 삶에 대한 통제력, 즉 분명하게 생각하는 능력을 회복했다. 왜냐하면 당신에게 목적을 주는 어떤 한 가지 생각에 초점 맞추기를 하였기 때문이다.

당신이 잠시 최소 1분이나 2분 동안 한 걸음 물러서서 한 가지 생각에 초점 맞추기를 하면 모든 것이 바뀐다. 단지 2분만으로 당신의 경보기로부터 통제를 되찾을 수 있다.

마지막으로 **자체 검사(S)**를 하라. 지금까지 경험한 것 중에 1점이 가장 낮고 10점이 가장 높은 10점 척도에서 당신이 지금 느끼는 스트레스는 몇 점 정도인가? 또 다른 10점 척도로, 당신이 삶에서 느낀 개인적 통제에서 1을 가장 적다고, 10을 가장 많다고 하면 지금 당신의 개인적 통제는 어느 정도인가?

만약 스트레스 점수가 5점 이상이거나 개인적 통제가 5점 이하라면, 또 다른 SOS 실천을 고려해 보라. 당신이 잘못했거나 스트레스를 충분히 다루지 못해서가 아니라 그것은 뇌 과학이 바탕이 되는 느낌과 명료한 생각으로 전환하려는 의도적 연습이다. 또 다른 SOS를 실천하는 것은 실패 또는 당신이 학습부진아라는 표시가 아니라 건강해지고 싶은 욕구와 헌신의 표시다. 단지 유일한 실패는 우리가 모두 일상적으로 저지르는 실수다—바로 우리의 마음을 초점 맞추지 않은 상태로 내버려 두는 것이다.

이제 당신은 초점을 맞추었고, 당신은 초점을 맞추고 있지 않을 때 학습할 준비가 되었다. 어떤 날은 세상의 모든 것이 폭발할 것처럼 보인다. 우리가 바라보는 모든 곳에 경보기를 자극하는 무언가가 있다. 우리가 스트레스를 받는 것들은 자극이다. 그리고 스트레스는 우리의 삶이 균형을 잃었다는 징후이므로 가치가 있다. 우리는 이러한 계기들을 활용하여 다시 명료하게 생각하도록 할 수 있다. 두 번째 기법인 FREEDOM 모형은 자극을 인식하도록 해 준다.

자극은 무엇인가?

자극trigger이라는 용어는 보통 불쾌한 것을 말하는

데, 친구나 낯선 사람의 화난 표현, 교통체증, 작업 마감 시간, 혹은 우리가 보살피던 사람의 죽음을 떠올리게 하는 것 등이다. 어떻게 당신의 학습 뇌가 경보를 깨닫고 꺼 버릴 수 있는가를 찾을 때 자극의 정의는 더욱 구체화된다.

자극이란 우리가 아무런 생각 없이 부정적이고 빠르게 자동 반응하게 하는 것을 말한다. 무언가가 우리의 경보기를 자극했을 때—소리, 단어나 문장, 어떤 사람—이런 것들은 우리의 몸을 자극하여 화학물질을 방출하게 하고 이것이 분노, 공포, 죄책감 혹은 희망이 없는 듯한 느낌을 만들어 낸다.

그러나 문제는 자극 그 자체가 아니다. 우리가 경험하는 느낌은 그 경험이 자신에게 중요하든 그렇지 않든 소중한 정보다. 힘들고 고통스러운 경험일지라도 해 볼 가치가 있다—즉, 마라톤을 하거나 아기를 달래려고 밤새 깨어 있는 경우 같은 것이다. 힘든 경험이 우리의 몸에서 스트레스 수준을 높일지라도 우리를 반드시 자극할 필요는 없다. 문제는 우리가 자신을 진정으로 자극하는 것과 다른 부분의 불쾌한 경험을 구별하지 않는다는 것이다.

예를 들어, 친구가 했던 화나게 하는 말을 생각해 보면 사용된 단어 그 자체와 목소리의 톤, 표정과 몸짓, 그것이 일어난 장소, 거기에 있었던 다른 사람들 그리고 그것이 장차 당신과 당신의 친구와의 관계에 미칠 영향 등과 같은 자극들을 포함하고 있다. 이러한 각각의 경험 요소들은 불쾌하다. 크고 작은 자극의 무리를 어떻게 다룰 것인지에 대한 생각은 벌통 밖으로 꿀을 꺼내는 것과 비슷할 것이다. 만약 당신이 무엇을 하고 있는지 잘 모른다면 벌에게 쏘이게 될 것이다.

다른 한편으로, 만약 당신이 초점 맞출 것을 정확하게 알고 있다면, 숙련된 양봉가처럼 자극들로 둘러싸여도 스트레스를 받지 않을 수 있다. 양봉가는 모든 벌을 한 마리씩 다루지는 않는다. 그는 벌들을 내버려 두고, 벌들도 마찬가지로 양봉가를 내버려 둔다. 양봉가는 여왕벌에 초점을 둔다. 여왕벌이 짜증을 내지 않으면 수벌들도 괜찮다.

우리가 학습 뇌와 경보기를 긴 고리로 연결하면, 학습 뇌는 처리할 필요가 있는 자극들을 즉각적으로 인식한다. 사고 중추가 자극을 인식하려고 할 때, 양봉가가 여왕벌을 찾듯 우리의 뇌에는 대단히 흥미로운 일이 일어난다. 즉, 우리는 스트레스를 받은 느낌(경보기의 도움 요청)으로부터 벗어나, 느끼거나 반성적 사고를 하거나 경험하는 일에 있어 가장 중요한 것을 생각하는 것으로 초점을 바꿀 수 있다.

모든 스트레스 사건이나 상황에서는 한 무리의 잠재적 자극이 있다. 진짜 문제가 되는 특정 자극을 찾아내는 것이 기술이다. 경보는 자극이 크거나 작거나 관계없이 발령된다. 일단 당신이 자신의 경보가 발령되는 것을 알아차리고 있었다면, 사고 중추는 배후의 스트레스 자극을 알아내려고 초점을 맞출 때 경보를 낮출 수 있게 된다.

우리가 완전히 엉망인 상태에서조차 우리 뇌의 초점을 맞출 수 있는 역량은 매우 중요하다. 우리는 자극을 받았지만 그 이유를 모를 때 가끔 의도하지 않은 방식으로 행동하고 있는 자신을 발견한다. 자극에 자동 반응할 때 사람들이 다음과 같이 하는 것은 아주 흔한 일이다.

- 불평하기
- 고함치기
- 공격하기
- 도망치기
- 철수하기

자극은 보통 무엇이 발생했는지 분명히 알기도 전에 강한 경보 반응을 일으킨다.

왜 그런지 알지도 못하고 감정이 분출되었던 때를 기억하는가? 당신이 왜 그렇게 되었는지를 정확하게 안다고 생각할 수도 있으나, 자신의 반응을 통제할 수 없다고 느꼈을 것이다. 그런 반응을 일으키는 것은 자극이 아니라 당신의 경보기다.

이런 순간에 SOS를 실천함으로써 초점을 맞추는 것은 매우 어려울 수 있다. 그러나 당신은 무엇에 자극받았는지 찾아내려고 애씀으로써 학습 뇌를 작동시키고 최상의 뇌 기능을 활성화할 수 있다. 총을 가진 사람을 보거나 공격하는 사자를 목격하는 것과 같은, 생사와 관련된 절대적인 자극과는 다르게 우리의 자극에 대한 반응은 완전히 자동적인 것은 아니다. 자극은 관리되지 않으면 뿌리 깊은 습관적인 반응이나 중독 혹은 심각한 분노 조절 문제 같은 강박 행동을 초래할 수 있다. 그러나 연구에 따르면, 외상적이거나 지속적인 스트레스로 인한 중독 습관이나 폭발적 분노 혹은 통제의 상실조차도 **만약** 당신이 사고 중추를 활용하여 자극을 인식하기 시작한다면 근본적으로 변화될 수 있다는 것이 증명되었다.

바닥에 납작 엎드리다

로드리게스 형사는 순찰 업무부터 시작해서 점점 승진하여 수사관이 되었다. 그는 빠른 재치와 편안한 처신으로 그 누구라도 편안하게 만들기 때문에 자신의 부서에서 빨리 승진했다. 그러나 수사관으로 일하다가 총상을 당하고 나서 경찰을 은퇴하였다. 사무실에서 일할 수는 있지만, 다리를 다쳐서 매일 외근을 하면서 다른 경찰관과 어울릴 수 없었기 때문이었다. 그는 경찰을 은퇴하고 자동차 판매를 시작했다.

그는 편안한 스타일과 유머로 인해 곧바로 고객들과 잘 지냈다. 그러나 그것은 대리점에서 파격 세일을 하는 동안 바뀌었다. 한 어린이가 우연히 풍선을 뻥 하고 터뜨렸는데, 그 바람에 행사를 위해 갖다 놓은 커다란 풍선 다발에 있던 풍선 4개가 같이 터져 버렸다. 수사관 로드리게스는 영문을 알지 못한 채 무조건 그대로 바닥에 납작 엎드렸다. 그는 젊은 부부와 상담을 마무리하던 중이었는데, 정신을 차렸을 때 그는 이미 대리점에서 걸어 나와 집으로 향하고 있었다.

우리에게 치료를 받으러 왔을 때 그는 일자리를 잃은 후였고, 밤에 밖에 나가는 것을 무서워했다. 그는 다시 과잉 반응을 할까 봐 몹시 두려워했다. 그는 안전하다는 것을 알고 있음에도, 내내 두려움을 느꼈다. 그는 뇌와 SOS를 실천하는 방법을 배우고 풍선이 터지는 큰 소리가 자신을 자극했다는 사실을 인식하고 난 다음, 자신감을 다시 회복했다. 그는 자신의 잘못으로 극심한 스트레스 반응을 하는 것이 아니라 그의 경보기가 자신이 다시는 총에 맞고 싶지 않기 때문이라는 것을 깨달았다.

그는 자신의 과잉 반응이 실제 뇌의 힘이 얼마나 강력한가를 보여 주는 좋은 증거라는 것을 알게 되었다. 자극과 경보 반응은 그에게 안전하고 충만한 삶을 살아가는 것이 얼마나 중요한가를 일깨워 주었다. 그는 "그것은 나를 완전히 180도 바뀌게 하였다. "그때까지 나는 어떤 큰 소리도 이겨 내지 못할 것이라 생각했기 때문이다. 그러나 이제 나는 나의 뇌가 나를 돌본다는 것을 알고, 비록 다시 과잉 반응을 하더라도 사람들에게 무엇이 일어났는지를 설명할 수 있다."라고 말했다.

그는 일터로 다시 돌아갔다. 사고가 난 이래 해 보지 못했던 데이트도 시작했고, 곧 여자 친구가 생겼다. 농담도 다시 하기 시작했다.

마지막 치료 회기에서 그는 여자 친구의 딸의 생일파티에 관해 얘기했다. 그는 집 안으로 들어갔을 때 무지개 색깔의 커다란 풍선 꾸러미를 보고는 심장이 거의 정지되는 듯했다. 그러나 그때 바로 자극을 인식했다. 그러고 나서 파티장을 벗어나 SOS를 실천했는데, 자신의 여자 친구와 즐겁게 지내는 한 가지 생각에 초점을 맞추었고, 자신이 그 방에 있는 모든 것들을 다룰 수 있다는 것을 상기했다. 그리고 아이가 케이크를 먹고 있을 때, 그는 소파에 앉아서 미식축구의 경기 결과를 알아보려고 했다. 그가 TV를 켜자마자 그 아이가 그의 바로 뒤에서 풍선을 터뜨렸다. 그 순간 그의 몸은 소파에서 펄쩍 뛰어오르려는 욕망에 휩싸였다.

그러나 그는 그렇게 하지 않았다.

대신 그는 일어서서 풍선을 터뜨리고 울먹이고 있던 그 꼬마에게 걸어가서 아이를 풍선 꾸러미로 데리고 간 다음 다른 풍선 하나를 뽑아 들도록 했다.

인식하기는 다시 생각하기다

자극을 인식하는 것은, 당신의 뇌가 스트레스를 초래하는 경보 반응을 당신이 가장 의미 있는 삶을 살아 가게 하기 위한 가치 있는 정보로 사용하려고 준비하는 행위다.

당신이 통제가 안 된다고 느끼거나 아주 형편없이 반응했던 때가 생각나는가? 어떤 것들에 자극을 받아 완전히 붕괴돼 버린 다른 사람의 경우를 떠올려 보는 것은 어떤가? 많은 것이 경보 반응을 자극할 수 있다. 우리 대부분은 어떤 사람이 자신을 향해 고함을 치거나 혹은 어떤 선택도 할 수 없는 상황의 함정에 빠진 것처럼 느낄 때 자극받게 될 것이다. 학습 뇌와 자극의 힘은 이중적인데, 우리 각자는 자극이 자신을 장악하기 전에 미리 인식할 수 있고, 우리가 자신의 자극을 인식하려고 시도하는 순간에 학습 뇌를 참여시켜서 초점을 맞추기 시작한다.

인식하기는 다시 생각하기다. 자동 반응적인 경보기 생각의 덫에 사로잡히기보다는 새로운 관점에서 다시 생각하는 행위는 당신의 사고 중추의 힘을 점화하고 스트레스 반응을 낮추기 시작한다. 자극은 경보기에게 다음과 같이 무엇이 잘못되었는지를 전달하는 신호다.

- 어떤 것을 고칠 필요가 있다.
- 어떤 것이 일어나야 하는데, 그렇지 않다.

- 어떤 것을 좀 더 잘할 수 있다.
- 어떤 것은 당신이 원하는 방식이 아니다.

자극은 꼭 무언가 끔찍한 일이 일어나고 있다는 의미는 아니다. 거의 대부분은 약간의 주의가 필요한 단순한 상황이다. 수년간 해결되지 않은 자극은 당신의 머리 주위에서 윙윙거리는 벌들보다 더 성가실 수도 있다. 그러나 우리가 인식하는 자극은 자신의 경보기를 통제하고 있다는 것을 입증한다.

예를 들면, 당신의 가장 친한 여자 친구가 남의 비위를 맞추는 사람이라면 어떤 사람에게도 결코 "아니요."라고 말할 수 없을 것이다. 대부분의 경우 이것이 문제가 될 일은 없다. 문제는 그녀가 하고 싶지 않은 것이나 관심이 없는 것들에 대해서도 항상 "예."라고 말하기 때문에 스트레스받는 것이다. 그리고 그녀가 당신에게 불평한다. 그런 다음 당신이 그녀가 "예."라고 말하는 것을 듣게 되면, 그것이 당신에게는 갈등을 회피하거나 다른 사람이 그녀를 좋아하게 만들려고 그러는 것처럼 보일 것이다. 그것은 당신의 경보기를 자극하여 중요한 스트레스 반응을 나타내도록 할 수 있다. 비록 하루나 일주일 또는 일 년 전부터 아무것도 변한 것이 없는 것처럼 보일지라도, 당신은 아마도 그녀를 향해 고함을 치거나 다시 만나고 싶지 않다고 생각할지도 모른다.

대부분의 스트레스 자극은 이와 같다. 그것들은 대체로 다른 사람을 포함하는 아주 약한 정도의 불쾌한 행동이나 불편한 상황에서부터 시작된다. 때로는 시작부터 거의 참을 수 없을 정도인 경우도 있을 수 있다. 그러나 당신은 그러한 자극에도 불구하고 그 사람이나 상황으로부터 좋은 것을 보려고 노력하기도 한다. 어쨌든 그것들은 시간이 지나면 참을 수 없게 된다. 만약 당신이 자극에 대한 인식을 회복할 수 없는 지경이 될 때까지 기다린다면, 당신의 경보 반응은 너무 강력해져서 당신은 분명하게 생각하거나 자신의 행동을 통제할 수 없다고 느낄 것이다.

그렇게 되지 않아야만 한다. 자극을 인식하는 것은 당신 자신이나 당신의 삶과 관계에서 무엇이 옳지 않은지 혹은 무엇이 지금보다 더 나아질 수 있는지에 주의를 기울이는 것을 의미한다. 그렇게 하는 것은 스트레스 반응을 초래하거나 심화시키는 불평이나 불만의 목록을 작성하기 위한 것이 아니다. 그것은 바로 경보기가 하는 일이고, 경보기는 지금까지 무엇이 잘못되어 왔고 지금 무엇이 잘못되어 가는지에 대해 끝없는 목록을 지니고 있다.

자극과 이것을 일으키는 경보 반응은 자동 반응을 하기보다는 생각하도록 요청을 한다. 만약 당신이 친구나 가족에게 너무 실망한 나머지 SOS를 할 수 없는 자신을 발견한다면, 당신을 자극하고 있는 것이 무엇인지에 대한 생각을 시작할 수 있다. 이것은 자극을 골칫거리로 생각하는 것 또는 다른 사람에게 버럭 화를 내거나 다른 사람과 담을 쌓고 회피하는 것에 대한 타당한 이유를 찾기보다 훨씬 더 쉽다. 그러나 그것은 사고 중추가 활동을 하지 않을 때 경보기가 하는 일이다.

시간이 지나 당신을 자극하는 것이 무엇인지에 대해 반성적 사고를 할 때, 당신의 기억 중추는 스트레스 반응을 일으킬 수 있는 것들을 상기시킨다. 자극이 우리를 녹초로 만들기 전에 그것에 관해 분명하게 생각하는 것은 자극이 우리에게 진정으로 요청하고 있는 것을 우리가 책임지게 해 주는데, 생각 없이 반응하지 말고 가장 중요한 것에 초점을 맞추는 것이다.

MTV 붕괴

2009년 팝 아티스트인 테일러 스위프트는 은색의 긴 금속 조각으로 장식된 드레스를 입고 금발 머리에 핀을 꽂고 MTV 비디오 뮤직 어워드에 올랐다. 그녀의 두 번째 앨범은 '올해의 앨범'과 '올해의 빌보드 아티스트'를 포함하여 네 부분에서 그래미상을 받도록 만들어 주었다. 그녀가 "대단히 감사합니다."라고 MTV 청중에게 말할 때 십 대들은 정말로 놀라고, 무척 고마워하는 것 같았다. "나는 항상 이러한 날이 오면 얼마나 좋을까 하고 꿈을 꾸었지만, 실제 이런 일이 일어날 거라고는 결코 생각하지 못했습니다. 나는 컨트리 음악을 노래합니다. 그래서 나에게 VMA 상(MTV의 비디오뮤직 상)을 받을 기회를 준 것에 감사드립니다."

그리고 그녀가 다음 말을 이어 가려고 할 때, 카메라는 청중의 갈채를 받는 다른 아티스트의 클로즈업 화면을 잡고 있었다. 카메라가 다시 이동하여 무대를 잡았을 때, 그래미상을 14번이나 수상한 적이 있는 래퍼이자 음반 제작자인 카녜이 웨스트가 마이크를 잡고 있었다. 처음에 스위프트는 무슨 일이 일어났는지 몰랐다. 그때 웨스트는 "테일러, 이제 내가 널 끝장내 줄게. 하지만 비욘세는 말이야, 역대 최고의 영상 앨범 중 하나를 가지고 있었단 말이야."라고 말했다. 대중은 깜짝 놀랐다. 그는 또다시 "역대 최고의 영상 앨범 중의 하나"라는 말을 반복했고, 스위프트에게 마이크를 넘기고 무대를 떠났다. 지금 음악계에서 가장 성공적인 아티스트 중의 한 사람이 바로 전 세계가 지켜보는 가운데 최고로 높은 경보기의 붕괴를 일으키도록 자극을 받았던 것이다.

〈엘런 디제너러스 쇼The Ellen DeGeneres Show〉(매년 에미상의 사회를 보는 뉴올리언스 출신 코미디언의 쇼)에서 웨스트가 말하기를, 그때는 너무 오랫동안 잠시도 쉬지 않고 일해서 매우 힘들었으며 어머니마저 돌아가셨었다는 사실을 토로했다. 그때 그의 스트레스 수준이 얼마나 높았을지를 생각해 보라. 그리고 그날 저녁의 상황을 설명하면서 "당신의 모든 세상에서 성실의 순간이 무너져 내리거나 혹은 술, 혹은 그것이 무엇이든지 간에 상실한다는 것은……." 이라고 말했다. 그는 웃기 시작했고, 엘런이 끼어들며 "보통 술은 성실하지 못하게 한다."라고 말했다.

그러나 그는 진솔한 인터뷰에서 "어떤 면에서 나는 문화의 투사 같다는 느낌이 든다."라고 말했다. 그는 "나는 오랜 세월 동안 끊임없이 부정하였다.…… 나는 앨범을 팔기 위해 더는 거짓말을 할 수 없다."라는 생각을 공개적으로 밝혀야 한다고 느꼈다.

그 시상식에서 그는 지쳐 있었고, 술에 취해 있었다. **그리고 그는 어머니를 잃었다.** 테일러 스위프트의 수상이 카녜이 웨스트의 경보기를 자극했다. 그의 경보는 이미 높은 수준의 경계 상태에 있었다. 그리고 그 순간 그는 백인 여성이 흑인 여성을 누르고 이기는 것을 인종 문제로 받아들였다. 옳든 그르든 간에 그가 무대로 뛰어 올라간 것은 자극 때문에 발생하였다. 만약 그가 의도적으로 자신의 자극을 인식했었다면, 비욘세의 패배로 인해 여전히 자극되었겠지만, 적어도 그 상황에서 어떻게 반응해야 할지를 분명하게 생각할 수는 있었을 것이다. 그 순간 그는 통제하고 있었을 것이다.

그는 자신의 자동 반응에 대한 언론의 수많은 논란으로 인해 그야말로 확장된 SOS를 했다. 그는 유명인사로서의 자신의 삶으로부터 한 걸음 물러서서 일본으로 갔다. 그리고 그는 하와이에서 6개월 동안 자신의 음악에 대해 한 가지 생각에 초점 맞추기를 하였다. 그가 자체 검사했을 때, 그는 엘런과 대화를 하고 싶어 했고, 그날 밤 거기서 도대체 어떻게 그런 일이 일어났는가에 관해 말함으로써 모든 사람을 놀라게 했다.

웨스트에게 일어난 일은 우리 대부분의 일상에서 일어난다. 우리는 지쳐 있다. 우리는 자녀를 돌보거나 일하기 위해서 많은 아드레날린이 분출된 상태다. 아주 많은 해야 할 일과 지불해야 할 청구서에 대한 생각으로 짓눌려 있다. 그리고 어떤 사람이 운전 중에 끼어들면 바로 고함을 질러 버린다.

웨스트는 엘런에게 그가 물러나 있을 때에 관해, "그때는 창작하는 사람으로서 보다 발전하고, 또 내 생각과 아이디어 그리고 내가 세상에서 이루고 싶은 것에 더욱 집중하기 위해 휴식을 취한 시간이었다."라고 말했다.

그런 사실이 있고 난 뒤 웨스트는 자극을 분명하게 인식했고, 전국 방송에서 진정성을 갖고 표현할 수 있었고, 자신의 가치와 자신에게 중요한 것에 대해 말할 수 있었다. 만약 우리가 붕괴하기 전에 자극을 인식할 수 있고 똑같은 명료성을 발견할 수 있다면, 자신의 통제력을 상실하게 하는 방식으로 행동하는 것을 방지할 수 있다.

그 사건 이후, 웨스트는 더는 시상식 무대에 충동적으로 올라가지 않는다.

자극이 뇌에 하는 일

전쟁이나 학대 등과 같은 주요 외상적 스트레스 요인을 경험한 사람들을 대상으로 수행되어 온 뇌 연구를 통해서, 자극이 일어날 때 무슨 일이 일어나는지에 대해 더욱더 분명하게 설명할 수 있게 되었다. 무섭거나 소름 끼치게 하는 과거 경험을 생각하는 것은 그들 뇌의 경보기를 강하게 활성화하곤 한다. 특히 그들이 일상생활에서 강한 스트레스 반응을 겪는다면 더 그럴 것이다. 우리는 일상생활에서 그들의 뇌에 정확히 어떤 일이 일어나는지 모르지만—뇌를 한 주 동안 24시간 계속 관찰하는 것은 기술적으로나 윤리적 이유로 가능하지 않기 때문에—사람은 마치 자기가 과거 사건을 처음으로 목격하는 것처럼 극단적으로 괴로운 기억을 재생하고 있을 때를 아는데, 그들의 뇌를 촬영한 영상은 편도체가 매우 강하게 활성화되었음을 보여 준다.

이와 동시에 일상적으로 잘 작동되던 기억 중추와 사고 중추는 저조하게 활성화되는 경향이 있다. 이것은 외상후 스트레스 장애PTSD로 고통을 받지 않는 사람이 자신의 삶에서의 스트레스 기억을 떠올릴 때 일어나는 것과는 반대다. 그들 각각의 편도체는 활성화되지만 그렇게 많이 되지는 않고, 전전두엽(사고 중추)과 해마(기억 중추)도 아주 잘 활성화되는 경향이 있다.

심각할 정도로 우울하거나 불안해하는 사람에 대한 뇌 영상 연구 결과는 이와 비슷한 패턴을 보여 준다. 스트레스를 주는 실험 환경에서 그들의 경보 반응은 강하게 나타나고, 사고 중추와 기억 중추의 수행은 저하된다. 우리는 스트레스를 주는 외상적 경험 때문에 활성화된 경보기를 가지고 있지 않은 사람이 일상생활에서 스트레스를 받을 때 뇌의 활동 패턴이 정확하게 어떤지 알지 못하지만, 앞의 경우가 그 활동 패턴일 가능성이 높다.

우리가 지금 말할 수 있는 것은, 뇌 과학에서 자극이 뇌의 경보기에 강한 반응을 일으킨다는 것을 강력하게 주장하고 있다는 것이다. 만약 사고 중추와 기억 중추가 똑같이 활성화되면, 우리의 경보 반응이 활성화되더라도 통제할 수 없을 정도까지는 이르지 않는다. 자극은 실제로 좋은 선택을 끌어낼 수 있고, 스트레스 증가를 감소시킬 수 있는 사려 깊은 반성적 사고의 과정에 시동을 건다. 스트레스 반응이 자동 반응적 선택과 만성 스트레스를 초래하는 것은 오직 사고 중추와 기억 중추가 충분히 활성화되지 않았을 때다.

자극을 인식하는 방법

데비는 그녀의 남편이 출장을 간다고 할 때마다 미칠 듯이 화가 난다고 말했다. 그녀는 남편을 벽장에 처넣은 후 문을 잠그고 밖으로 나가 버리고 싶다고 느꼈다.

이와 같은 감정의 분출은 경보기가 의식적인 뇌가 보지 않는 것을 보고 있기 때문에 발생한다. 데비의 경보기는 남편이 출장을 가고 나면 자신이 외로워질 것이라는 점을 알고 있었다. 또 아이들을 돌보고 모든 집안일을 혼자서 해야 하므로 온종일 일을 해야 한다는 것도 알고 있었다.

현재 일어난 일이 과거의 어려움이나 외상적 경험을 상기시킬 때, 경보기는 기억 중추로부터 기억을 끄집어낸다. 데비에게는 지금 남편의 출장이 어릴 때 아버지가 출장을 갔을 때 매우 속상해했던 기억을 자극했던 것이다. "나는 가야 해."라는 한마디가 그녀를 세 살로 되돌아가게 해서 아버지가 집 앞 도로를 걸어가는 것을 보게 한 것이다. 그녀는 혹시 아버지가 집에 돌아오지 않을까 봐 걱정하였다. 남편의 출장은 그 기억을 자극했다. 그리고 그녀는 아버지가 돌아오지 않을지도 모른다는 두려움 속에 사는 자신을 발견하게 된다. 마치 모든 것이 처음부터 다시 일어난 것처럼 느끼고 있다.

이것이 정상인가? 당연히 정상이다. 뇌의 경보기는 성장하지 않는다. 우리가 아무리 나이가 들거나 성숙하여도 경보기는 어린아이의 관점을 갖고 있다. 경보기는 또한 과거, 현재 그리고 미래를 구분하지 못한다. 만약 과거에 어떤 것이 문제였거나 혹은 미래에 문제가 될 수 있는 어떤 것이라도, 경보기는 그것을 **지금 현재 겪고 있는** 문제라고 생각하는 것이다.

사람을 자극할 수 있는 것들의 목록을 살펴보자. 그리고 자극을 인식하는 힘을 분명하게 해 주는 간단한 연습을 해 보자. 우리는 다음의 것들에 의해 자극될 수 있다.

- 사람이 하는 특정한 일

- 사람이 말하는 특정한 것
- 장소
- 활동
- 시각, 날짜, 계절 또는 기념일
- 피곤함, 고통 혹은 내장의 반응 등과 같은 신체의 느낌

이러한 여러 가지 항목 중에 어떤 것이 당신을 자극하는 것으로 즉각 떠오르는가?

이제 한 가지 특정 예, 즉 당신이 화가 났던 시각, 당신이 더는 시간을 같이 보내려 하지 않는 어떤 사람, 당신이 싫어하는 장소 중에서 선택하라.

그 예를 마음속에 몇 초간 떠올려 유지하라.

당신은 아드레날린을 느낄 수 있는가? 우리가 자극될 때 경보기는 우리를 보호할 수 있도록 준비하게 하는 것을 느낄 수 있다.

자극을 받는다고 잘못되는 것은 아무것도 없다. 보통 놓치는 것은 **자극 그 자체는 스트레스 반응을 처리하기 위해서 필수적**이라는 사실이다. 대부분의 사람은 자극되었다고 느낄 때, 무엇을 해야 할지를 알고 싶어 한다. 즉각적인 안도감을 바라는 것도 가능하나, 자극에 자동 반응하는 무언가를 **하는 것**에 의해서는 찾을 수 없다.

대신, 안도감과 평온은 우리가 일어나고 있는 것에 대해 분명하게 생각할 수 있을 때 나타난다. 무엇이 자극인가? 그것이 어떻게 우리의 경보기를 작동시킬 수 있는가? 우리가 통제하기 위해서 무엇을 할 필요가 있는가? 분명하게 생각하는 것은 우리가 경보 반응을 시작하게 하는 자극을 다루기 위해서 해야 할 필요가 있다.

자극의 실체는 경보기가 위험하다고 보는 것이다. 자극을 인식하는 기술은 다음과 같다. 자극이 무엇인지 알기 위해서 한 걸음 물러섬으로써 당신은 사고 중추를 개입시켜 경보기의 작동을 낮추기 시작한다. 즉, 당신이 자극을 일찍 알아차리기 시작함으로써 당신의 경보기는 맹목적이 되지 않는다.

만약 데비가 누군가 그녀를 떠나는 것이 자극이었다는 것을 알았다면, 그녀의 남편이 떠났을 때 갑자기 매우 행복해지기까지는 아니어도 "여행에 대해 말해 주세요."와 같이 말할 수 있었을 것이다. 만약 그가 가야만 한다는 것이 분명하다면 그들은 그녀가 남편이 잘 지내는지 알 수 있도록 서로 연락을 취할 방법을 미리 마련할 수 있었을 것이다. 만약 남편이 반드시 갈 필요가 없다면 그때는 남편과 협상을 하여 집에 머물도록 할 수도 있었을 것이다. 어찌 되었건 그녀는 어린아이 이상의 통제감이 필요하다.

우리 대다수는 과잉 반응을 보인다, 그리고 우리는 자극을 받았을 때, 사랑하는 사람에게조차 3일간 말도 걸지 않는다. 우리는 그러한 과잉 행동이 인간관계에서 얼마나 일상적으로 일어나는지 알고 나면 무척 놀랄 것이다.

통제력을 되찾았을 때 우리는 아주 특별한 자극을 인식할 수 있다. 테일러 스위프트는 카녜이 웨스트의 자극이 아니었다. 그것은 백인 여성이 흑인 여성보다 상을 더 많이 받는다는 사실에 의해 상징되는, 음악계에서 지속되어 온 그의 인종주의적 지각 때문이었다. 자극은 보통 개인적 가치나 목표와 관련된다. 자극은 당신의 뇌가 당신이 중요한 일을 하려고 하는데 어떤 것 또는 누군가가 이것을 못하게 당신을 방해한다고 지각하는 것이다.

우리는 자극을 인식하는 것을 학습할 필요가 있다. 경보기는 당신이 화를 내거나 어리석거나 해로운 일을 하는 것을 원하지 않기 때문이다. 그것은 실제로 당신이 그런 미친 짓을 하거나 혹은 그런 기분을 느끼는 것을 피하도록 도와주려 하고 있다. 그러나 그것은 창의적인 해결 방법을 찾는 데 좋지 않다. 그것은 단지 무언가가 잘못되었음을 지적하는 방법, 그리고 그 문제를 해결하기 위해서 기억 중추로부터 찾을 수 있는 첫 번째 기억을 끄집어내는 방법을 알고 있을 뿐이다.

당신이 어렸을 적에 아버지를 그리워했던 때 그랬던 것과 똑같은 해결 방식을 취함으로써 출장을 가는 남편에게 계속 한마디도 걸지 않는 것과 같이, 경보기가 특정한 해결책에 고착되어 버리는 것이 실질적인 경보 반응이다. 문제는 당신이 남편의 출장을 자극으로 인식하고, 경보기에게 아버지로부터 버림받는 느낌의 기억을 활성화하도록 만든다는 것이다. 그러고 나면 장차 당신은 경보기가 기억 중추에서 발견할 수 있는 첫 번째 대안에 즉각 접근할 수가 없을 것이다.

우리는 자기 일상의 기억 중추를 두 가지 분명한 생각으로 채우기를 바란다. 한 가지는 우리에게 가장 중요한 것들이 무엇인지에 관한 생각이고, 다른 한 가지는 그 가장 중요한 것들을 방해하는 것이 무엇인가에 대한 생각이다. 우리가 자극을 확인하는 자신의 힘을 인식할 때, 그리고 우리의 기억 중추가 무엇이 우리를 자극하는지를 알 때, 우리는 어떤 순간에 자신이 진정으로 경험하기를 원하는 것이 무엇인지에 대해 더욱더 분명하게 생각할 수 있다.

다른 사람이 나의 경보기를 켤 수 있는가?

당신이 한 가지 생각에 초점 맞추기를 하는 가장 강력한 방법으로 넘어가기 전에 자극에 관해 마지막으로 중요한 점은 간접적 스트레스의 가장 일반적인 원천 중의 하나가 다른 사람이라는 것이다. 배우자, 어린아이, 부모, 친구, 직장 동료, 낯선 사람, 헬스클럽에서 당신에게 말을 많이 걸어서 당신의 운동을 방해하는 어떤 사람이 될 수도 있다. 그들은 당신의 경보기를 켤 수 있을 뿐만 아니라, 거의 매일 그렇게 할 것이다. 현대를 살아가는 우리 모두는 다른 사람과 얼마나 많이 접촉하느냐에 따라, 또 그들이 우리를 대하는 방식에 따라 상처를 받는 것 같다.

흔히 다른 사람의 경보기가 자극되어 있기 때문에 우리가 자극되기도 한다. 이것은 아이스크림을 먹고 싶은데 부모가 못 먹게 할 때 계속해서 악을 쓰는 어린아이와 같다. 악을 쓰는 아이는 부모가 자신의 경보 반응들 중에서 무엇이 자신을 자극하는지를 생각해 내기 전까지 그들을 자극할 것이다.

일단 당신을 자극하는 것에 대해 지속적인 주의를 기울이면, 그렇지 않을 때와 비교해서 당신은 경보기가 마음과 몸에 미치는 정도의 차이를 안다. 당신은 다른 사람이 스트레스 반응을 하거나 녹초가 되었을 때, 그것은 뇌의 사고 중추를 사용하여 경보기가 안전감과 자신감을 되찾도록 도와주지 않은 결과라는 것을 자각하게 된다. 그리고 당신은 그러한 똑같은 실수를 할 필요는 없다.

예를 들면, 같이 근무하는 것이 정말로 즐거운 동료와 회의를 하러 간다. 그녀와 많은 시간을 함께 보낸다는 생각만으로 기분 좋은 하루가 시작된다. 그러나 오늘 이 시간 그녀는 좀 다르다. 그녀의 행동은 방어적이며, 당신에게 적극적이지 않다. 당신은 평소의 그녀와는 좀 다르다는 것을 알아차릴 것이다. 이것은 가족, 친구 그리고 심지어 낯선 사람에게서 뭔가 잘못된 일이 발생하고 있는 것 같은 종류의 성가신 느낌이다. 우리의 경보기는 상황이 적절하지 않을 때를 알려 준다.

그날 당신은 이미 지쳐 버렸고, 동료의 그런 방어적인 행동이 당신을 자극한다. 만약 당신이 경보가 발령되는 것을 인식하지 못했다면, 집에 갈 때 걸어서 가는 대신 술을 마셨을 것이다. 그리고 당신의 배우자에게 오늘 하루가 어떠했는지를 묻는 대신 모든 사람을 못 본 척했을 것이다. 또 당신이 살고 싶은 삶을 선택하는 대신 그냥 자동 반응을 했을 것이다. 그리고 마침내 당신을 둘러싼 주위의 모든 사람의 경보기를 자극했을 것이다.

그러나 당신이 의도적으로 자극을 인식하면, 경보기가 스트레스 반응의 메시지를 보내게 하는 것이 무엇인지 밝혀낼 수 있을 때까지 그대로 머물러 있도록 해 준다. 그것이 회의를 마치고 난 다음일 수도 있고 회의 도중일 수도 있을 것이다. 만약 당신이 진정으로 경보에 주의를 기울이고 있었다면, 경보를 부정하거나 무시하려고 애쓰지 않았을 것이고, 그것과 한자리에 있을 것이다.

무엇이 당신을 자극했는지 스스로 알아낼 수 있다는 것을 믿기 때문에, 당신은 퇴근길 차 안에서 뉴스를 듣는 대신 학습 뇌가 그 경험을 처리하도록 할 것이다. 술을 마시는 대신에 아내와 산책을 하러 나갈 것이다. 그리고 왜 그런 경험으로 인해 당신이 스트레스를 느끼는지 아내와 이야기를 나눌 것이다. 필요하다면, 당신은 마음이 그 경험을 충분히 처리하도록 며칠을 편하게 기다릴 수도 있다. 그래서 다음부터 그 동료의 행동에 관심을 두고 그녀에 대한 접근 방법을 현명하게 선택할 수 있을 것이다.

당신은 최상의 뇌가 자극을 이해하는 데 도움이 된다는 것을 알 때, 경보가 다시 울릴 때일지라도 무서워하거나 불안해하지는 않을 것이다. 우리의 뇌가 자신에게 가장 중요한 것이 무엇인지를 분명히 알고 있을 때, 우리는 자극을 인식한 다음에 무엇에 초점 두어야 하는지 정확하게 알게 된다. 이것이 다음 3부의 주제다. 우리의 기억 중추를 한 가지 생각에 초점 맞추고 스트레스를 줄이기 위한 가장 강력한 방법으로 채우는 것이다.

제3부

스트레스를 받기 전에 한 가지 생각에 초점 맞추는 세 가지 방법

제9장

정서역량을 강화하라

당신은 사고 중추에 초점을 둠에 따라 점점 편안해지면서, 이제 말 그대로 뇌와 몸에 무엇이 일어나든 통제할 수 있게 된다. FREEDOM 모형에 있는 다음의 세 가지 기법은 새로운 것이 아니라 SOS를 좀 더 심화한 것이다. 줄리언의 연구에서 한 가지 생각에 초점을 맞추는 가장 강력한 방법으로 확인된 세 가지 사고방식이 있다. 당신은 자신이 있는 곳 그리고 자신에게 일어나고 있는 것에 대해 자동 반응을 하기보다는 자신에게 중요한 것에 마음을 집중함으로써 그야말로 자신에게 지침이 되는 정서와 사고를 선택할 수 있다.

초점을 맞추는 능력을 심화시키기 위해, 우리가 SOS를 활용해서 먼저 연습할 것은 자신의 정서다. 느낌이 먼저인지 아니면 생각이 먼저인지 단정적으로 말할 수 없지만, 우리 대부분은 우리가 스트레스를 주는 생각을 인식하기 전에 스트레스에 동반되는 정서와 더 친숙할 것이다. 예를 들면, 당신이 관심이 있거나 좋아하거나 같이 시간을 보내고 싶은 누군가에 대해 화가 났을 때, 화가 난 그 순간에는 사랑을 느끼지 못한다. 우리 대부분에게 위험한 것은, 우리에게는 화나고 당황하고 불안한 순간이 있으며, 그것들이 삶을 통제하도록 내버려 둔다는 것이다. 인간관계에서 우리는 담을 쌓거나 혹은 사람들에게 부정적 정서 경험을 남긴다.

대신에, 우리는 선택에 따라 그 사람에 관해 느끼고 싶은 것에 자신의 초점을 돌리거나 방향을 잡는 힘을 갖고 있다. 우리는 분노를 즐거움이나 따뜻한 느낌의 기억으로 대체할 수 있다. 우리는 당신이 느끼기를 바라는 방식을 선택하는 방법과 당신의 기억 중추의 파일을 기억하고 싶은 정서로 채우는 방법을 보여 주려 한다. 당신이 가지고 있는 개인적 통제를 계속 인식하기 위해서, 우리는 다음으로 FREEDOM에서 첫 번째 'E', 즉 '**정서역량 강화하기**empower your emotion'를 살펴본다.

정서란 무엇인가?

뇌의 경보기에 의해 일어나는 모든 스트레스 반응은 한 무리의 정서를 일으킨다. 정서는 우리의 몸이 우리가 스트레스 반응을 하고 있다는 메시지를 보낸 후에 첫 번째로 우리가 알아차리는 것이다. 긴장되고 땀나는 것 그리고 위에 구멍이 나는 것과 같은 스트레스 반응을 신호해 주는 신체적 느낌은 조기 경보 신호다.

정서는 사고 중추가 몸의 반응을 즉각 요약한 것이다. 우리 대부분은 정서가 몸과 마음 사이의 어떤 알 수 없는 곳에서 생긴다고 생각하지만, 사실 그렇게까지 복잡하지는 않다. 정서는 사고 중추가 몸의 느낌을 생각으로 바꾸어 놓은 것이다. 예를 들면, 당신이 무서워할 때는 그것은 위험이 도사리고 있기 때문이다. 사고 중추는 무엇이 일어나고 있는지, 무엇을 해야 하는지를 알아내기 위해서 그런 느낌을 정보로 활용한다.

자극을 찾기 위해 주변 환경을 살펴본 후, 사고 중추가 다음으로 할 일은 경보기가 신체적 스트레스 반응을 일으킨 이유를 설명하기 위해 심적 '표제headline'를 작성하는 일이다. 경보기는 우리가 미처 인식하기도 전에 종종 반응을 일으킨다는 사실을 기억하라. 경보기는 항상 당신을 보호하고 있다. 다음 목록은 경보기가 지각하는 정서 및 그것이 안전을 지키기 위해 당신에게 원하는 행위다.

- 공포fear: 당신은 위험하다; 망을 보라.
- 불안anxiety: 어떤 것이 잘못될 수 있다; 잠재적 문제점을 검사하라.
- 슬픔sadness: 당신에게 중요한 물건이나 사람이 사라진다(혹은 가 버린다); 새로운 행복을 찾아라.
- 죄책감guilt: 당신은 뭔가 잘못을 했다; 그것을 찾아서 고쳐라.
- 난처함embarrassment: 당신은 자신의(또는 다른 사람의) 기준에 맞지 않다; 좀 더 열심히 일하거나 잘해라.

- 수치심shame: 당신은 기본적인 신념이나 가치를 위반하고 있다; 너 자신에게 진실하라.
- 분노anger: 무엇 또는 누군가가 당신이나 당신이 좋아하는 다른 사람에게 해가 되고 있다; 당신 자신 또는 그들을 보호하라.
- 혐오disgust: 어떤 것이 그야말로, 혹은 비유적으로, 뭔가 역겨운 냄새가 난다; 그것을 제거하라.
- 경악horror: 너무 끔찍해서 도무지 믿어지지 않는 일이 발생한다; 벗어나라.
- 극심한 공포terror: 뭔가 너무 끔찍해서 생존하기 어려운 어떤 것이 일어나고 있다; 도망가라.
- 권태boredom: 흥미로운 일이 일어나지 않는다; 당신이 좋아할 만한 일을 찾아라.
- 좌절frustration: 고쳐야만 할 것이 고쳐지지 않고 있다; 새로운 방법을 찾아라.
- 성가심annoyance: 사소한 것이 큰 문제가 되고 있다; 또 다른 새로운 방법을 찾아라.
- 불안정insecurity: 아무도 당신을 지켜 주지 않는다; 당신에게 중요한 삶을 찾을 수 있도록 돕기 위해 최적의 뇌가 존재한다는 것을 상기하라.

이런 메시지들이 있을 때 당신은 무엇을 하는가? 보통 우리는 그것을 무시하려고 노력한다. 자신이 느끼는 감정을 스스로 설득하여 그만두게 하려고 애쓴다. 우리는 단지 그런 정서를 느끼는 것을 멈추고 싶어 한다. 이것의 공통적 반응은 말 그대로 자동 반응하는 것이다. 그것들은 짧은 순환 고리를 따르고, 정서 뇌의 메시지에 따라 존재한다.

만약 정서가 말하려고 하는 것에 주의를 기울이고, 어떻게 그러한 메시지가 스트레스 요인과 문제들을 다루는 데 도움을 줄 수 있는지를 신중하게 생각한다면, 당신은 정서가 삶을 관장하도록 놔두는 대신 자신의 삶을 책임질 수 있게 될 것이다. 정서역량을 강화한다는 것은 당신이 느끼고 싶은 것의 선택을 의미한다.

어떤 사람이 화가 치밀어 올라오려고 하거나 너무 우울해져 꼼짝하고 싶지도 않을 때, 정서로부터 오는 메시지에 귀 기울이는 것을 과연 기억해 낼 수가 있겠는가? 정서역량을 강화한다는 것은 바로 몸이 당신에게 말하고 있는 것을 알아내기 위해 사고 중추를 사용한다는 의미다.

무기력한 상황에서 역량을 강화하다

어떤 사람이 자신의 집에 가택연금을 당하고 있을 때보다 더 무기력한 느낌을 받을 수 있을까?

우리는 스트레스 반응을 낮추고 분명하게 생각하기 위해서 정서에 주의를 기울이고 초점 맞추는 것과 주의 기울이기에 관해 세 가지 이야기를 하려고 한다. 그 첫 번째는 아웅 산 수 치에 관한 이야기다. 그녀는 고국인 미얀마에서 거의 모든 사람에게 '더 레이디The Lady'로 알려져 있다. 그녀는 체포되어 집에 구속되어 있을 당시 카리스마 있는 정치인으로 떠오르고 있었다. 아버지는 자유를 위해 싸웠고, 어머니는 외교관이었다. 그녀는 옥스퍼드 대학교를 졸업하고 1988년 병석에 있는 어머니를 돌보기 위해 수도인 양곤으로 돌아오기 전까지 영국에서 결혼해 두 명의 자녀를 키웠다.

그녀가 도착했을 때 미얀마는 격변 과정에 있었다. 학생과 사무직 근로자는 독재에 대항하여 들고 일어났다. 그녀는 곧바로 비폭력 저항과 평화 집회를 이끄는 일에 가담했다. 그녀는 "나는 우리 아버지의 딸로서 무슨 일이 일어나는지를 외면하고 무관심하게 있을 수는 없었다."라고 말했다.

군부 쿠데타가 폭동을 진압했고, 정부에서 1990년에 선거를 했을 때 그녀는 민주주의를 위한 전국연맹이라는 당을 창당하는 데 관여했고 당의 사무총장으로 당을 이끌어 의회에서 다수 의석을 확보하는 결과를 얻었다. 군사정부는 그녀가 수상이 될 수도 있는 그 선거의 결과를 인정하지 않았고, 그녀가 일절 밖으로 나올 수 없도록 자택에 연금시켰다. 이후 군사정부는 나라의 평화를 위험하게 한다는 명목으로 21년 중 15년 동안 그녀를 가택연금시켰다.

그녀는 어떻게 그 두려움을 이겨 낼 수 있었을까? 그녀는 그 나라의 다른 많은 사람이 그러했듯이 언제 투옥되어 외부와 소식이 차단될지 아니면 사형을 당할지 전혀 알지 못한 상태로 매일 잠에서 깨어났다. 여러 가지 사정을 고려해 보면, 그녀는 매우 제한된 사람들과 접촉하면서 아주 단조롭고 검소한 생활을 유지했다. 호숫가의 집에서 그녀의 삶은 그냥 흘러가는 것 같았다—그러나 사실은 그렇지 않았다.

1990년 '두려움으로부터의 자유'라는 제목의 연설에서 그녀는 다음과 같이 말했다.

> 두려움이 없다는 것은 선물일지 모른다. 그러나 우리에게 더욱더 소중한 것은 아마 힘든 노력을 통해 얻을 수 있는 용기일 것이다. 용기는 두려워하는 것을 거부하는 습관을 들임으로써 나오며, 한 사람의 행동을 좌우하는 결정적인 영향을 미친다. 용기는 '압박 속에서의 우아함'이라고 말할 수 있으며, 그 우아함은 혹독함과 끊임없는 압박 속에서 거듭 새로워진다.

이 연설은 그녀의 인생역정의 시작을 이야기하고 있다. 그녀는 '용기'에 초점을 두고 있다. 용기는 감정이다. 이것은 우리가 경험할 수도 있고 기억 중추로부터 회상할 수도 있는 정서다. 그녀의 아버지가 자유를 위해 투쟁했을 때, 그녀가 존경하는 인물인 간디나 마틴 루서 킹이 자신의 사람을 위해 자유를 얻기 위하여 비폭력으로 대항했을 때, 그녀는 계속 되풀이해서 용기의 감정으로 되돌아갔었다.

수 치와 같은 상황일 때, 억제할 수 없는 강한 분노가 치밀었을 것이다. 정의롭지 못한 점에 대한 분노, 결국 암으로 세상을 떠난 그녀의 남편과 떨어져 있어야 했던 것에 대한 분노, 자신과 국민을 위해 아무것도 할 수 없는 세상에 대한 분노 등일 것이다. 그래도 그녀는 경보의 감정이 최상의 감정을 방해하도록 내버려 두지는 않았다. 수년간 이따금 보도되었던 사진을 통해서 보면, 그녀의 표정에서는 무너질 수 없는 평정심을 가진 결연한 투지를 읽을 수 있었다. 세월이 흘러감에 따라 얼굴은 나이가 들었지만, 그녀의 평정심은 조금도 흔들리지 않는 것 같았다.

그녀는 그런 평온함과 강한 집중력을 성취하기 위해서 무엇을 생각할 수 있었을까? 그녀는 어떻게 분노와 같은 정서를 수용하면서, 심지어 정서역량을 강화하면서 살아왔을까?

그녀는 피할 수 없는 자신의 경보 반응을 침착한 인내심으로 탈바꿈시킴으로써 자신의 정서역량을 강화했다. 그녀는 아마 공격을 해서 보복하라거나 또는 실패했으니 포기하라는 경보기의 충동과 싸워 왔을 것이다. 그러나 그녀는 끝내 경보기와 사고 중추 사이에 협력적 관계를 끌어내는 성공적인 모습을 보여 주었다. 그녀는 자신의 자유에 대한 욕구를 존중하면서 또한 안전을 지켜야 한다는 경보기의 욕구도 존중했다. 최근의 선거에서 그녀는 미얀마 의회 의원으로 당선되었다.

그러나 당신이 함정에 빠진 것처럼 느끼지 않도록 정서역량을 강화하기 위해 아웅 산 수 치처럼 노벨평화상을 받거나 세상에서 유명해질 필요는 없다. 설명을 위해, 서로 상황이 아주 다른 가난한 어머니와 교외에서 아기를 키우며 사는 어머니의 경우를 들어 보겠다. 경제 여건은 완전히 다르지만 두 여성은 모두 수 치가 넘어야 했던 것과 똑같은 과제인 고립된 상태 때문에 고통을 받고 있다.

조앤은 29세의 싱글맘으로 혼자서 세 자녀를 키우고 있고, 두 가지 일을 하며 침실이 두 개인 아파트의 월세를 내느라고 하루하루 힘들게 살고 있다. 케리는 35세로 두 명의 자녀가 있으며 그 아이들을 키우기 위해 금융 회사의 간부직을 그만두었다.

조앤은 아이들을 돌보면서 간호조무사나 청소부로 일하였다. 그녀는 자신을 위한 시간을 가지거나 자신이 무엇을 원하는지 초점을 맞출 기회도 전혀 가지지 못했다. 그녀가 다른 사람을 돌보지 않은 유일한 시간이라고는 교회 성가대에서 찬양하는 동안에 다른 나이 든 여자들이 그녀의 아이를 돌봐 줄 때뿐이었다.

케리의 남편은 성공한 간부다. 그러나 출장이 잦아 일주일 중 집에 있는 날이 많지 않았다. 그들은 침실 5개가 있는 주택에 살고 있으나 이웃과 교류는 없었다. 잠시 자신의 시간을 내기 위해서는 아이 돌보는 사람을 불러야 했다. 그녀는 아이들 때문에 샤워나 목욕도 편안하게 할 수 없었다. 그녀는 운동하는 동안 탁아소에 아이들을 맡길 때 외에는 조금도 다른 사람들과 같이 시간을 보낼 수가 없었다.

이 두 여성의 이야기는 공통적이다. 그들이 우리를 찾아왔을 때, 똑같이 외로움과 좌절감을 호소했다. 그들은 자기 자녀에게 화를 내는 것을 원하지 않았지만, 둘 다 아이들에게 소리지르기 시작했었다. 둘 다 자녀가 자신의 삶을 빼앗아 갔다고 느꼈다.

우리는 조앤과 케리에게 SOS를 가르친 다음, 아이들과 유대감을 느꼈던 순간에 관해 생각해 보라고 요청했다. 조앤은 큰아이가 철자법 대회에 나갔을 때 관해 말하였고, 케리는 잠자기 전에 아이들에게 이야기책을 읽어 줄 때 편안함을 느낀다고 말했다. 두 경우 모두, 유대감을 회상하고 나서 개인의 통제 수준과 스트레스를 자체 검사해 보라고 요청하였을 때 그들은 마음이 편안해짐을 느꼈고, 또 아이들이 얼마나 소중한지를 분명하게 생각할 수 있다는 것을 알았다.

경보가 일으키는 정서에 주의를 기울이는 것에 더하여, 그들이 자신의 삶과 아이들에 관해 느끼기 원하는 정서에 초점을 두는

SOS를 계속해서 연습한다고 해서 그들의 실제 삶의 상황이 기적적으로 바뀌지는 않았다. 조앤은 여전히 돈 걱정을 하고, 케리는 여전히 혼자서 아이들을 양육해야 하는 어려움을 겪고 있었다. 그러나 두 사람은 모두 감정에 압도되는 것을 느낄 때면 그다음에 자신이 무엇을 해야 하는지 선택할 수 있는 능력을 발견하였다. 이것은 전투에서 돌아온 현역 군인과 여군, 교도소에 있는 죄수, 단순히 바쁜 일상생활에 지친 어른과 아동을 대상으로 한 우리의 연구에서 공통으로 나타나는 사실이다.

아웅 산 수 치와 이 두 명의 어머니에게 무슨 일이 일어났는가? 무엇이 서로 다른 상황에서 비슷한 정서적 정취를 갖게 하였을까? 그들은 부정적 정서를 자신의 삶에 중요한 느낌을 주는 또 다른 정서를 불러일으키도록 상기시키는 목적으로 사용했다. 경보기의 정서만이 아닌 그들이 가진 모든 범위의 정서를 상기하는 것은 그들에게 정서 생활이 얼마나 풍부한지에 대한 새로운 기억들을 만들어 내었다. 그다음으로 그들은 어떤 정서에 초점을 둘지를 선택했다.

정서와 뇌

정서는 우리 마음의 계기판에서 색깔이 있는 불빛과 아이콘이다. 정서는 어떤 것에 주의를 기울이라고 몸에서 오는 메시지이며, 우리에게 어떤 행동을 하게 하는 요청이자 권고다. 정서가 취하는 정확한 형태는 경보기가 그 메시지를 어떻게 전달하느냐에 따라 결정된다.

반응적 정서는 뭔가 잘못되어 가고 있으며, 고치거나 보다 안전하게 만들 필요가 있다는 것을 알려 주는, 뇌의 경보기로부터 오는 메시지다. 앞에서 언급했듯이 이것은 부정적 정서를 제거하려고 하거나 그 자리에 어떤 긍정적인 정서를 집어넣기 위해 작동하는 것이 아니다. 메시지가 무시되거나 차단될 경우 열 받은 경보기는 훨씬 더 부정적인 정서를 내보낼 것이다. 사실, 우리는 문제가 있을 때 사고 중추가 주의를 기울일 수 있도록 그러한 경보기가 주도하는 느낌에 주목하기를 원한다. 그 느낌들이 고통스러운 이유는 우리의 현재 상황이 실제로 무언가 문제가 있고, 경보기는 우리가 그것을 인식하여 무언가 조처를 해 주도록 요구하기 때문이다. 하지만 그렇다고 그러한 반응적 정서가 우리의 전반적인 생활을 통제하게 해야 한다는 것을 의미하지는 않는다.

최상의 정서는 경보기의 반응적 메시지와 함께 우리가 가장 중요한 것에 초점을 둘 때 느끼는 정서들이다. 그것은 즐거움, 평화, 만족과 같은 정서인데, 이것은 사고 중추와 경보기가 공동 작업한 결과물이다. 그러나 사고 중추는 그 위협(실제적이건 가상적이건)을 실제로 다루어 보지도 않고 경보기에 일방적으로 최상의 정서를 받아들이라고 강요할 수는 없다. 경보기가 활성화되면 긍정적 느낌을 떠올려 즐기기보다 고통의 신호를 더욱 증가시킬 것이다.

그러나 뇌가 최상으로 작동될 때는, 우리는 먼저 자신의 사고 중추가 경보기의 정서에 주의를 기울이고 있다는 것을 상기한다. 그 다음엔 우리가 경험하기 원하는 것을 반영하는 정서(더욱 높은 가치나 목표에 뿌리를 둔 감정)를 추가한다. 이런 조합은 경보를 낮추고 자동 반응적 감정을 더 넓은 관점에서 보게 한다.

우리는 한가할 때 자신이 느끼고 싶어 하는 것이 무엇인지에 대해 생각할 수 있다. 우리의 일상적이거나 오래된 기억들이 삶 속에서 최고의 감정으로 여겨질 수 있다. 우리는 자신에게 가장 중요한 경험을 함으로써 그 순간에 최상의 감정을 경험할 수 있고, 자신의 삶이 최상이었던 순간들을 기억해 낼 수도 있다. 너무나 많은 사람이 이러한 능력을 활용하지 못하는데, 그 이유는 그런 능력을 갖추고 살기보다는 자동 반응하는 삶을 살기 때문이다.

당신은 정서에 주의를 기울일 때 삶의 어떤 부분에 준비가 필요한지를 알아차림으로써 자신의 역량을 강화한다. 이것은 당신의 사고 중추를 활성화하여 무엇이 일어나고 있는지 재빠르게 이해하도록 해 준다. 스트레스 반응이 시작되려고 하거나 막 시작될 때 정서를 자각하면, 이것은 당신의 사고 중추의 역량을 강화하여 여기에 대응하여 무엇을 할 것인지 계획을 세우도록 한다. 정서는 당신을 과잉 행동하게 하지 않는다. 정서는 경보기에 의한 과잉 행동을 **방지한다**. 정서는 우리가 주의를 기울일 필요가 있다는 것을 인식하게 해 주는 모닝콜의 역할을 한다. 우리가 그런 정서에 주의를 기울이기만 하면, 우리를 자극하는 어떤 상황이나 또 불가피한 경보기의 감정이 가장 깊은 곳에서 우러나는 최상의 정서를 압도하지 않도록 보호해 준다.

메시지를 축소하지 마라

피터는 한밤중에 공황 발작을 하기 시작했을 때, 아무한테도 말하지 않았다. 성공한 자영업자인 그는 잠자기 전에

늘 아이스크림 몇 조각을 먹는 것을 좋아했다. 그는 가전제품 가게를 운영하거나 출장 수리를 다니느라고 주 60시간, 어떤 때는 70시간씩 일했기 때문에 운동을 충분히 하지도 못했고, 식사는 짬을 내서 때우곤 했다. 그러나 발작은 점점 악화되기 시작했다.

어느 날 그가 긴 하루의 일과를 마치고 고속도로를 달리고 있을 때 발작이 갑자기 찾아왔다. 가슴이 터질 것 같았고, 그는 가까스로 도로의 가장자리에 차를 세울 수 있었다. 그가 우리를 찾아왔을 때 의사는 그에게 생활양식을 바꾸어야 한다고 하였다. 그는 일을 줄이고 운동을 하기 시작했다. 그러나 약을 먹는 것은 원치 않았고, 아직도 여전히 한밤중에 잠에서 깨곤 했다.

무엇이 일어나고 있는지와 우리가 다룰 필요가 있는 자극 사건이나 상황을 다룰 때 필요한 것이 무엇인지에 관한 단서를 줄 수 있는 바로 그 정서가 큰 문제가 될 수 있다. 우리가 자신의 정서를 무시하거나 차단할 때, 그것들은 공격, 도망 혹은 얼어붙기와 같은 다양한 붕괴로 확대될 수 있다. 그러나 사실 이것은 정서의 잘못이 아니다. 정서가 통제 밖에 있는 것처럼 보일 때는, **뇌의 경보기에 의해 납치**되었기 때문이다. 경보기가 사고 중추로부터 그 상황이나 문제가 다루어지고 있다는 보장을 받지 못할 때, 정서는 경보기가 우리를 인질로 잡는 데 이용될 수도 있다.

피터의 경우, 그의 사업이 커 감에 따라 현재의 속도를 유지할 수 없으면 어쩌나 하고 걱정하기 시작했다. 그는 결코 다른 사람에게 도움을 요청하지 않는 가정에서 자랐다. 그래서 그는 종업원에게 더 많은 것을 요청하지 않고 꼭 그들이 해야 할 것만 하게 해 왔다. 그가 점점 성공하게 되면서 새 집과 새 차를 샀을 때, 자신의 생활

양식을 유지할 수 없게 될까 봐 걱정하였다. 그는 수년간 불안했으나 그가 한 노력이라고는 일을 더 열심히 하여 걱정을 머릿속에서 지워 버리는 것이었다.

익숙하게 들리는가? 이것은 상식적인 접근을 하거나, 우리가 뇌의 경보기에서 보내는 메시지를 무시하고 축소하려고 노력할 때 저지르는 잘못이다. 그럴수록 경보기는 오로지 요구 수준을 더 높이고 더 많은 양의 주의를 기울여 주기를 원한다는 사실을 기억하라. 자극처럼, 우리가 경보기의 경고 신호를 진지하게 받아들이지 않는다면 정서도 경보기에 의해서 우리를 심각한 위기나 재앙 속으로 말려 들어가게 할 수 있다.

반면에, 사고 중추가 경보기에 의해 만들어진 정서를 존중하면서 반응을 할 때 경보기는 스트레스 화학물질의 양을 낮춘다. 이것은 우리를 불안하게 만들어 붕괴에 이르게 하기보다는 평화스럽다고 느끼게 한다. 피터는 자신의 사업과 고객을 대하는 일을 아주 중요하게 생각했다. 그러나 열심히 일하는 순간에도 여전히 앞날에 대한 걱정을 했다. 그는 몸에서 불안이 일어나는 것을 느끼기 시작할 때, 행복한 고객의 감정을 회상하는 것을 배웠다. 그가 잠을 잘 수 없을 때 그런 감정을 상기하는 것이 경보기를 낮추는 데 도움이 되었다.

그러나 외부 상황이 여전히 스트레스를 많이 주고 문제가 해결되지 않은 상태로 있다고 할지라도 경보기는 우리가 사고 중추를 사용하여 느끼고 싶은 기억을 꺼낼 때 조용해지고 협조를 한다. 그런 다음 뇌의 메시지는 정서가 전달하는 것을 **느낄** 기회가 될 뿐만 아니라 뇌의 사고 중추를 활용하여 그것을 이해할 기회도 된다. 우리의 사고 중추는 정서가 의미하는 것이 무엇인지 알아낼 수 있다. 그럴 때 우리는 정서가 만들어 내는 극도로 분명한 메시지를 활용해서 우리의 삶을 바꾸는 데 필요한 것이 무엇인지 파악할 수 있다. 그렇게 함으로써, 분명한 사고는 우리가 다시 평온해지고 자신감을 가질 수 있도록 도와준다.

창의성의 고통과 큰 기쁨

『보바리 부인Madame Bovary』과 『미친 자의 기억Memoirs of a Madman』의 작가 귀스타브 플로베르Gustave Flaubert가 한번은 그의 친구에게 보낸 편지에서, "적합한 한 단어를 찾아내려고 온종일 머리를 쥐어짜며 앉아 있는 일이 얼마나 끔찍한지 너는 모를 거야."라고 몹시 불평했다.

이것은 작가가 글을 쓸 내용이나 아이디어가 떠오르지 않는 소위 '글 막힘writer's block' 현상이다. 이것은 창의력에는 독약이며, 경보기를 자각하지 못하는 예술가에게는 피할 수 없는 현실이다. 콜리지, 톨스토이, 울프, 포크너처럼 남자나 여자나, 젊거나 나이가 들었거나 우리는 모두 창작하는 것을 가로막는 마비를 경험할 수 있다. 이것은 화가, 디자이너, 연기자 심지어 운동선수와 같은 우뇌를 활용하는 모든 창작자들에게 발생한다. 우리가 자신의 정서역량을 강화하는 방법을 알지 못하면, 창의성을 가로막는 극심한 두려움과 괴로움이 없는 최상의 뇌의 우아한 힘을 결코 경험할 수 없게 된다.

어니스트 헤밍웨이Ernest Hemingway는 제1차 세계대전 기간에는 구급

차를 운전했고, 소몰이도 했고, 아프리카에서 야생동물 사냥도 했다. 그런 그가 이 세상에서 가장 무서운 것이 무엇이냐는 질문을 받고 '백지'라고 말했다. 글 막힘이나 어떤 다른 생각의 막힘은 불안에서 나온다. 이것은 전에 했던 것을 해 낼 수 있을까 하는 자기 의심이다. 예술가는 창의적 사고가 얼어붙는 순간 감당할 수 없는 마비를 느낀다. 그러나 실제로 경보기는 우리가 상처받는 것을 원하지 않는다. 이전에 글을 잘 써 왔던 헤밍웨이의 경우, 경보기는 그가 앞으로 빈약한 글을 쓰는 것을 원치 않고 있다.

헤밍웨이는 이러한 글 막힘을 극복한 과정을 『파리는 날마다 축제A Moveable Feast』에서 기술하고 있다.

> 새로운 소설을 시작하면서 계속해서 글을 써 나갈 수 없을 때, 나는 불 앞에 앉아 작은 오렌지의 껍질을 벗겨 즙을 내어 화염의 가장자리로 그 즙을 쏘아 푸른 화염이 터지는 것을 바라보곤 했다. 나는 일어서서 멀리 파리 풍의 지붕을 바라보며 '걱정 마라. 너는 전부터 항상 써 왔고, 지금도 쓸 것이다. 너는 단지 진실한 딱 한 문장만 쓰면 된다. 네가 알고 있는 가장 진실한 문장을 써라.'라고 생각한다. 그래서 결국 나는 진실한 한 문장을 쓰고, 그런 다음 거기에서 빠져나온다.

그의 첫 문장 '걱정 마라.'를 주목해 보라. 그것은 절대적으로 대부분의 사람에게 불안을 더 증가시킬 것이다. 경보기는 이미 걱정하고 있고, 백지 앞에서 글쓰는 것이 목적임을 알기 때문에 오로지 고통스러운 정서가 몸을 채울 것이다. 그러나 그가 했던 다른 말은, 그가 노벨상을 받게 했던 현명한 충고 같은 것이다.

'너는 전부터 항상 써 왔다.' '진실한 딱 한 문장만 쓰면 된다.' '네가 알고 있는 가장 진실한 문장을 써라.' 그는 잘 쓰는 느낌을 회상하였다. 그것은 정말로 그가 생각하는 것을 종이 위에 담아 낼 것 같은 느낌의 정서였다. 그것은 정확하게 우리가 창의적이 되려고 애를 쓰고 창의성을 끄집어내려고 발버둥쳤을 때 나타나는 정서적 홍수를 이겨 낼 수 있도록 경보기가 우리에게 허용해 줄 필요가 있는 것이다.

물론 그는 글 막힘을 피하는 방법을 알고 있었다. 이와 관련해 『에스콰이어Esquire』에서 그가 쓴 글의 일부를 보면 다음과 같다.

> 최고의 방법은 항상 당신이 잘 나갈 때, 그리고 다음에 무슨 일이 일어날지 알 때 멈추는 것이다. 매일 이렇게 하면 …… 당신이 꼼짝하지 못하는 경우는 절대 일어나지 않을 것이다. 잘 나가는 동안에 항상 멈춰라. 그리고 내일 다시 쓰기 시작할 때까지 그것에 대해 생각하거나 걱정하지 마라. 그렇게 하면 당신의 무의식은 내내 활동하고 있을 것이다. 그러나 당신이 그것에 대해 의식적으로 생각하거나 걱정하면 망치게 되고, 당신의 뇌는 새로 시작하기도 전에 지쳐 버릴 것이다.

이 충고가 매우 순수한 이유는 바로 초점을 맞추고 싶어 하는 감정을 선택하고 있다는 것이다. 그가 좋은 느낌이 들었을 때와 다음에 무엇을 쓸지 알고 있었을 때, 다시 잘 쓸 수 있다는 자신감을 가졌다.

우리는 쓰거나 그리거나 디자인할 중요한 것을 가지고 있으므로 학습 뇌는 다음 날 계속해서 작업할 준비가 되어 있다는 느낌을 잊지 않을 것이다. 우리가 하는 어려운 것들이 왜 할 만한 가치가 있는 것인지 알 때, 우리의 느낌을 선택하는 능력은 영구적인 정서의 패턴이 된다. 삶의 의미와 가치를 가져다줄 정서를 선택하고 주의를 기울일 때, 아무것도 당신의 창의력을 가로막을 수 없다.

그러나 당신이 창작한 것을 사람들이 좋아하지 않으면 어쩔 것인가? 그것은 당신의 정서를 강화할 또 다른 기회다.

정서역량 강화 연습

정서는 옳지도 틀리지도 않지만, 우리는 자주 그것을 마치 좋거나 나쁜 것처럼 취급한다. 그것이 즐거움이나 고통을 일으키기 때문에 우리는 정서를 판단한다. 정서는 경보기에서 나오는 본능적인 것이거나 학습 뇌에서 나오는 인지적인 것 중 하나다.

몸의 경보기 작동으로 발생한 상황에서 우리 몸이 자동 반응한다고 해서 반드시 계속해서 똑같은 방식으로 느껴야 할 필요는 없다. 만약 당신이 어둠 속에 귀신이 있다고 믿으면서 어둠에 대한 두려움을 가지고 성장했다고 하더라도, 어른이 되어서도 어둠을 똑같은 공포로 인지하지 않는다.

스트레스 반응을 가지고 있을 때와 그냥 기억 중추에 저장된 풍부한 자원을 즐기기를 원할 때 두 가지 모두, 당신이 어떻게 하면 정서역량을 강화할 수 있는지 보여 주기 위해 다시 SOS로 돌아가자. 매 순간 당신의 사고 중추를 활용하여 초점을 맞춤으로써 기억 중추에 도달할 수 있고, 거기서 지금 이 순간에 당신이 경험하려는 가장 중요한 정서를 찾을 수 있다.

자, 같이 한번 해 보자.

한 걸음 물러서라. 마음을 깨끗이 비워라. 지금 당신이 보는 것에, 들리는 것에, 몸 안에서 느껴지는 것이나 당신 주위의 것들에 대해 자각해 보라.

이제 경보기와 사고 중추, 기억 중추 간의 통로가 열리고, 당신은 분명하게 생각할 수 있다. 우리와 함께 간단한 마음의 여행을 떠나 보자.

지금까지 가장 좋았던 휴가는 언제인가? 혹은 정말 조용히 쉴 수 있는 곳은 어디인가? 그곳은 집일 수도 있고 세상 여러 곳일 수도 있다. 그 장소 혹은 경험을 특별하게 만들어 주었던 사람이 있는가? 잠시 책을 덮고 기억 중추에 저장된 영화나 이미지를 떠올려 보라.

즐거운 기억을 즐기면서 다른 한 가지에 더 주목을 해 보라. 무엇이 당신이 느끼고 있는 최상의 정서인가? 이러한 경험이나 장소에 관해 좋은 것을 모두 담고 있는 정서는 무엇인가? 어떤 정서가 그 장소와 같이 있었던 사람의 의미를 요약해 주는가? 옳거나 틀린 답이 있을 수는 없으나 초점을 맞추는 정서는 당신이 가장 좋을 때 어떻게 느끼는지를 나타내게 될 것이다.

여기 몇 가지 예를 들어 보겠다.

- 평온
- 기쁨

- 평화
- 행복
- 만족
- 자부심
- 사랑
- 희망
- 성취감
- 열정
- 고요함
- 편안함
- 흥미
- 안전감

10은 당신이 경험한 스트레스 중에 가장 높은 것이고 1은 지금까지 중 스트레스가 가장 낮거나 최상의 느낌을 나타내는 1에서 10까지의 척도에서, 당신의 스트레스는 어느 정도인가? SOS를 한다고 해서 당신의 스트레스 수준은 항상 1이나 2로 떨어지지는 않을 것이다. 그러나 당신이 최상의 정서에 초점 맞추면, 이것이 자신의 생기를 되찾게 해 준다는 것을 종종 알게 될 것이다. 당신은 자신의 몸에서 스트레스가 즐거운 수준으로 떨어지는 것을 느낄 것이다. 삶이 여전히 스트레스에 차 있더라도 사고 중추는 초점을 맞추고 있다. 당신의 스트레스 수준이 변하든 그렇지 않든지 간에, 최상의 정서를 자각하게 되면 개인적 통제 수준이 증가하는 것을 발견할 것이다.

햇살이 가득한 바닷가에서 행복감과 평화로움을 느끼면서 앉아 있을 수도 있고, 미키와 미니를 가지고 놀고 있는 아이들을 바라보고 있는 즐거움, 혹은 낚시터에서 아버지나 어머니와 같이 낚시를 하거나 요리를 하면서 아주 조용하게 휴식을 취하고 있으면, 당신은 바로 정서역량을 강화하는 경험을 하는 것이다. 거기에서 잠깐만 멈추어 보라. 당신은 바로 느끼고 싶었던 것을 선택하였다.

10점은 당신의 삶에서 가장 높은 통제를 경험하는 것이고 1은 통제를 상실하여 완전히 혼란한 상태를 나타내는 1에서 10까지의 척도에서, 당신의 개인적 통제는 몇 점인가?

당신의 감정은 항상 자동 반응적이어야 할 필요는 없다. 당신이 어떻게 느끼는가는 반드시 당신을 둘러싸고 있는 자극이나 뇌의 경보기에 미리 자리 잡고 있는 공포나 걱정 때문에 좌우될 필요는 없다. 당신이 부정적인 정서를 알아차렸을 때는, 초점 맞추기 위해 상기시켜 주는 단서로 그 감정을 강화할 수 있다. 느끼고 싶은 것에 초점을 맞출 때, 현재 경보를 낮춰 줄 수 있는 과거 정서기억을 강화한다.

만약 그렇게 할 수 없더라도 당신에게 뭔가 잘못된 것은 아무것도 없다. 가장 좋아하는 휴가를 마음속에 떠올려 보는 것은, 당신에게 이런 형태의 한 가지 생각에 초점 맞추기를 소개하기 위해 적절한 영상이 아니었을 것이다. 지금 이 순간에, 당신이 경험하고 싶은 정서를 느끼게 하는 기억에 초점을 맞추면서 SOS를 하라. 그것은 반드시 깊거나 복잡할 필요는 없다. 당신은 좋아하는 음식을 먹으면서 또는 가장 좋아하는 사람 옆에 앉아서 행복함을 느낄 수도 있고, 봄날 자동차 창문을 내리고 유쾌한 기분으로 운전하는 장면을 상상해 볼 수도 있다. 우리는 기억으로부터 감정을 끌어낼 수 있으며, 또 모든 사람이 이러한 기법을 배울 수 있다는 것을 분명히 알고 있다.

그러나 연습해야 한다. 경보기는 당신이 분명히 생각하고 있다는 것을 알 때까지 당신의 삶을 지배하려고 한다. 그리고 스트레스 정서를 유발하는 경험에 대해 당신이 SOS를 하면, 그 정서는 강화되고 당신도 그렇게 된다. 자, 이제 당신은 과거에 잘 해냈던 대화에 대해 SOS를 했었기 때문에, 평온함을 느끼면서 갈등적인 대화를 할 준비가 된다. 이제 과거의 성공으로부터 자신감을 끌어올려 발표와 같은 도전들을 할 수 있게 된다. 경험하기를 원하는 정서로 방향을 잡는 연습을 하면, 당신은 매일 아침에 자신이 느끼기 원하는 방식을 선택한다는 것을 자각하면서 잠에서 깨어날 수 있게 된다.

전과 후

당신이 사랑하거나 믿거나 좋아하는 사람이 당신에게 고함을 친다. 당신은 어떻게 느끼는가?

이 짧은 문장이 당신이 최근에 경험한 경보 반응이나 부모나 형제 또는 사랑했던 사람과의 속상했던 기억을 자극했을 것이다. 그 감정의 기억은 금세 떠올랐을 것이다. 그것은 얼굴이나 이름 혹은 경험과 연관이 있을 것이다.

기억은 당신을 안전하게 지키려고 있는 것이다.

그러나 그것이 당신이 지금 느끼는 것을 지배할 필요는 없는 것이다. 다른 사람이 당신에게 고함치게 된 이유가 무엇이든—그것이 의도적이든 아니든 혹은 당신이 했던 어떤 것이거나 혹은 다른 사람의 경보기를 활동하게 하여 그들이 고함치게 했던 우연적 상황이든—간에, 기억은 그런 경험을 또다시 하지 않도록 한다.

그러나 그들이 당신에게 고함칠 때 당신이 느꼈던 것이 분노나 고통이라면, 그것은 당신이 그 사람에 대해 저장하고 있는 유일한 기억은 아니다. 그들이 당신에게 고함치기 전에 당신은 그를 좋아했었다. 그러한 감정이 우리가 동료나 우리를 도와주는 사람들에 느끼는 감사와 같은 것 혹은 친구나 가족과 같은 사람에게 가지는 더욱 깊은 애정이든 간에, 우리의 기억 중추는 우리가 고함치기를 기억할 때 느끼는 두려움이나 슬픔 말고도 우리가 접근할 수 있는 다른 정보를 가지고 있다. 고함치기 전까지 그 사람이 존경하는 상사였다면, 경보기의 정서가 약해질 때 다시 존경하는 것으로 그리고 그 관계가 이전에 가졌던 가치를 반영하는 감정으로 되돌아간다.

당신은 자신에게 고함친 사람을 잊지는 않는다. 그러나 먼저 그 사람을 가치 있게 하는 감사와 존중의 정서를 회상한다면, 당신이 초점을 맞추고 싶어 하는 감정을 **선택할 수 있다**. 이렇게 하는 것은 당신이 경험하는 경보기의 정서를 지우거나 상쇄하지 않고, 단지 장차 그 사람을 어떻게 대할 것인가에 대한 결정에 따라 나타날 수 있는 전체적인 정서의 범위를 제공해 줄 뿐이다.

우리 대부분은 어떤 사람에 대해 느끼는 최상의 정서로 되돌아가는 방향을 선택하지 못하는데, 그 이유는 우리가 그러한 능력을 갖추고 있다는 것을 깨닫지 못하기 때문이다. 그래서 우리는 경보기가 승리하도록 놔두게 된다. 하지만 당신의 정서는 풀 수 없는 수

수께끼 같은 것이 아니다. 우리는 자신의 경보기가 자극하는 사람에 대해 반응을 해야 한다. 또한 우리는 자신에게 고함친 사람을 생각하거나 혹은 같이 시간을 보낼 때, 우리가 원하는 최상의 정서를 회상함으로써 경보 반응을 조절할 수 있다.

그러나 우리가 외상을 경험할 때는 정서역량을 강화하는 것이 좀 더 복잡해진다. 외상은 끔찍한 사건에 대한 정서적 반응이다. 학대, 전쟁, 빈곤 등과 같은 최악의 외상은 평생을 괴롭힐 수 있는 지워지지 않는 기억을 남긴다.

외상에 관해 매우 흥미로운 것은 한 사람에게 외상을 초래하는 원인이 다른 사람에게는 그렇지 않다는 것이다. 어떤 사람에게는 끔찍한 교통사고가 뇌리에서 지워지지 않겠지만, 박살이 난 자동차에 있던 또 다른 사람은 단지 살았다는 안도감으로 감사를 느끼며 살아가면서 그 사건을 거의 생각하지 않을 수도 있다.

외상을 경험한 사람은 외상과 연합된 정서의 홍수를 즉시 극복할 수 없다. 연구 결과에 따르면, 외상을 겪은 이후에라도 이전의 안전하고 통제를 가지고 있던 때에 가지고 있던 감정은 사고 중추에 의해 정서로서 접속할 수 있다. 최상의 정서는 당신이 그것을 찾는 법을 알고 있다면 경보기가 자극되었을 때도 접근할 수 있다. 그것이 SOS의 힘인데, 이 경우 지금 이 순간 당신이 느껴야 할 가장 중요한 정서에 초점 맞추도록 해 준다.

정서역량을 강화하는 비결은 고통스러운 정서가 당신의 안전을 지키기 위해 존재한다는 것을 잊지 않는 것이다. 물론 그것이 행복한 느낌은 아니더라도, 결정적인 두 종류의 메시지를 담고 있다. 하나는 경계를 하고 안전을 지키라는 경보기의 요구이고, 또 다른 하나는 당신에게 문제가 되는 삶의 느낌과 다시 소통을 해 보라는 경보기의 제안이다. 당신이 정서역량을 강화하는 법을 알기만 하면, 믿을 수 없을 만큼의 개인적 통제감을 느낄 수 있다. 그리고 이것이 오직 한 가지 생각에 초점 맞추기를 하는 세 가지 방법 중 첫 번째 것이다.

제10장
핵심가치를 발휘하라

SOS 연습 경험을 좀 더 깊게 하기 위해 공들여야 할 두 번째 영역은 '가치'다. 우리 모두는 다른 사고들보다 훨씬 더 유용한 사고가 있다는 것을 알고 있다. 예를 들어, '나는 완전히 실패했고, 나의 삶은 재앙이다.'라고 생각하는 것과 '지금 나는 적당히 일하는 것을 벗어나게 하는 두려운 도전을 하고 있다.'라고 생각하는 것 중 선택해야 한다면 어느 것을 선택할 것인가? 그 상황을 바라보고 있는 동안 두 번째 생각은 분명히 첫 번째 생각과는 근본적으로 다른 방법으로 뇌에 집중하고 있다.

우리가 믿고 있는 것을 진실이라고 결정하기 위해서 생각을 표현하는 방식들 사이의 선택은 '인지행동치료'라고 하는 널리 이용되고 있는 심리치료 방법에서 영감을 얻었다. 우울이나 불안과 같은 심각한 심리적 장애는 사람의 마음을 부정적 생각의 감옥으로 만들어 버릴 수 있다. 수많은 사람이 인지행동치료를 통해 자신이 무엇을 생각할 것인지 선택할 힘을 가지고 있다는 사실을 알게 되면서 치료가 되었다.

우리에게 도움 주는 말과 스트레스를 악화시키는 좋지 않은 생각의 차이를 아는 것과, 실제 스트레스를 받고 있을 때 도움이 되는 생각을 찾아서 유지하는 것은 별개다. 어떤 순간에 삶의 경험을 통해 또는 존경하는 사람을 통해, 혹은 인지행동치료와 같은 기법들을 통해 당신이 알고 있는 모든 것이 보잘것없게 보일 수도 있다.

그러나 당신은 이제 스트레스 반응이 당신을 돕지 않는 판단의 올가미에 빠뜨리려고 할 때 실제로 일어나고 있는 것을 안다. 효과적으로 생각하기 위한 당신의 모든 기술은 아직 손상되지 않고 온전하다. 당신이 속상한 일을 극복하기 위해 도움 되는 생각에 초점 맞추는 것에 관해 배워 온 모든 것은 여전히 유용하다. 우리 뇌의 경보기는 높은 스트레스 메시지를 우리 몸의 모든 부분에 보내고 있고, 사고 중추는 경보기가 스스로 경보를 낮추도록 도와줄 필요가 있다.

수많은 생각이 통제에서 벗어나 마음속을 마구 휘젓는 대신에, 당신의 뇌는 당신이 가장 평온하고 도움이 되는 것으로 여기는 것에 초점을 맞추는 것을 선택할 수 있다. 이것은 마법의 공식이나 정신적인 속임수 같은 것이 아니다. 경보기 사고는 우리의 마음에서 항상 같은 방식으로 작동하는 것은 아니다. 경보기의 사고는 오직 사고 중추가 그들에게 주의를 기울여 주지 않을 때만 역할을 한다. 당신은 사고 중추가 경보기의 사고를 무시하거나 회피하는 대신 **경보기의 사고에 주의를 기울일 수 있도록** 관리할 수 있다.

그러나 어떠한가? 경보 반응이 명료하게 생각하는 것을 거의 불가능하게 만들 때, 우리의 사고 중추가 정상적으로 작동하게 하는 데 필요한 것이 무엇이라고 생각하는가? FREEDOM에서 두 번째 'E'는 당신의 **핵심가치 발휘하기**exercise your core values다.

핵심가치란 무엇인가?

가치란 어떤 것의 중요성이나 값어치에 대한 신념이다. 핵심가치란 우리가 가장 중요하다고 믿는 것이다. 우리의 삶에서 어떤 생각은 삶 전체를 지배하기도 한다. 우리가 재활용하는 것은 깨끗한 환경에서 살고 싶어하기 때문이고, 운동을 하는 것은 건강한 몸이 중요하다고 믿기 때문이며, 자녀의 행복을 위해 개인적인 욕구를 희생하는 것은 그것이 더욱 가치가 있기 때문이다. 매 순간 우리는 가치에 따라 선택을 한다. 그러나 문제는 우리 대부분이 그러한 것을 의식적으로 알아차리지 못한다는 것이다. 우리는 자신을 둘러싸고 있는 주변에 대해 그저 반응하거나, 경보기와 보상 중추에서 나오는 정서 뇌의 지시에 따라 살아간다.

우리는 마트에서 물건을 살 때 혹은 집에서 가족과 함께 시간을 보내기보다 시간 외 근무를 할 때, 자신의 가치에 따라 살고 있는지를 인식하지 않는다. 우리는 경보가 우리의 생각 속으로 슬며시 들어오는 것을 알아차리지 못하고 자신에게 진정으로 중요한 것에 대해 초점을 맞추지도 않는다. 예를 들어, 당신이 지역사회 모임에 참석하여 알지 못하는 누군가를 보고 있다. 당신은 그에게 다가가 자신을 소개하기 시작한다. 당신은 그 사람과 좋은 이웃이 되는 것에 가치를 둔다. 그리고 상대방에게 좋은 인상을 주기를 바란다. 그런 다음 당신은 사이가 좀 더 가까워지자, 그 사람이 갑자기 대학 시절 당신과 좋지 않았던 기억이 있는 친구와 비슷하게 보이기 시작한다. 당신은 '이 사람도 나를 해칠지 몰라.'라는 거슬리는 생각을 한다. 그리고 불안해지기 시작하며, 이제는 이미 알고 있는 그 사람에게 말을 걸지도 않고 그냥 지나쳐 버린다.

우리 중 누구도 경보기 사고에 의해 휩쓸려 가기를 원하지 않지만, 그렇게 한다. 만약 우리가 어떤 생각에 초점 맞추고 있는지 알지 못한다면 정서 뇌는 사고 중추를 완전히 압도해 버릴 것이다. 그러나 다행히도 우리는 생각보다 잘 설계되어 있어서, 뇌의 사고 중추는 경보기가 알지 못하는 어떤 것을 알고 있다. 경보기에게는 오로지 생존이 전부라는 사실을 상기하라. 사고 중추에게는 학습이 모든 것이다. 사고 중추가 전문으로 하는 학습, 즉 사고 중추가 초점을 맞추기를 좋아하는 종류의 사고는 '아하' 경험이다. '아하' 경험이란 어떤 새로운 것 혹은 당신이 항상 알고 있던 것을 재발견한 것에 대한 인식의 순간이고, 이런 인식은 핵심적으로 당신이 어떤 사람인가를 표현하는 사고가 된다.

당신이 자신에게 중요한 어떤 것을 발견했을 때 사고 중추는 '이것이 삶을 더 낫게 만들 것이다.'라는 분명하고 유용한 메시지를 경보기에게 보낸다. 이제 뇌의 경로가 열린다. 당신의 핵심가치는 경보를 낮춰 주는 사고들이다. 그 가치들은 매 순간 당신의 경험의

질을 실제로 높여 줄 만큼 흥미가 있는 것이 무엇인지를 표현하기 때문이다.

그러나 '생각하기'라는 말에는 함정이 숨어 있다. 당신의 삶에 가치를 더해 주고, 진정으로 흥미롭고, 학습할 만한 가치가 있는 것들에 대해 생각해 내기는 가장 쉽고, 가장 급하고, 가장 흥겨운 것들과 자주 혼동된다. 그래서 우리가 아무리 현명하다 하더라도, 학습하는 대신에 나쁜 습관이나 중독에 빠지기가 쉽다.

TV나 비디오 게임 혹은 스마트폰과 같은 기술과 관련된 함정, 먹기, 섹스, 쇼핑, 일하기, 미루기 등과 같은 강박적 함정, 혹은 폭식과 구토, 도박, 음주 그리고 약물 같은 더 위험한 함정은 처음에는 즐거움에서 시작되지만 잘못된 가치가 될 수 있다. 비디오 게임을 하는 것과 맥주를 마시는 것은 그것에 대해 집착을 하게 되기 전까지는 나쁜 것이 아니다. 그것들은 우리의 진정한 자아를 나타내 주지 못하지만, 우리는 쉽게 그렇게 생각할 수 있다. 현실 도피적 습관, 강박 그리고 중독은 모두 공통분모를 가지고 있다. 이러한 것들은 모두 경보를 감추기 위해 즐거움으로 시작되지만, 결국은 더 많은 스트레스를 유발하게 된다.

습관이나 강박 혹은 중독과 같은 것들에 의해 생각이 궤도를 이탈할 때 우리는 무엇을 놓치고 있는가? 혹은 우리의 삶을 의미 있게 만드는 것을 스스로에게 묻는 것을 잊어 버렸기 때문에 삶이 전적으로 재미없게 보일 때는 언제인가? 당신이 적절한 장소에서 올바른 방향으로 자신이 믿는 것을 행하고 있다는 느낌을 주는 자신의 핵심가치에 관해 분명하게 **생각하는 것**은, 당신이 살아가는 이곳을 진정으로 더 좋은 세상으로 만들어 주는 것이다.

당신이 핵심가치에 관해 생각할 때, 경보기와 학습 뇌와 동반자 관계를 최상으로 만든다. 스트레스 상황에서 불안이나 공포와 같은 경보기의 정서를 불러일으키는 생각을 회상하는 대신에 당신의 뇌가 가장 가치 있게 여기는 것, 즉 당신이 즐겼던 경험에 계속해서 집중하게 하는 생각을 떠올린다.

모자 안의 고양이

시어도어 가이젤은 1920년 초에 다트머스 대학교에서 글쓰기와 만화 그리기를 시작했다. 그는 「호박등Jack-O-Lantern」이라는 대학 유머잡지의 편집장이 되었다. 그는 친구들과 학교에서 음주 파티를 벌여서 학칙 위반으로 징계를 받고 잡지 팀에서 쫓겨나게 되었다. 그러나 그는 자신의 예술을 사랑했다. 젊은 청년으로서 그의 핵심가치는 창작이었다. 그래서 그는 쫓겨난 이후에도 글쓰기와 그리기를 멈추지 않았다. 그는 필명을 닥터 수스로 바꾸어서 계속 투고했다.

대학을 마치고 교수가 되기를 바랐던 아버지의 뜻에 따라, 그는 박사학위를 위해 영국 옥스퍼드로 갔다. 그러나 공부에 흥미가 없어서 결국 학위를 포기하고 다시 미국으로 돌아왔다. 쫓겨난 후에도 다트머스 대학교에서 글쓰기와 그리기를 계속하고 싶어 했을 정도로, 그에게는 아버지의 뜻을 받드는 것보다 창작생활이 더 가치 있었다. 그가 중요하다고 생각하는 것과 맞지 않은 일을 하고 있을 때 그의 뇌는 경보 신호를 보냈다.

가이젤은 「새터데이 이브닝 포스트Saturday Evening Post」라는 잡지에 만화를 그리기 시작했다. 대공황 시절에는 그와 아내의 생계를 위해 광고 일도 하였다. 그러나 그는 제너럴 일렉트릭이나 스탠더드 오일과 같은 회사를 위한 광고 그림을 그리면서 그의 예술에 대한 사랑을 더욱 다졌다. 30대 중반에는 부업으로 어린이 서적에 글쓰기와 삽화 그리기를 시작하였다. 그의 첫 작품인 『멀버리 거리에서 내가 본 것을 생각해 보기And to Think That I Saw It on Mulberry Street』라는 작품은 36번도 넘게 거절당했을 것이다. 그러나 그는 자신의 작품을 사랑하여 계속해서 출판사를 찾아다닌 끝에 1937년 뱅가드에 의해 채택되어 드디어 세상에 빛을 보게 되었다.

제2차 세계대전 동안에는 국가에 도움을 주는 일을 하기 위해 어린이 도서를 그만두었다. 예술가로서 가이젤은 오피니언 활동가로도 활약했고, 그리고 루스벨트 대통령과 그의 전쟁에 대한 신념을 지지했다. 그는 재무부를 위해 그림을 그렸고, 육군의 대위로 참전하여 애니메이션 부서에서 근무하기도 했다. 찰스 린드버그 같은 연예인이 미국의 참전을 반대했기 때문에 가이젤은 타조를 비행 영웅으로 그리는 데 아무 문제가 없었다. 또한 그는 자신의 재능을 병사들을 훈련하는 데도 사용하여 '스나우프 병사Private Snauf'가 등장하는 연재물을 만들었는데, 이 연재물은 스나우프의 갈팡질팡하는 행동을 통해 모든 군인에게 전투의 위험을 경고하는 데 가장 성공적인 방법 중 하나가 되었다. 방어하기 위해서든 전투력을 강화하기 위해서든 그는 자신의 그림 그리기에 대한 사랑을 다른 핵심가치인 '세계대전에 참전하는 미국의 중요성'에 따라 살아가는 데 활용했다.

전쟁이 종료되자 그는 캘리포니아로 이사했다. 그리고 어린이 도서로 다시 돌아왔다. 1954년에 그는 주요한 프로젝트에서 자신의 그림에 대한 사랑과 강한 여론에 대한 애호를 결합할 기회를 얻게 되었다. 그는 「라이프Life」라는 잡지에서 점차 증가하는 미국 어린이 문맹에 관한 글을 읽게 되었다. 지루한 읽기 입문서가 아동에게 학습 동기를 부여하지 못한다는 사실은 분명하고도 당연했다. 그래서 가이젤은 닥터 수스란 가명으로 6세 아동이 알기를 권장하는 348단어 중 223단어를 사용하여 『모자 안의 고양이The Cat in the Hat』라는 책을 썼다.

그는 자신의 핵심가치를 작업의 배후에 놓고서, 『초록 달걀과 햄Green Eggs and Ham』 그리고 『크리스마스를 훔친 그린치The Grinch Who Stole Christmas』와 같은 일련의 읽기 입문서를 쓰기 시작했다. 그의 책은 오늘날까지 2억 2천 2백만 부 이상 인쇄되었고, 그가 평소에 생각했던 것을 넣었기 때문에 수억 명의 어린이가 읽기를 학습할 수 있었다. 가이젤에게는 자식이 없었다. 들리는 말에 따르면, 심지어 그는 어린이와 시간을 보내는 것을 좋아하지도 않았다고 한다. 그러나 그는 자신의 예술을 사랑했고, 재치 있는 그림과 익살을 통해 중요한 일을 하는 것을 사랑했다.

핵심가치와 뇌

우리는 삶 전체를 통해서 우리에게 가장 중요한 경험이 무엇인지 되돌아봄으로써, 또 우리가 간직하고 살아야 할 의미가 무엇인지에 관해 주의를 돌림으로써 핵심가치를 발견한다. 핵심가치는 시간이 지나서 출현한다. 닥터 수스는 다트머스 대학 시절에 세상에 읽기를 가르치게 될 줄은 알지 못했다. 그는 단지 그리기를 사랑했고, 깊은 확신을 가지고 있었을 뿐이었다. 그러나 그가 자기 생각을 사랑하는 것에 대해 초점을 맞추는 것은 “나는 맨 먼저 떠오르는 마음이나 생각에 집중할 뿐이다. 왜냐하면 그것이 가장 쉽기 때문이다.”라는 그의 말처럼 그리 간단하지는 않다. 그것이 사실이라면 그가 잡지사에서 쫓겨났을 때 그림 그리기를 그만두었을 것이다. 그는 자신이 말했듯이 첫 번째 떠오르는 것을 자신이 믿을 핵심가치로 삼지 않았거나 혹은 아버지가 바라는 대로 교수가 되었을 것이다.

당신이 사고 중추의 학습 능력을 연습하기 바란다면 첫 번째 생각을 붙들 수는 없을 것이다. 당신의 경보기가 사고 중추에게 무엇을 생각‘해야만’ 하는가를 말할 때나, 혹은 우리가 다른 사람이 자신에게 ‘옳다고’ 말한 것에 따라 살려고 할 때, 그때 바로 우리의 사고는 마비되거나 돌아 버리게 된다. 뇌가 생존 모드에 있음으로써 초래되는 스트레스로 녹초가 된 사고는 신체적이나 정서적으로 우리를 해칠 수 있는 어떤 것을 경험하는 것을 중지시키기 위한 경보기의 자동 반응적 시도다.

우리의 사고는 어디서 오는가? 그것은 감각과 감정에서 시작한다. 우리의 몸이 어떤 물리적인 환경에서도 살아남아 잘 지낼 수 있도록 해 주는 다섯 가지 감각은 우리가 마치 다섯 개의 영화를 한꺼번에 보는 것같이 각각 우리의 마음에 흘러들어 가는 정보를 제공해 준다. 우리의 몸이 이런 정보를 가지고 맨 먼저 하는 것은, 파충류 뇌에 의해 통제되는 자동적 적응을 거친 후에 그 정보를 화학적 혹은 전기적 신호로 정서 뇌와 학습 뇌에 보내는 것이다.

뇌는 밀려들어 오는 감각의 범람을 여러 파일로 조직화한다. 이러한 파일은 우리가 생각으로 경험하는 화학적 반응과 전기적 파동의 형태를 취하게 된다.

뇌의 다양한 영역들은 각기 다른 방법으로 감각 데이터를 생각으로 번역하는 데 참여한다. 우리가 스트레스 반응을 이해하기 위해 초점을 맞추어 왔던 뇌의 영역들은 결코 생각에 관여하기만 하는 것이 아니라, 쇼의 주인공이다.

경보기는 신체적인 느낌을 만들어 내고, 그것이 정서가 된다. 그리고 뇌 과학자들은 그러한 정서가 사고와 섞이면 우리의 삶과 기억에서 오래 지속되는 인상을 남긴다는 것을 발견하였다. 정서가 충만한 사고는 강하고 끈끈하다. 그것들은 우리의 주의를 사로잡고 유지시킨다. 심지어 우리가 특별한 생각을 하지 않을 때도 그렇다. 어떤 노래가 머리를 떠나지 않고 맴돈다거나, 혹은 어떤 과자 광고가 계속 머리에 떠올라 마트에 가게 되는 그런 일이 그저 일상의 수준에서도 일어날 수 있다.

더 심각한 경우는 어떤 사람이 우리를 해치거나 결코 잊을 수 없는 말을 할 때, 혹은 우리가 더는 살 가치가 없다고 느끼게 하는 외상 경험을 가지고 있을 때인데, 비록 그 경험이 아주 오랜 과거의 것일지라도 그렇다. 그러나 감사하게도, 정서가 충만한 사고는 긍정적일 수도 있다. 감동적인 연설을 듣거나 혹은 어떤 사람이 아주 중요한 일을 할 수 있도록 돕고 난 후에, 일생 동안 우리에게 영감을 주는 그런 발상을 갖게 되는 경우처럼 말이다.

의식적 사고는 언제 나타날까? 이것은 분명한 것 같은데, 뇌의 사고 중추가 정서적 충동을 느끼고 이성적 사고를 조성할 때일 것이다. 정확한 말이긴 하지만, 사고 중추는 행동으로 옮기기 전에 감각 정보와 정서 정보 이상의 것을 필요로 한다. 즉, 단어가 필요하다.

단어는 몸이 감각으로 느끼는 것과 정서 뇌가 느끼는 것을 표현하는 마음의 방식이다. 단어는 뇌의 사고 중추에서 나오지 않고, 정서 뇌와 학습 뇌의 많은 부분이 함께 노력하여 결합한 결과다. 그리고 뇌의 기억 중추가 주장 선수 역할을 한다.

기억 중추는 서가에서 책을 골라내는 사서처럼 피질의 전체 영역과 소통한다. 이런 정보는 아직 단어의 형태는 아니다. 차라리 완전한 철자로 쓰이지 않은 기억에 가깝다. 자신의 뇌에서 언제 이러한 일이 일어나는지 우리는 알고 있다. 당신은 자신이 어떤 것을 알고 있다는 직관적 감각을 느낄 수 있지만 그것을 표현할 적절한 단어를 전혀 찾을 수 없다. 뇌 과학이 우리에게 말하는 것은, 우리가 생각을 찾을 때 기억 중추가 뇌의 여기저기에 저장된 파일의 조각들을 인출하면서 정보를 검색하기 시작한다는 사실이다. 우리가 아직 무엇을 생각하는지 모를 때, 이러한 검색은 경보기와 보상 중추의 지시에 의해 진행된다. 그것은 기억 중추에게 있을 법한 문제나 쾌락에 관한 정보를 얻으라고 말해 준다.

우리가 사고를 정리하기 전에 무엇이 일어나고 있는지 알아내려고 할 때 기억 중추가 가져오는 파일은 경보기와 보상 중추에 의해 만들어진 정서를 기초로 하여 선택된다. 만약 당신의 경보기가 당신에게 짜증이 난다거나 따분하다거나 슬프다거나 초조하다거나 화가 난다는 신호를 보내면, 당신은 과거에 당신을 그렇게 느끼도록 만든 일이나 사람 또는 상황을 떠올리는 경향이 있을 것이다.

당신의 보상 중추가 긍정적인 정보를 받아 당신이 행복이나 만족을 느낀다면, 당신은 자신이 더 즐거운 정서와 연합한 다른 경험이나 사고를 떠올리는 경향이 있을 것이다.

하나의 작은 전환을 제외하고는, 보상 중추가 주로 의존하는—주로 뇌의 화학물질인 도파민에 의존하는—화학물질의 입력을 받지 못하면 경보기를 자극할 수 있다. 그것은 당신이 강한 갈망과 같은 강력한 경보 반응을 하고 있을 때다. 둘이서 같이 기억을 끌어오려고 할 때 경보기는 거의 항상 보상 중추를 압도해 버린다. 만약 경보기가 지루함과 좌절감의 메시지를 내보낸다면, 비록 우리의 보상 중추가 우리의 삶에서 어떤 신나는 것을 원한다 할지라도 기억 중추는 신남과 즐거움보다 지루함과 좌절감의 파일을 끄집어낼 가능성이 높다.

그렇게 경보 신호는 항상 마음에 첫 번째로 떠오르는 사고를 형성한다—특히 우리가 스트레스를 느낄 때 그렇다. 그러나 그것들은 아직까지 사고를 완전히 형성하지는 못했다—그것들은 기억의 잔재에 가깝다. 그리고 기억은 그 순간 진정으로 무엇을 생각하는지를 필요로 하지 않는다. 그것은 바로 지금 경보기가 느끼는 것과 잘 맞아떨어지는 과거의 생각일 뿐이다. 기술적으로 말하면, **당신은 아직 실제로 생각하기를 시작하지도 않았다.** 당신은 그 순간의 느낌에 잘 맞는 정서와 기억을 계속 갖고 있게 된다. 이것은 왜 우리가 과거를 반복하는 경향이 있는지에 대한 이유를 설명해 준다. 우리는 적극적으로 생각하기보다 자동 반응적으로 기억을 하고, 그래서 분명하거나 창의적으로 생각하지 않는다.

그러나 여기서 끝이 아니다. 뇌가 사고 중추를 가지고 있는 이유가 있다. 정서가 경보와 최상의 두 범주로 구분될 수 있듯이, 사고도 똑같이 그렇게 구분될 수 있다. 경보기 사고는 상대적으로 고정적이며 유연하지 못하다. 그것은 과거의 문제나 위험에 관한 기억의 잔재이기 때문이다. 그러므로 경보기의 사고가 당신의 뇌를 자극하여 아드레날린을 몸에 계속해서 방출시키고 신체적인 스트레스 경험을 일으켜 붕괴시킬 잠재력을 초래하는 것은 새삼 놀랄 일도 아니다. 반면 최상의 사고는 우리의 핵심가치를 나타내고 사고 중추와 경보기 간에 소통의 여지를 열어 준다.

당신이 뇌가 만들어 내는 여러 종류의 사고들과 분리를 시키기 위해서 사고 중추를 활성화할 때, 당신은 개인적 통제 수준을 상승시킨다. 당신이 자신의 최상의 사고를 알아낼 때, 지금 이 순간 무엇이 정말 문제인지를 파악하고 있다는 것을 경보기가 알기 때문에 경보를 낮출 수 있다. 당신의 핵심가치가 되는 최상의 사고를 발견하는 것은 아마 당장은 쉽지 않을 것이다. 그러나 절대 잊지 말아야 할 것은, 가장 중요한 것이 무엇인지 계속 생각한다면 언젠가는 발견하게 된다는 것이다.

점점 더 열 받는 경우

우리 대부분이 부정적인 사고에 젖어 들게 되는 이유는 파충류 뇌와 정서 뇌의 포로로 살아가기 때문이다. 우리는 고단한 일과를 마치고 기분 변화가 심했던 것을 줄이는 법을 배운 한 내담자에게서, 이러한 이야기를 들었다.

에밀리는 집으로 퇴근했을 때 항상 배가 고파 지쳐 있었지만, 자신의 가족과 함께 지낼 생각에 흥분되었다. 어느 날 퇴근길에 집에서 아이를 돌보는 일과 가사에 전념하는 그녀의 남편이 전화해서 그녀가 가장 좋아하는 요리를 만들어 놓겠다고 말했다. 그녀는 '남편은 정말 나를 사랑해.'라는 최상의 사고를 했다.

그녀는 차에서 내리면서 아침에 먹었던 커피 머그를 들었다. 그녀는 그때 운전석 의자에서 지갑을 집어 올렸다. 그리고 차에서 내려 뒷자리에 있는 서류 가방과 퇴근길에 세탁소에서 찾아온 세탁물을 꺼내기 위해 차 뒷문을 열었다. 그러고 나서 다시 문을 닫으려고 몸을 돌리는 순간, 지갑이 어깨에서 미끄러져 팔꿈치로 떨어지는 바람에 들고 있던 커피 머그를 놓쳐 버렸다. 그리고 머그는 콘크리트 바닥에 소리를 내며 굴러떨어져 버렸다.

머그는 금속으로 만들어져 흠집이 나지 않았지만, 에밀리의 경보기가 울리는 것을 멈추지는 못했다. 처음에는 약한 경보기의 정서인 짜증을 느꼈다. 그러나 그다음에 그런 성가심이 점점 끓어올라서 '만약 남편에게 직업이 있었다면 내 삶이 이렇게 힘들지 않을 텐데.'라는 생각을 했다. 그리고 그녀에게 전형적인 자동 반응이 일어났다. 강렬한 경보 정서가 그녀의 몸을 강타하기 시작했다. 그녀는 심한 분노를 느꼈고, 곧 지갑을 집어던질 듯했다. 불과 몇 분 전에 그녀는 참으로 행복했고, 퇴근해서 가족을 만나는 것에 감사를 느꼈고, 훌륭한 남편에 대해 온전한 사랑을 느꼈다. 지금 에밀리는 자신이 생각하기에 남편은 완전히 실패한 사람이라고 말하기 일보 직전일 정도로 갑자기 엉망이 되어 버렸다.

이것은 어떻게 경보기 사고가 우리를 평온하고 행복한 상태에서

격한 분노나 패배감 혹은 혐오감이 드는 정서적 범람 상태로 바꾸어 놓을 수 있는지를 보여 주는 좋은 사례다. 이 순간 또한 우리는 핵심가치에 의지해야 한다. 모든 것이 다 무너지거나 혹은 그렇게 느껴질 때라도, 에밀리는 여전히 가족을 사랑했다. 길고 힘든 하루의 끝에서, 머그 사건은 그녀가 지쳐 있다는 사실을 즉시 드러나게 했다. 그녀의 파충류 뇌가 먹을 것을 달라고 소리치고, 경보기는 그녀에게 뭔가 달라져서 안전해져야 한다고 악을 쓴다. 그러나 그녀가 탈진하게 된 결정적인 이유가 있는데, 그것은 바로 가족이다.

이 순간에 우리는 한 걸음 물러나서 '나는 가족을 사랑한다.'라는 단순한 생각 하나에 초점 맞춤으로써 SOS를 실천할 수 있다. 당신은 참다 못해 눈을 부릅뜬 채 집 안으로 들어가고 싶을 것이다. 당신은 스스로 '화내지 마.'라고 말할 수도 없다. 당신은 화를 내야 한다. 왜냐하면 지쳤고, 배도 고프고, 그리고 삶이 이따금 힘들기 때문이다. 그러나 당신은 한 걸음 물러나서 '나는 내 가족을 사랑한다.'라는 한 가지 생각에 초점 맞추기를 함으로써 이러한 폭주를 멈추게 할 수 있다.

그런 말은 학습 뇌를 점화시킨다. 이제 당신의 사고 중추는 당신이 필요로 하는 것이 바로 가족이 당신에게 얼마나 소중한지를 알려 주는 사고, 감정 및 심상 등이라는 것을 알게 된다. 그러한 간단한 지식은 사고 중추의 역량을 강화해 기억 중추에게 정확히 그런 사고, 감정 및 심상을 뇌에서 찾도록 즉각적인 요청을 하게 한다. 당신은 여전히 경보기에서 나온 감정과 사고를 처리할 필요가 있겠지만, 이제 가족에 대한 사랑이라는 핵심가치가 주는 힘과 지지를 갖고서 희망을 느끼고, 명료하게 생각하고, 스트레스를 그냥 느끼는 대신에 최선의 결정을 내리도록 자신을 도울 것이다.

만약 당신이 자체 검사를 해서 SOS를 다 했는데 개인적 통제 수준이 필요한 만큼에 미치지 못한다고 하더라도, 그것은 핵심가치가 역할을 하지 않는다는 것을 의미하지는 않는다. 또한, 그런 핵심가치를 잘못 선택했다거나 그 핵심가치에 자기 마음의 초점을 충분히 맞추지를 못했다는 것을 의미하지도 않는다. 그것은 단순히 당신에게 좀 더 시간이 필요하다는 것을 의미한다. 사고중추가 그런 핵심가치에 완전히 초점 맞추기까지는 단지 몇 분이 걸릴 수도 있고, 더 길어질 수도 있다. 혹은 지금 이 순간에 당신에게 그 핵심가치와 똑같이 중요하거나 더 중요한 다른 핵심가치가 있을 수도 있다. 그래서 당신은 자신이 추구하는 개인적 통제를 가지려면 하나 이상의 핵심가치를 연습하는 것이 필요할 수도 있다.

스트레스가 많은 과제를 직접 다룬다는 의미에서 당신이 '하는' 것이 자신의 개인적 통제를 최상화시켜 주는 것은 아니라는 것을 기억하라. 당신에게 진정한 개인적 통제를 줄 수 있는 것은 바로 당신이 **자신의 지침이 되는 사고를 선택하는 것**이다. 당신은 자신의 핵심가치에 의해 인도될 때에도 경보기가 계속 문제나 위협이 있다고 말한다면 여전히 높은 수준의 스트레스를 느낄 수 있다. 그러나 당신이 하려고 선택하는 것이 무엇이든 그것은 스트레스를 다루는 것뿐만 아니라 핵심가치에 따라 살아가는 것임을 분명하게 알게 된다.

우리의 내담자는 처음 몇 회 동안 SOS를 활용하여 자신의 핵심가치에 초점 맞추기를 했었으나, 자신의 스트레스를 낮출 수 없었음에도 포기하지 않았다. 그것은 최상의 선택이 아니라 불행한 경보기의 반응이었을 것이다. 대신에 그녀는 자신에게 가장 중요한 것을 생각하는 데 지속해서 초점을 두면서, 몇 주 내에 자신의 스트레스 반응이 올라오는 것만큼이나 빨리 개인적 통제를 나타냈고, 경보는 진정되어서 스트레스 반응이 약해지도록 만들었다.

그녀는 차고에 들어갈 때마다 남편과 아이들과 같이할 저녁식사에 관해 생각했다. 그 순간, 아무리 그녀가 느끼는 스트레스 반응이 강할지라도, '나는 내 가족을 사랑한다.'라고 생각하곤 했다. 그런 핵심가치에 대한 충분한 연습이 이루어졌고, 그것은 매일 밤 그녀에게 지침이 되는 초점과 평온의 원천이 되었다. 그녀는 스트레스 반응으로부터 자유로워지지는 않았으나, 경보기의 스트레스 신호에 이를 악물고 대처하는 것 이상을 할 수 있는 새로운 것을 가지게 되었다. 그녀는 아무리 경보 반응이 강할지라도 자신이 생각하기를 원하는 것에 초점을 맞추기 위해 항상 선택할 수 있다는 것을 알았다.

핵심가치를 발휘하는 실천

우리는 유명한 예술가, 사업가 그리고 공직자들이 매일 자신의 핵심가치를 연습하는 것을 본다. 그러나 그들은 처음부터 유명한 것은 아니었고, 자신이 진실로 믿는 바를 계속해서 강화해 왔다. 테레사 수녀는 어려움에 부닥친 사람들과 같이 살아야 한다고 느꼈기 때문에 수녀원을 떠나 캘커타의 길거리에서 가난한 자들과 함께 지냈다. 그때까지 그녀는 이름이 알려지지 않았다. 그녀의 경보기는 그렇게 많은 상처받은 사람들을 도와주는 스트레스로 인해 비명을 질렀을 것이다. 그녀가 좋은 일을 아주 많이 함에 따라 점차 언론의 주목을 받게 되었다. 그때 그녀는 말년에 고아들의 환경과 기부금의 사용처에 대해 비난과 조사를 받았다. 그러나 그녀는 중단하지 않았다. 그녀는 계속해서 가난한 자를 도와주는 것에 초점을 맞추었다. 그리고 오늘날 4천 명의 수도자와 수녀가 그 일을 계속하고 있다.

핵심가치를 발휘한 결과에 대한 또 다른 사례는 버지니아 로어노크의 존 멜리아의 경험에서 찾을 수 있다. 존은 2002년 가족과 친구와 함께 상이군인 프로젝트를 만들었다. 존은 1992년 소말리아에서 헬리콥터 사고를 당해 심하게 다쳤다. 그는 상이군인에게 지원해주는 정부 지원을 늘려서 그들의 요구 수준과의 격차를 줄이고자 했다. 오늘날 그가 조직한 단체는 전쟁에서 신체적 · 정신적 외상을 겪은 수많은 군인이 자신의 삶을 되찾는 데 도움을 주고 있다.

멜리아는 전투를 겪은 다른 수만 명의 재향군인들처럼 전쟁의 공포와 충격에서 보통 경험하는 극심한 스트레스 반응의 맹습에 시달렸다. 그는 전쟁이 군인에게 신체적 · 정서적으로 상처를 준다는 것을 깨달았고, 군인이 그러한 상처로부터 회복할 수 있도록 도와주는 일에 헌신했다. 그는 그 상처가 자신의 삶과 개인 통제를 빼앗아 가도록 놔두는 대신에, 자신의 동료 군인에 대한 충성심과 그들에게 희망을 주어야 한다는 의무감인 핵심가치를 발휘했다. 이것은 핵심가치를 발휘하여 다른 사람에게 평화감을 제공하는 방법인 동시에 스트레스에서 벗어나 우리 주변의 사람에게 이바지할 수 있는 매우 유용한 방법이다.

경보기 사고는 나쁘거나 문제가 되지 않고, 최상의 사고와 반대가 되는 것도 아니다. 경보기 사고는 최상의 사고의 필수적인 부분이다. 경보기 사고는 실제로 우리를 안전과 생존을 넘어서는 핵심가치를 지향할 수 있도록 만들어서, 우리가 진정으로 관심을 가져야 할 다른 핵심가치에 관한 통찰력 있는 증거를 제공한다. 경보기는 우리를 곤란에서 벗어나게 하기 위한 사고로 채울 뿐만 아니라, 우리가 생각하는 것이 자신이 진정으로 믿는 것과 대응하지 않는 경우를 말해 준다. 예를 들면, 우리가 어떤 사람을 믿을 수 있는지를 걱정해 보는 것은 실제로 매우 도움이 된다. 그것은 우리에게 이 사람이 진짜 나에게 관심이 있는가, 그들이 실제로 내가 믿을 수 있는 사람들인가와 같은 생각을 해 보도록 상기시킨다. 그리고 그렇게 생각하고 주의를 기울이는 것은 우리 자신을 깨우고, 우리의 삶에서 새로운 가능성을 열어 주는 방법이다.

이슬람의 다섯 가지 기둥이나 유대교와 크리스트교의 십계명처럼, 우리는 모두 자신의 삶을 지배하고 있는 하나 이상의 믿음을 가지고 있다. 그러나 보통 다른 가치를 능가하는 한 개의 가치가 있다. 우리는 당신이 그 핵심가치를 발휘하는 방법을 배우기 시작함으로써 그 한 개가 무엇인지 스스로 확인하기 바란다. 왜냐하면 진정 무엇이 당신의 삶을 인도하는지 알지 못한다면, 당신은 혼란한 경보기 세상으로 내몰리기 쉽기 때문이다.

한 장의 종이 위에 당신을 정의해 주는 다섯 가지의 가치를 찾아서 적어 보라. 그것은—견해, 장소 및 사람—당신에게 가장 소중한 믿음이다.

우리는 내담자에게 물어보거나 혹은 연구를 살펴볼 때, 종종 가족에 대한 이야기를 듣는다. 우리는 자신의 가족이 안전하고 건강하고 평온하기를 바란다. 그런데도 가족의 행복과 건강을 바라는 그런 사람들이 중독이나 학대와 씨름하고 있고, 종종 가족과 시간을 보내는 것보다 자기 일을 하거나 다른 즐길 거리를 선택한다. 현대 삶의 속도와 압박이 우리를 자극할 때 우리는 결국 경보기 세상에 빠져 버리기 쉽다.

그리고 당신을 자극하는 모든 사고를 위해서, 당신이 생각하는 것과 당신의 핵심에 대한 가장 깊은 믿음을 나타내는 최상의 사고 또한 그 바탕에 존재한다. 당신이 자신의 경보기 사고들 사이에서 이런 사고를 확인할 수 있을 때, 그것이 바로 당신이 경보기를 통제하고 있다고 느끼는 때다. 그것은 당신이 자신의 삶이 살 가치가 있다고 느끼는 때다.

가치 목록을 다시 한번 보라. 당신의 핵심가치를 구성하고 있는 것이 무엇인지를 생각해 보는 또 다른 방법은 그 가치 중에 도저히 포기할 수 없는 것이 어느 것인지 생각해 보는 것이다. 당신은 어느 가치를 위해 하루 20시간을 일할 수 있는가? 당신은 어느 가치를 위해 모든 돈을 투자할 수 있겠는가? 당신은 어느 가치를 위해 목숨 걸 수 있는가?

우리가 이렇게 극단적인 방법으로 생각하도록 독려하는 이유는, 당신의 삶에는 매우 중요한 것이 있어서 목숨을 걸 때조차도 당신을 붕괴시키지 않는다는 것을 인식하기를 바라기 때문이다. 당신의 사고와 선택이 사고 중추의 역량을 강화하는 핵심가치에 의해 인도되는 한, 사고 중추는 언제나 그 위험을 통해서 당신을 이해할 수 있다. 핵심가치가 당신의 지침일 때 이것은 사고 중추를 경보기와 협력할 수 있게 만들어서, 당신은 자신이 통제하고 있다는 것을 충분히 느낄 정도로 분명하게 생각한다. 심지어 몸에서 아드레날린이 쏟아져서 경보기가 활성화하는 모든 생존 체계가 작동되고 있을 때라도 그것은 가능하다.

우리가 가장 중요한 가치에 초점을 맞출 때 우리는 스트레스 반응에 휘둘리지 않는다. 순간의 중압감을 견뎌 내는 운동선수, 아픈 자녀를 돌보면서도 직장 일을 해 내는 부모, 환자 목숨이 걸린 수술을 해 내는 의사, 하루 7교시 중 마지막 수업까지 열정적으로 해 내는 교사. 이러한 것들은 실제 스트레스의 한복판에서 자신의 핵심가치를 발휘하고 있는 사람들의 사례다. 그들의 경보기가 스트레스를 일으키는 메시지를 보낼 때일지라도, 핵심가치는 여전히 그들의 삶에서 가장 중요한 관점의 본보기를 보여 줄 것이다.

무엇이 당신의 가장 심층의 핵심가치인가?

해당하는 것에 동그라미를 쳐 보라.

이제 SOS를 실천하라. 한 걸음 물러서라. 한 가지 생각에 초점을 맞추라. 지금 당신의 스트레스 수준은 어느 정도인가? 지금 당신의 개인적 통제는 어느 수준인가?

우리가 자녀를 얼마나 사랑하는지 혹은 자유에 초점을 맞추고 있는지 생각할 때, 또는 지역사회를 발전시키거나 혹은 하는 일을 즐기는 것에 대해 생각할 때, 우리의 경보는 낮아진다. 경보기는 우리에게 가장 중요한 것이 우리 마음의 중심에 있다는 것을 알 때—경보기가 걱정할 것이 전혀 없다는 것을 알 때—낮아진다.

극단적인 스트레스하에서 '나는 실패자다.'와 같은 경보기 사고에 대응할 최상의 사고를 즉시 기억해 내는 것은 대개 불가능하다. 당신의 핵심가치를 발휘하는 요령은 당신이 스트레스를 느끼지 않는 반성적 사고를 하는 동안 핵심가치를 분명하게 정의하는 것이다. 이 방법으로 당신이 경보기 세상에 있을 때, 당신의 뇌는 부정적인 정서로 빠져들게 하는 사고나 우리가 모두 저지를 수 있는 잘못된 선택 대신, 의지할 수 있는 분명한 범주의 사고를 갖도록 해 준다. 당신이 자신의 핵심가치를 안다면, 스트레스에 처해 있을 때라도 자신에게 중요한 것에 초점을 맞출 수가 있다.

긍정적인 생각은 왜 항상 효과가 있는 것은 아닐까?

당신이 긍정적으로 느끼지 않을 때, 자신의 경보기에게 할 수 있는 최악의 것은 스스로 '긍정적'인 생각을 하려고 애쓰는 것이다. 그 순간에 '나는 나의 삶을 사랑한다.'라고 생각하려고 애쓰는 것은 진심으로 들리지 않는다. 당신이 지금 막 심각한 병을 진단받았거나, 직장에서 해고를 당했거나, 사랑하는 사람과 헤어졌다면, 당신의 경보기는 자극을 받는다. 경보기는 당신이 상처받는 것을 원하지 않는다. 그래서 당신이 고통을 겪거나 아픔을 느낄 때 그것은 당신에게 화학물질을 방출해서 다시는 그렇게 느끼고 싶지 않다는 것을 확실하게 기억하도록 한다.

우리가 자신의 뇌에게 '모든 것은 괜찮다.'라고 말하려고 애쓸 때 지금 곤란에 처해 있다는 분명한 신호에 정면으로 저항하면, 경보기는 우리의 안전을 지키려고 더 강하게 작동을 하게 된다. 경보기는 우리가 자신을 둘러싸고 있는 모든 상황을 통제할 수 없다는 것을 알기 때문에 우리를 보호하려고 하고, 심지어는 우리 자신으로부터 보호하려고도 한다. 그 결과 부정적인 경험을 겪으면서도 더욱 긍정적으로 '생각'하려고 노력하면 할수록 우리는 더 나쁘게 느끼게 된다.

긍정적으로 생각하는 것은 긍정적 생각이 핵심가치의 내용과 일치할 때만 효과가 있다. 당신의 핵심가치를 발휘하는 과정을 밟기 위해서는 먼저 자신이 스트레스 반응을 가지고 있다는 신호이자 자신의 경보기로부터 나온 자극이기도 한 경보기 정서와 사고를 인식해야 한다는 사실을 기억하라. 그리고 긍정적인 사고는 그저 단순한 소망이나 막연한 희망과는 달라야 한다.

긍정적인 사고는 종종 우리를 보다 행복하고 평온하며 상황을 통제하고 있음을 느끼게 하지 못한다. 왜냐하면 그것이 위장된 부정적인 경보기 사고이기 때문이다. 예를 들어, '지금 즉시 이 궁지에서 벗어나는 것이 나에게 얼마나 중요한가!'라는 생각을 해 보라. 이것은 최상의 사고('나에게 가장 중요한 것이 무엇인가?')로 표현되었으나, 실제로는 경보기 사고다. 이것은 삶을 의미 있고 또 가치 있게 만들기보다는 어떤 문제를 대처하거나 그 문제에서 생존하는 것이 전부다. 경보기 사고의 목표는 안전과 구원이다. 최상의 사고의 목표는 삶을 가치 있게 해 주는 것과 삶에서 가장 소중하게 생각하는 것이다.

핵심가치를 발휘하기 위해, 당신이 초점을 맞추는 사고는 자신이 진정으로 관심을 가지는 것이어야 한다는 면에서 기본적인 틀을 가지고 있어야 한다. 건강에 대한 불안감을 가진 채 '나는 좋아질 거야.'라고 하는 것은 경보를 낮출 수 없고 오히려 '나는 나의 주치의가 나를 낫게 해 줄 것이라고 믿는다.'와 같은 생각이 경보를 낮출 수 있다. 만약 해고당했다면 "나는 다른 직장을 가질 것이다."라고 말하는 것은 오히려 더 많은 스트레스를 초래할 수 있는 반면에, '나는 나의 기술을 활용할 수 있는 새로운 곳을 찾는 도전 중이다.'라고 생각하는 것이 도움 될 것이다. 분명한 것은, 당신이 의사를 믿지 못하거나 혹은 직장을 구하러 다니기 싫어한다면, 그러한 것들은 바른 생각이 아니지만 당신이 자신의 경보를 낮추기 위해 해야만 하는 창의적 생각의 예라는 것이다.

〈새터데이 나이트 라이브Saturday Night Live〉라는 TV 프로그램에 출연하는, 자기계발 전문가인 척하는 스튜어트 스몰리는 프로그램을 마칠 때 항상 '나는 아주 좋다. 나는 아주 똑똑하다. 그런데 젠장, 다른 사람도 나하고 똑같아!'라고 말했다. 이것은 매우 재미있다. 우리는 보통 스스로 아주 좋다고 생각하지 않고, 똑똑하지도 않다고 생각하고, 우리가 진정으로 원하는 어떤 것을 좋아할 만큼 아주 훌륭하다고 생각하지 않기 때문이다. 그러나 우리는 우리의 생각보다 더 훌륭할 수 있다.

효과적인 긍정적 생각은 최상의 의미에서 가장 중요한 것에 초점을 맞추는 것이지, 당신에게 혹은 당신이 생각하기에 도피하거나 회피하거나 혹은 고쳐야 할 필요가 있다고 경보하는 것은 아니다. 그리고 긍정적 생각은 우리가 자신의 일상적 경험을 인도하는 목표에 관해 생각할 때 가장 가치가 있다.

경보기 목표와 최상의 목표를 구분하는 것은 당신의 뇌에 초점을 두기 위한 다음 단계다.

제11장

최상의 목표를 결정하라

우리가 SOS를 활용하여 작업할 세 번째 방법은 당신의 목표에 주의를 기울이는 것을 포함한다. 그저 생각할 시간이나 여유가 있을 때가 아니라 매일 여러 번 당신의 목표에 주의를 기울임으로써 당신은 자기 삶의 경험을 선택할 수 있게 된다. 뇌의 경보기는 자동 반응하기 전까지는 멈추어서 생각할 줄 모른다. 예를 들어, 곰이 당신을 쫓아온다면 경보기는 신호를 보내 도망을 치거나 또는 죽은 척하도록 한다. 경보기는 단지 당신이 안전하기만을 바란다. 생존 전문가는 회색 곰일 경우는 죽은 척하는 것이 좋고, 만약 검은색 곰이나 갈색 곰이라면 최대한 키를 크게 보이도록 해서 그 곰보다 더 강한 동물처럼 보이게 하는 것이 좋다고 추천한다. 그러나 이런 일이 일어났을 때 나를 쫓아오는 곰이 어떤 종류인지를 생각할 여유가 있는 사람이 어디 있겠는가? 잘못 반응하면 그 결과는 치명적일 수 있다.

우리의 목표는 당면한 순간의 요구와 압박에 의해 재빨리 형성된다. 바로 그것이 문제인데, 우리 대부분은 스트레스를 초래한 것이 누그러질 때까지 자신이 진정으로 원하는 것이 무엇인가를 생각할 여지가 없기 때문이다. 가장 중요한 것에 따라 사는 대신, 우리의 목표는 생존에 초점을 맞춘다. 위험에 직면했을 때, 생존은 절박한 것이다. 그러나 대부분의 경우 우리는 단순히 생존하는 것보다 더 많은 것을 원하며 살아간다.

당신은 경보기와 최상의 정서 두 가지 모두에 주의를 기울임으로써 자신의 정서역량을 강화할 수 있다. 그리고 당신의 경보기 사고에 주의를 기울임으로써, 또 자신의 삶에서 가장 중요한 무언가를 반영하는 사고에 초점을 맞춤으로써 핵심가치를 발휘할 수 있다. FREEDOM의 'D'는 **최상의 목표를 결정하기**determine your optimal goals를 나타낸다.

목표는 무엇인가?

목표는 당신의 삶에서 성취감을 느끼기 위해 당신이 필요로 하는 것이다. 목표는 개인적일 수도 있고, 공동의 것일 수도 있다. 그것은 당신이 매일 일상에서 경험하기를 원하는 것일 수도 있고, 시간이 지나면서 도달하기를 바라는 높은 것일 수도 있다. 그것은 감정, 대상, 인간관계 또는 생각일 수도 있다. 그러나 모든 경우에, 목표는 장래에 성취하기를 희망하여 시간과 에너지를 기꺼이 투자해서 추구하고자 하는 그 어떤 것에 대한 유형적인 진술이다.

정서와 사고처럼 목표도 자동 반응적인 경보기 목표와 초점을 맞춘 최상의 목표와 같이 두 범주로 나눌 수 있다. 우리가 알든 모르든 관계없이, 모든 정서와 사고는 목표로 이어진다. SOS를 활용해서 당신의 마음을 집중하면, 당신의 목표는 경보기가 추구하는 것(안전, 안심, 문제 해결)과 당신이 느끼기를 원하고 또 그것이 핵심가치이기 때문에 이루고자 하는 업적이나 성취의 결합이 될 것이다.

경보기의 목표를 잘 보여 주는 사례는 아동기에서 발견될 수 있는데, 어린 시절에 우리 대부분은 한 번쯤은, "나는 집을 나가 버릴 거야. 그리고 절대 다시 돌아오지 않을 거야."라고 말했을 것이다. 우리의 경보기를 켜게 하는 갈등은 먹어서는 안 될 때 과자를 먹는 것과 같이 아주 단순할 수도 있고, 가정에서의 실제 외상적 사건처럼 심각한 것일 수도 있다. 그러나 우리의 자동 반응적 목표는 똑같다. 즉, 이런 미칠 것 같은 곳에서 도망쳐서 새로운 삶을 한번 살아 보는 것이다.

당신이 어떤 목표가 자동 반응적이라고 깨닫게 되면, 이것은 사고 중추를 활성화한다. 당신은 여전히 정서적으로 자동 반응을 할지라도, 사고 중추는 이미 당신이 궁극적으로 생존을 위한 선택을 할 것인지 아니면 최상의 삶을 위한 선택을 할 것인지 결정하는 일에 초점을 맞추고 있다. 우리가 당신에게 말하고 싶은 모든 것의 핵심은 학습 뇌와 생존 뇌 사이의 경로를 활짝 열어 주는 것이다. 당신은 어떤 목표가 스트레스 반응을 만들어 낸다는 것을 깨닫는 순간, 최상의 다른 목표에 눈을 돌릴 기회를 갖는다.

최상의 목표는 자신에게 가장 소중하다고 생각하는 삶을 이루기 위해 자신이 추구하는 희망이며 꿈이다. 그것에 초점을 맞추고 있을 때는 몸에서 아드레날린이 방출되지 않는다. 그것은 당신이 등산을 하거나 자동차 경주를 할 때 그 활동 자체가 당신의 생존 뇌를 포함하지 않는다는 것을 의미하지는 않는다. 그러나 당신이 자신에게 필요한 것을 생각할 때, 최상의 목표는 높은 수준의 개인적 통제를 이룰 수 있도록 하고, 그것은 당신의 몸에 아드레날린이 방출될 때조차도 당신이 마음의 중심을 잡도록 해 준다. 마음의 중심을 잡는다는 의미는 당신이 지금 경험하고 있는 것이 비록 불편하다 할지라도 경험할 가치가 있음을 아는 것이다.

세상의 최정상에 오르기: 에베레스트 2

1982년, 마크 잉글리스와 그의 등반 파트너인 필 둘은 마운트 쿡이라고도 불리던 아오라키의 얼음 동굴에 갇혀 버렸다. 그 산은 뉴질랜드에서 가장 높은 산으로 두 개의 이름을 가지고 있었는데, 하나는 뉴질랜드 원주민이 부르던 이름으로 '구름을 꿰뚫는 산'이라는 의미가 있으며, 또 하나는 뉴질랜드를 처음으로 탐험했던 영국 선장을 기념해서 쿡이라 이름 붙여졌다. 유별나게 계속되는 폭풍우로 인하여 잉글리스와 둘은 13일 넘게 갇혀 있었다.

잉글리스는 어릴 때부터 등산가가 되는 꿈을 가지고 있었으며, 11세가 되어서는 에베레스트를 등반하는 것을 목표로 결정했다. 그는 20세 때인 1979년 산악 수색 구조대로 경력을 쌓기 시작했다. 사람들이 그에게 왜 등산가가 되려고 하느냐고 질문했을 때, 그는 농담조로 “나는 럭비를 잘 못한다. 뉴질랜드에서는 이것 말고 아무것도 할 게 없다.”라고 말했다. 뉴질랜드 사람이면서 최초로 에베레스트 정상에 올랐던 에드먼드 힐러리 경처럼 잉글리스도 남은 삶의 기간 동안 세상에서 가장 높은 봉우리에 오르는 것을 최상의 목표로 삼았다.

잉글리스와 둘은 구조되었을 때, 동상에 걸렸다는 것을 알았다. 그들은 발가락의 일부만 잃고 나을 수 있을 것이라고 기대하였고, 스스로 행운아라고 여겼다. 그러나 한 달 후, 잉글리스는 크리스마스 전날 수술을 받아야만 했다. 그는 크리스마스 아침에 잠에서 깨어났을 때 양다리의 무릎 아래가 없는 것을 알게 되었다. 그 다음 날 그의 경보기가 어떠했을지 상상해 보라. 그가 일생 동안 오로지 하고 싶었던 것은 등산이었다. 그런데 지금 그는 다리를 잃게 된 것이다.

그 후 여러 해가 지나면서, 그는 포도주 제조자이자 스키를 타는 사람이 되었다. 그는 2000년 장애인 올림픽에서는 자전거 종목에서 은메달을 따기도 하였다. 그러나 그것으로는 충분하지 않았다. 그는 11세 이후 계속해서 집중해 온 최상의 목표를 결코 포기할 수 없었다. 그는 믿을 수 없는 만큼의 훈련과 준비를 거쳐 다리를 잃은 지 24년이 지난 2006년 5월 15일, 양다리 절단 수술을 받은 사람 중 최초로 에베레스트 정상에 오른 사람이 되었다.

어떻게 목표가 24년 동안 사람을 훈련하게 하고, 의족을 가지고 실험을 하고, 등산 전이나 도중에 겪었을 상상할 수 없을 정도의 도전을 견뎌 내게 했을까? 에베레스트 등산은 총 일정이 40일이나 걸렸다. 등산을 시작하고 얼마 되지 않아 굴러떨어져 의족 하나가 부러졌는데도, 그는 베이스캠프에서 여분의 의족을 가져오는 동안 테이프로 부러진 의족을 감아 임시로 수리했다.

최상의 목표는 믿을 수 없는 고통과 실제의 위험을 겪을 때도 우리에게 경보기로부터 나오는 모든 정보를 받아들이는 것을 가능하게 해 주고, 우리가 온전히 경험하기를 원하는 것과 가치 있는 삶을 살도록 하는 것에 초점을 유지하도록 해 준다. 진정으로 초점을 맞춘 마음은, 차를 번쩍 들어 차 밑에 깔린 자녀를 구출하게 만들 듯이, 불가능해 보이는 것을 하기 위해 아드레날린과 경보기의 힘을 활용할 수 있게 해 준다.

에베레스트에서의 경험을 회고하는 잉글리스의 등산을 다룬 다큐멘터리인 〈한계를 넘어〉에서 잉글리스와 그의 팀은 등산 도중에 또 다른 등산팀을 만났는데, 그들은 그날 에베레스트에서 사망했다. 지치고 산소는 부족한 상태에서 그들의 경보기는 비명을 지를 수밖에 없었다. 그러나 잉글리스의 목표는 그가 다른 사람들이 죽은 곳을 지나서 등산을 계속할 정도로 매우 분명했다. 그래서 그는 계속해서 나아갈 수 있었다. 어떤 뇌라도 그가 하는 일이 미친 짓이라고 비명을 질렀을 테지만, 그는 어린아이일 때부터 자신을 이끌어 온 목표를 가지고 있었고, 그것이 그를 세계 정상에 오르게 했다.

목표와 뇌

목표가 갖는 목적은 무엇인가?

바람직한 대답이자 일반적인 상식인데, 목표는 우리에게 삶을 조직화할 수 있게 하고 인간으로서 우리의 잠재력을 성취할 수 있게 해 주므로 바람직한 것이다. 그러나 우리가 가진 짤막한 대답은 당신이 기대하고 있는 것과 약간 다르다. 우리의 뇌에 대한 관점에서 조망해 보면 개인의 목표는 우리가 누구인가를 규정하고 있다. **우리의 목표는 곧 우리의 정체성이다.** 그리고 우리가 핵심가치가 반영된 목표에 따라서 생각하고 행위할 때뿐만 아니라 삶의 스트레스를 다루어야 할 때, 우리는 어떤 스트레스라도 맞서 견디게 하는 정체성을 스스로 만들어 낸다.

목표가 없으면 우리는 단순히 주변 환경에 자동 반응하는 파충류 뇌나 정서 뇌일 뿐이다. 그것은 십 대가 의상처럼 또 하나의 정체성을 갖는 이유다. 청소년기부터 어른이 될 때까지 발달적인 측면에서 보면, 우리의 학습 뇌를 발달시키는 기억 중추의 핵심 파일이 되는 것은 바로 우리의 가장 깊은 곳에 있는 개인적 목표다. 어른은 더욱 잘 정의된 정체성을 가진다. 정체성은 시간이 지나면서 진화하거나 바뀔 수 있으나, 우리 삶의 목표는 만나는 모든 새로운 사람이나 직면하는 도전으로 인해 재조정되지는 않는다. 이러한 핵심 정체성 혹은 자아는 우리의 근본적인 가치에 기반을 두고 있다. 이러한 가치는 목표가 되며, 매일매일 우리가 어떤 것에 초점을 맞출 것인지 인도해 주는 역할을 한다.

경보기 목표에 기반을 두고 있는 정체성은 거의 항상 스트레스를 초래할 것이다. 경보기 목표는 우리가 삶에서 함께할 필요가 있는 사람에게로 안내하지 않고, 문제에서 벗어나거나 중독적인 만족을 위해서 해야만 한다고 느끼는 것을 좇아가도록 만든다. 경보기 목표는 우리가 일시적인 만족 혹은 만성적인 문제에 의해 자신을 정의하도록 유도하고, 두 가지 모두 우리에게 스트레스를 줄 뿐 아니라 근본적으로 불완전하고 충족되지 못한 상태로 느끼게 한다.

예를 들어, 당신의 삶이 TV 쇼를 보는 것이나 연예인의 사건에 관심을 가지는 것 위주로만 돌아간다고 해 보자. 초기에는 건전했던 쇼나 연예인에 대한 관심을 집착으로 발전하게 만든 것은 무엇인가? 그것은 지나친 경보기 목표 때문이다. 사실 모든 중독은 경보기 목표가 만들어 내는 것인데, 경보기 목표가 점차 증가하면서 경보기가 우리의 삶 모두를 떠맡게 되는 지경에까지 이르기 때문이다. 갈망 또는 집착이 우리의 정체성을 규정하게 된다.

어떤 것을 **가져야만 한다**는, 혹은 누군가로부터 또는 무엇에게서 벗어나야만 한다는 감정은 경보기 목표가 항상 만들어 내는 회전문 안에 사로잡혀 있는 것을 결정해 주는 첫 번째 단서다. 그것은 경보기가 우리의 목표를 지시하고 있고, 우리가 그 목표를 성취하기 위해 애를 쓰면 쓸수록 더 많은 스트레스를 느끼며, 경보기 목표를 달성해도 가끔은 불만족스럽게 느끼는 이유다. 그것들은 진정으로 우리에게 필요하고 삶에서 가치가 있는 것이 아니라, 갖지 못한 것을 가지려 하거나 혹은 두려워하는 것에서 벗어나려고 하는 것이다.

경보기 목표와 최상의 목표에 관해 생각해 보는 한 가지 방법은 마거릿 애트우드가 말했듯이 '~로부터의 자유'와 '~할 자유'의 차이를 생각해 보는 것이다. 그녀의 말은 우리의 목표가 무엇으로부터 안전하거나 벗어나는 것이라면, 우리는 항상 방어적인 상태에 있을 것이라는 의미다. 그러나 반대로, 우리는 자유로이 진정한 가치를 추구할 때 진정으로 자유롭다. 이런 때 바로 우리가 단순히 고통의 회피를 넘어서 즐거움을 찾는 양식으로 옮겨갈 수 있다.

최상의 목표는 우리가 누구인지, 또 살아가면서 어떤 사람이 될 수 있는지에 대해 생각하도록 인도한다. 최상의 목표는 에이브러햄 링컨이 '우리의 선량한 본성'이라고 말했던 신념, 가치 및 희망을 표현한 것이다. 최상의 목표를 향한 삶은 반드시 스트레스가 없거나 실수가 없는 삶은 아니다. 다만 하루의 끝에서 혹은 긴 여정의 끝에서 되돌아볼 때, 할 만한 가치가 있는 일을 해 왔다는 느낌이 들 수 있는 삶이다.

우리가 진정으로 가치 있게 여기는 것을 포함하는 목표에 더욱 자주 그리고 규칙적으로 초점을 맞추면, 자신의 사고 중추와 기억 중추에게 우리를 보호하고 즉각적인 보상을 하게 하려는 경보기의 의도를 무시하지 않고 존중하면서도, 경보기 목표의 압력에 맞서 균형을 잡을 수 있도록 해 준다. 예를 들면, 최상의 목표는 좋아하는 음식을 맛보는 것을 즐기는 것 같이 평범한(그러나 여전히 중요하지만) 것이거나 우리의 아이들이 커서 되고 싶어 하는 것을 할 수 있도록 도와주는 것처럼 심층적인 것일 수도 있다.

정체성은 최상의 목표에 따라 정의되는데, 최상의 목표는 우리가 하는 것과 다른 사람이 우리에 대해 생각하고 느끼는 방식에 뿌리를 둘 뿐만 아니라, 우리가 삶에서 중요하게 여기고 진실이라고 알고 있는 것에 초점을 맞추게 한다. 최상의 목표는 우리 각자에 따라 다른, 우리 모두에게 성취 가능한 현실이다.

장기목표와 단기목표

당신이 '미슐랭 스타'로 선정된 레스토랑을 운영하는 요리사가 되고 싶다고 하자. 그것은 1900년에 시작한 이 여행 안내서에서 스타 마크를 얻는 것은 최고의 영예 중 하나이고, 당신의 요리가 세상에서 최고임을 선언하는 것이다. 그러나 당신은 지금 작은 매장에서 마카로니와 치즈를 요리하고 있다. 당신은 TV의 요리 프로그램을 보며 요리를 중심으로 자신의 삶을 살아간다는 생각에 흥분되어, 마침내 최고의 요리사가 되기로 결심한다. 당신은 몇몇 요리 교실에 참가해서 그 생각을 시험해 보기도 했다. 몇 년 동안 요리 지침서인 『즐거운 요리Joy of Cooking』에 나오는 거의 모든 조리법을 요리해 보면서 자신의 생각을 검증한 후에도, 그 생각은 계속 당신을 채근하고 있다. 당신은 현재 일자리를 그만두고 전문적으로 요리를 할 준비가 되었다. 당신은 여전히 미슐랭 스타로 선정된 레스토랑을 가지고 싶다. 그 레스토랑은 장기목표다.

가수로서 장기목표는 메트로폴리탄 오페라에서 공연하는 것일 수 있다. 야구선수에게는 메이저 리그에서 뛰는 것일 것이다. 교수에게는 종신 교수가 되는 것이고, 작가에게는 책을 출판하는 것이다. 우리가 만드는 장기목표는 올라야 할 산의 정상이다. 장기목표는 우리가 미래에 경험하기를 원하는 것이다. 장기목표는 미래에 우리가 원하는 것을 성취했을 때 느낄 수 있는 기쁨의 일부를 맛보며 우리의 마음이 마음껏 방랑할 수 있는 즐거운 장소다. 그러한 꿈을 꾸고 있을 때 우리의 경보는 올라가지 않는다.

우리의 장기목표는 보통 경보기의 공포와 사고 중추를 안내하는 핵심가치를 결합한다. 먼저 당신은 장기목표가 주로 담고 있는 핵심가치를 자각할 것이다. 그러나 경보기가 당신이 과연 그 목표를 이룰 수 있을까 하고 염려의 메시지를 갑자기 내보내기 시작할 때 놀라지 마라. 우리의 경보는 우리가 실패하지 않기를 바라기 때문에 미래에 대해 흥분을 느끼게 하는 대신에 우리가 꿈을 이루려고 할 때 무엇이 방해될 것인지에 관해 걱정하거나 심지어 공포를 느끼도록 자극한다.

이것이 우리에게 단기목표 또한 필요한 이유다. 위대한 요리사도 가장 단순한 연습을 반복하는 것부터 시작하는데, 칼 다루는 기술, 기본 소스 만드는 법, 고기와 달걀을 적절한 수준으로 잘 익히기 등이다. 그들이 당근 채를 썰 때 미슐랭 스타로 선정되는 것에 초점을 맞추고 있다면 아마 손가락이 잘릴 수도 있을 것이다. 요리사로서 초보 수준에서 자기가 맡은 요리를 완벽하게 만드는 것에 관해 이야기하는 대신 최고의 요리사로서 받게 될 영광에 관해 이야기하고 있다면, 그들은 최고의 요리사가 반드시 갖추어야 할 기술과 예술적 시각을 결코 터득할 수 없을 것이다.

단기목표는 우리를 현재에 초점을 맞추게 한다. 그리고 우리의 경보기가 계속 통제받고 있게 해 준다. 단기목표는 경보기로부터의 입력을 포함하고 있고, 안전을 지키고 당면한 기회에 주의를 기울이도록 하지만, 삶에서 우리에게 가장 중요한 것들도 역시 포함한다. 우리가 시간을 가지고 좀 더 자세히 살펴보면, 모든 단기목표에는 장기목표가 되는 심층의 가치와 희망을 풍부하게 포함하고 있다. 그것들은 우리가 미래에 진정으로 필요한 것이 무엇인지 직접적으로 가리킨다.

만족 지연이 어려운 이유

우리가 장기적인 희망을 이루기 위해 단기목표에 초점 맞추듯이, 우리의 뇌는 만족을 지연시키는 것을 어렵게 만들 수 있다. 연구자들은 인류가 수천 년 동안 상식적으로 알아 온 것을 지난 수십 년 동안 과학적으로 증명했다. 그중에 하나, 즉각적인 작은 보상과 지연된 큰 보상 중 선택하도록 하면, 우리는 거의 대부분 즉시 만족을 주는 것을 선택한다. 이것은 현명한 선택일 수도 있다. 지금 확실하게 가질 수 있는데도 왜 나중에 가질 수 없을지도 모르는 것을 위해 기다려야 하는가?

지연된 큰 만족을 위해서 인내에 전념하는 사람과 강렬하고 거부할 수 없는 즉각적 만족에 이끌리는 우리는 무슨 차이가 있는가? 유전과 선천적 성격이 영향을 미칠 수 있으나, 연구자는 즉각적 만족을 지연시키는 비결은 더 큰 보상에 대한 자각이라는 것을 보여 주었다.

실험실 연구에서 심리학자가 실험용 쥐에게 설탕물 한 방울이나 곡식 한 알 같은 작은 즉각적 만족을 줄 때, 쥐는 더 큰 보상에 대해 자주 상기시켜 주지 않는 한 더 큰 지연된 보상보다 즉각적 만족을 선택한다. 쥐가 불빛이 켜지는 것과 같은 어떤 단서가 더 큰 보상이 있음을 알려 주는 신호라는 것을 배우게 되면, 작은 보상을 찾는 것을 멈추고 더 큰 지연된 만족을 얻는 데 필요한 행동을 한다.

우리는 대부분의 경우 동물보다 더 많은 개인적 통제를 가지고 있다. 그러나 우리가 그렇게 하지 못하는 것은 자신의 삶에서 얻을 수 있는 더 큰 보상이 있다는 것을 기억한다는 것이다. 비록 우리는 진정으로 원하는 것에 접근하지 못할지라도, 좀 더 쉽거나 즐거운 것을 한다. 또한 우리의 뇌가 너무 많이 경보에 노출되어 있기 때문에 우리가 매일 할 수 있는 것은, 우리 자신을 위협하고 고통스럽게 하는 것에서 벗어나는 것이다. 무엇이 우리에게 신호를 해 주어서 우리가 눈앞에 있는 작은 만족이나 일시적인 구원보다 더 큰 것이 있다는 것을 기억할 수 있도록 해 주는가?

단기적이든 혹은 장기적이든 최상의 목표에 초점을 맞추게 하는 비결은 경보기, 기억 중추 및 사고 중추의 공동 역할이다. 지나치게 음주를 하여 직장에서 문제를 처리할 수 없는 것 같은 충동적인 선택은 뇌의 경보기에서 비롯된다.

경보기에게 어떤 지연은 너무 길게 느껴져서 도저히 기다릴 수 없다. 경보기는 과거, 현재와 미래의 차이를 구분하지 못하기 때문에 영원한 현재에서 작동한다는 사실을 기억하라. 만약 보상 중추가 바람직하거나 바람직하지 않은 것처럼 보이는 어떤 것을 확인하면, 경보기에게 몸을 깨우라는 신호를 보낸다. 그것이 경보기를 평온하게 만드는 보상이라면, 경보기는 우리가 하려는 것이 최상의 목표와 충돌한다 할지라도 필사적이고 즉각적으로 그것을 원한다.

대안은 최상의 목표를 선택하고 그것에 의도적으로 초점을 맞추는 것이다. 최상의 목표에 초점을 맞춘 뇌는 보상 중추와 경보기에서 나오는 충동적 메시지를 낮추어 준다. 사고 중추가 당신에게 가장 중요한 것을 알 때, 그것은 당신의 머리 위에서 불빛을 비추는 전구와 같다. 당신이 자동 반응적으로 즉흥적으로 원하는 것은 궁극적으로 원하는 것보다 덜 중요하게 된다.

경보기 목표와 최상의 목표를 구분하는 연습

당신은 SOS가 주로 우리의 정서와 사고를 구별하는 데 유용하다는 생각을 해 왔을 것이다. 그러나 그것은 시작에 불과하다. 경보기 정서와 사고 그리고 최상의 정서와 사고의 차이를 아는 것은 당신에게 매우 중요하며, 그러한 느낌과 사고를 목표로 전환하는 다음 단계를 밟을 수 있도록 준비시킨다.

최상의 목표는 **원하는 것**이 아니라 **필요한 것**에 기반을 둔다. 우리 대부분은 억만장자가 되기를 원한다. 그러나 우리는 고작 몇 뭉치의 돈만을 필요로 한다. 우리는 안전과 성취 및 충족 등을 필요로 한다. 돈이 행복과 존경을 보장해 줄 수 있을 것처럼 보인다. 그러나 실제로 돈은 행복이나 존경 같은 최상의 목표에 도달하도록 도와주는 역할에 불과하다.

최상의 목표는 우리가 만족스럽게 뒤돌아보는 보상이나 성취 같은 것이다. 최상의 목표를 결정하는 것은 다음과 같은 특별한 질문을 던지면서 SOS를 할 때 가능하다. 내가 **이미 가지고 있는 것** 중에서 내 삶을 완성하고 살 만한 가치가 있도록 만들기 위해 나에게 필요한 것은 무엇인가?

이것을 시도해 보라. 스트레스를 받지 않았을 때 SOS를 연습하는 것은 경보가 울릴 때 당신의 뇌가 자연스럽게 스트레스에 대처하는 것을 배우는 방법이라는 것을 기억하라.

첫째, 한 걸음 물러서라. 심호흡을 몇 번 하거나, 눈을 감아라. 그리고 귀를 기울여라.

이제 당신이 가지고 있는 것 중에서 당신의 삶을 가치 있게 만들어 준 것에 초점을 맞추어라.

당신은 어떤 생각에 초점을 맞추었는가?

두 종류의 목표가 떠오른다. 당신의 경보기는 '나는 유명한 사람이 되어야 해.' 또는 '나는 다른 사람들보다 더 성공적이거나 똑똑하게 되어야 해.'와 같은 목표를 설정할 것이다. 만약 당신의 목표가 '나는 이 직업이나 인간관계를 그만두어야 해.'라는 것이라면, 이런 목표들은 생각해 봐야 할 중요한 목표이기는 하지만 삶에서 빗나간 것이거나 잘못된 것이다. 이런 것들은 경보기의 목표로 당신에게 중요하지 않은 것이다.

다시 마음을 깨끗이 비워 보라. 그리고 당신이 **이미 가지고 있는 것** 중에서 당신에게 진정으로 중요한 것에 다시 초점을 맞추어라. 최상의 목표는 행복, 자존감, 자신감 및 희망의 느낌이 들게 해 준다. 최상의 목표는 당신이 가지고 있는 것 중에 이미 당신의 삶을 소중하게 만들어 준 어떤 것이다. 당신이 **이미 가지고 있는 것 중에서 당신에게 더 필요한 것**에 초점을 맞추어라. 잠시 여유를 가지고 더욱 천천히 연습을 하라. 그리고 당신의 삶을 풍요롭게 해 줄 한 가지를 뽑아라.

- 당신이 깊은 사랑, 우정 혹은 존중을 느끼는 어떤 사람과의 관계
- 당신이 그것을 하는 동안 흥미롭고 빠져드는 느낌이 들고, 마치고 난 후에는 만족감과 성취감을 느끼기 때문에 하고 싶어 하는 것

- 당신이 자연, 예술 혹은 스포츠에서 어떤 것을 보거나 들을 때, 깊은 즐거움과 완성감을 주는 것

최상의 목표로 방향을 정한 후에 당신의 스트레스 수준이 1에서 10까지의 척도에서 어떻게 바뀌었는지 알아보고, 이제 당신의 개인적 통제 수준이 1에서 10까지의 척도에서 어떻게 바뀌었는지 알아보라. 스트레스는 변했을 수도 있고 아닐 수도 있으나, 당신이 마음을 비우고 최상의 목표에 충분히 초점을 맞추면 개인적 통제는 항상 어느 정도는 올라간다. 이것은 뇌의 사고 중추가 가장 강력하고 완전한 방법으로 활성화되었기 때문이다.

당신은 정서, 사고 및 목표를 자신이 가장 깊게 믿는 하나의 진술문으로 통합했다. 그러한 최상의 목표에 집중하기 위해 SOS를 활용하는 것은, 당신 스스로 자신의 진정한 정체성에 불빛을 비추는 것과 같다. 당신은 목표를 찾기 위해서뿐만 아니라 장래에 필요할 때 그 목표에 더욱 접근하기 쉽고 눈에 잘 띄게 하려고 기억 중추를 활성화한다.

이런 종류의 SOS를 규칙적으로 실천하라. 그러면 당신은 자신이 누구인지를 알게 된다. 당신은 경보가 발령될 때 두 가지 새로운 것을 하도록 뇌를 점화한다. 첫째, 경보기의 신호가 사고 중추를 활성화할 것이다. 당신은 그것을 어떻게 알게 될까? 시작부터 당신은 '나는 내 경보기가 자극되었다는 것을 알고, 그것이 내게 원하는 것뿐만 아니라 필요한 것에도 주의를 기울여 달라고 말하고 있네.'라고 생각하는 자신을 발견할 것이기 때문이다. SOS를 충분히 실천한 후에 그것이 자연스럽게 일어나고, 당신은 '내가 지금 당장 초

점 맞출 필요가 있는 것, 그래서 내 삶에서 정말로 중요한 것에 의해 인도되게 하는 것은 무엇인가?'라고 생각할 것이다.

둘째, 당신의 사고 중추가 기억 중추를 활성화할 것이다. 전에 당신의 기억 중추를 활성화한 것은 보통 경보기였다. 경보기가 기억 중추를 직접 활성화했기 때문에 우리 마음은 너무 자주 스트레스에 찬 감정, 심상 및 생각에 지배를 당했다. 사고 중추는 기억 중추가 경보기 정보에서 벗어나서 최상의 감정, 사고 그리고 목표에 기반을 둔 기억을 찾고 발견하도록 도우러 나설 수가 없었다.

이제 당신이 **이미 가지고 있는 것 중에 자신의 삶을 옳고 살아갈 가치가 있다고 느끼게 해 주는** 최상의 목표에 초점을 맞추게 하는 것은, 사고 중추가 개입하여 경보기의 요구와 기억 중추에 대한 강력한 메시지의 균형을 맞추도록 하는 방법이다. 즉, 문제나 생존에 관한 것만이 아닌 자신이 아는 것을 찾아라. 최상의 목표는 기억 중추가 평온하고 자신감 있게 느끼기 위해 당신이 지금 당장 필요로 하는 정보를 뽑아 오게 해 준다. 그것은 당신 자신을 위해 그리고 당신이 좋아하는 사람을 위해 옳은 선택을 하도록 도와주는데, 심지어 당신이 스트레스를 받았을 때라도 그렇다.

매일 하루에 몇 번씩 SOS를 활용해서 최상의 목표에 초점을 맞추라. 그러면 당신은 스트레스의 함정에 빠져 경보기가 당신에게 하기를 원하는 것과 당신이 진정으로 필요로 하는 것에 주의를 기울이고 있으므로, 스트레스에서 벗어난 상태 사이의 차이 그리고 당신이 어떻게 그런 요구를 이미 충족했는지를 구분할 수 있게 된다. 이 기술은 당신의 사고 중추와 기억 중추를 의식적으로 사용하여서 당신이 그 차이를 아는 것이다.

모든 경보기 목표 안에 최상의 목표가 있다

모든 경보기 반응에는 경보기 목표뿐만 아니라 최상의 목표가 있다. 예를 들어, 당신의 아이가 거리로 뛰쳐나간다면, 이것은 당신의 경보기를 자극할 것이다. 그 순간 당신은 아이를 자애로운 세계 시민으로 키우겠다는 등의 장기목표에 관한 생각을 하지는 않는다. 대신에 당신은 아이를 안전하게 지켜야 한다는 즉각적인 경보기 목표를 가질 것이다. 당신은 어떻게든 아이를 위험에서 벗어나게 할 것이다.

그러나 그런 다음에 당신은 아이를 지성적이고 배려하는 인간으로 양육하는 최상의 목표에 기초를 두게 된다. 이제 아이가 안전하다고 할지라도, 당신의 몸이 아드레날린으로 범람을 이루면 당신은 아이에게 소리를 치거나 한 대 때리고 싶을 수도 있다. 이것은 과잉 반응을 초래하는 경보기 반응이다.

일단 아이가 위험에서 벗어나고, 당신이 이전에 자신의 아이가 다른 사람에게 친절을 베풀 줄 아는 사람으로 성장하는 것을 원하는 것 같은 분명한 최상의 목표를 가지고 있다면, 그 목표는 당신의 뇌에게 당신의 주의를 가장 중요한 것에 초점을 맞추는 방식으로 행동하라고 지시할 것이다.

엉덩이를 때리거나 소리치는 대신, 당신은 아이에게 다시는 당신이 잡은 손을 놓고 길로 뛰어들지 못하도록 단호하게 말하고 아이에게 그것을 확실히 이해시키려고 할 것이다. 당신은 아이에게 잊어버리지 않게 하려고 몇 번을 더 상기시키지만, 비록 그 상황이 자신에게 스트레스를 초래하여도 자신의 경보기가 자동적 반응을 일으키도록 놔두지는 않는다.

우리는 경보기 세상에 살고 싶어 하지 않기 때문에 최상의 목표에 초점을 맞춘다. 안정된 정체성을 가지는 것과 우리 자신에 대해 나쁘게 느끼는 것 사이의 차이는 자신을 자극하는 상황에서조차도 자신이 정말로 필요로 하는 것을 확인하는 데 충분한 시간을 쓰는 것이다. 대부분의 사람은 자신이 최상의 삶을 살 수 있다는 것을 깨닫지 못하기 때문에 결코 그런 시간을 쓰지 않는다.

제4부

최상의 삶

제12장

선택을 최적화하라

뇌가 작용하는 방식, 초점을 맞추는 방법, 그리고 당신의 경보기를 끄기 위해서 초점을 맞출 수 있는 대상에 대해 지금까지 학습한 내용은 당신에게 항상 자기 삶에 대한 통제를 회복할 수 있다는 것을 보여 주었다. 경보기가 발령될 때나 혹은 그것이 너무 오랜 시간 과잉활동을 한다면, 당신은 스스로 무기력하다고 느낄 수 있다. 그러나 당신은 이제까지 자신이 알고 있는 것보다 더 강건하다. 당신은 한 번도 해결책을 찾는 법을 학습하지 않았지만 그럼에도 불구하고 대안을 발견할 수 있다. 우리가 자신의 경보기가 켜졌다고 느끼게 될 때, 우리 자신의 몸이 스트레스로 가득 차는 것을 느끼게 될 때 SOS를 활용하거나 우리의 사고 중추를 작동시키는 계기를 인식할 수 있다.

바로 지금 당신 삶의 어떤 것이 스트레스를 준다. 예를 들면, 직장, 가정, 주변 환경 또는 오늘 오후에 방문하고자 하는 장소의 상황과 사람 및 장소 등은 당신의 경보기에 신체를 통해서 스트레스를 전달할 것이다. 그것은 당신의 경보기에서 오는 스트레스로 인한 자동 반응의 입력과 가장 중요한 것을 지향할 때 사고 중추가 초점을 맞추는 정서, 가치 및 목표의 균형을 맞추는 기술이다. 그것은 당신의 초점을 전환하기 위해 선택을 하는 기술이다. FREEDOM에 있는 'O'는 **선택을 최적화하기**optimize your choices를 의미한다.

경보는 우리의 경계와 생존을 유지시키지만 선택은 아니다

당신은 항상 선택한다. **선택이란 우리가 매 순간마다 인생을 살아가는 과정을 결정하는 인간의 자유다.** 그러나 자동적 경보는 선택이 아니다. 만일 당신 뇌의 경보기가 생존 양식이 될 때, 이것은 당신이 적을 격퇴하거나 위험에서 회피하거나 아니면 문제를 해결하도록 요구한다. 경보는 선택이 아니다. 왜냐하면 당신이 당연히 느끼거나 생각하거나 원하거나 혹은 행동하는 것에 관한 것이기 때문이다. 그것은 위기에 대처할 수 있는 가장 좋은 방안일 수 있으나, 실제로 선택은 아니다. 그 이유는 그 순간 혹은 당신의 삶에서 당신이 결정한 것이 가장 중요하다는 것을 알지 못하기 때문이다.

싸움, 도피, 두려움 혹은 동결 반응에 의해서만 처리될 수 있는 위험이나 문제가 있을 때, 경보가 가장 최선의 '선택'일 수 있는가? 경보는 신속하고 강력해서, 위협이나 문제가 생존을 유일한 선택으로 만들어 줄 때는 필수적이다.

그러나 경보기가 울리고, 선택이 명령으로 대체된다면, 자신이 통제할 수 없는 일의 처분에 맡겨진 것처럼 느끼게 마련이다. 화를 내는 상사, 경제 불황, 무시하는 배우자와 같은 자극은 경보기를 켜고, 뇌와 신체를 사로잡고 있는 사고와 감정을 정지시키거나, 승리할 수 없는 내부의 전쟁과 같이 보일 수 있다.

이와 같은 생각은 당신을 사로잡아 삶을 나쁘기보다는 좋은 것으로 혹은 잘못되기보다는 정당한 투쟁에 불과하다고 생각하도록 만들 수 있다. 이와 같은 '흑백 논리' 또는 '실무율적' 관점은 경보기의 전문 영역이다. 다시 말해서 뇌의 경보기의 관점에서 보면 당신은 위험에 처해 있거나 아니면 안전하거나, 상해를 입거나 아니면 치료되었거나, 또는 무력하거나 아니면 통제력을 갖거나 중의 하나다. 경보기는 선택을 이해하지 못한다.

스트레스 반응이 우리를 자동항법으로 이끌어 갈 때, 우리는 진정한 선택을 할 수 있는 능력을 빼앗긴다. **그러나 경보기와 사고 중추와 기억 중추가 협동을 할 때,** 선택이 가능할 뿐만 아니라 가장 극단적인 스트레스 조건에서조차도 선택은 필연적이다.

최상의 선택

우리 자신이 되고 싶은 사람은, 스트레스 반응을 느낄 때마다 한 걸음 물러날 수 있고, 자신이 어떤 상황에 자동 반응을 할 필요가 없다는 것을 이해할 수 있다. 당신은 멈출 순간을 선택하고, 그런 다음 자신이 학습하고 싶은 것에 초점을 맞춘다. 당신은 친구로부터 시도 때도 없이 마구 걸려 오는 전화나 직장 동료의 분노 섞인 이메일을 이해하고, 그가 경보 세계로부터 물러나는 것을 도울 최선의 방안을 결정할 수 있다. 그들의 경보기는 만약 그들이 선택권이 있다는 것을 알았다면 선택했을 삶에 대한 문을 닫게 한다.

당신은 일이 엉망진창일 때, 문제에 직면할 때, 혹은 위협에 직면할 때조차 기회를 찾을 수 있는 바로 그런 사람이다. 비록 이렇게 하는 것이 당신의 자연스러운 방식이 아니라 할지라도 당신은 선택을 통하여 이와 같이 될 수 있다. 예를 들면, 당신의 아이가 학교에서 정학을 당했다고 하자. 부모로서 우리가 하는 즉각적인 경보 반응은 아이를 군대 캠프에 보내거나 아니면 학교에 가서 항의하며 대판 싸우는 것이다. 당신이 하는 반응은 자신의 경보기와 경보 반응 모두를 다루는 데 있어서 항상 선택의 여지가 있다는 사실에 대한 자각에 달려 있다.

경보 세계에 살고 있는 사람은 자동 반응을 한다. 그들은 자녀에게 화를 내거나, 교사나 교장에게 분노를 표출한다. 최상의 삶을 살아가기로 선택한 사람은 이러한 상황에서조차도 자녀를 위해서 의미 있는 것이 무엇인지, 교육을 위해 도움이 되는 것은 무엇인지, 나아가 학교와 지속적인 좋은 관계를 가질 방안은 무엇인지를 찾아내는 기회로 활용할 수 있다.

최상의 선택이라고 해서 완벽하다거나 거저인 경우는 드물지만, 그래도 그것들은 받아들이기 어려운 불리한 면을 갖고 있지는 않다. 만일 어떤 선택이 많은 장점을 가지고 있는 반면에 심각한 대가를 치러야 한다면, 최상의 선택이 될 가능성은 적다. 교장을 찾아가서 고함을 치거나 더 나쁜 행동을 하는 것은 당신 자신이나 자녀에게 아무 도움이 되지 않는다. 그 순간에 분노를 발산하는 것이 더 낫다고 느낄 수 있으나, 이런 선택을 한 결과는 더 많은 경보 반응만 만들 따름이다. 거의 모든 상황에는 학습을 가능하게 하는 최상의 선택이 있게 마련이다.

분명하게도, 최상의 선택은 우리에게 신중하게 생각하도록 요구한다. 왜냐하면 우리는 스트레스를 받았을 때보다는 차분할 때 최상의 선택을 하기가 더 쉽기 때문이다. 이상적인 것은, 우리가 충분한 시간과 자신에게 가장 중요한 것에 진정으로 초점을 맞추는 평정심을 갖고 상황을 미리 숙고해 보는 것이다. 첫 데이트에서 상대방이 당신 앞에 나타나기 전에 할 말을 미리 생각해 보는 것이 더 쉬울 것이다.

그리고 우리는 누구나 자발적으로 혹은 위기의 순간에도 뛰어난 선택을 했던 경험을 갖고 있다. 그러나 그런 최상의 선택들 중 대부분은 **사실 미리 만들어진 것**이지만, 우리는 자신이 이미 그 상황을 전에 생각해 보았다는 사실을 자각하지 못할 뿐이다.

우리는 매일 일어날 수 있는 중요한 선택을 일일이 예상할 수는 없다. 하물며 일상에서 다가오는 수도 없이 많은, 자질구레하지만 잠재적으로 삶을 변화시키는 선택의 경우 그 모든 것을 예상하지 못한다. 사전에 모든 핵심적 선택에 대한 각본을 써 볼 방법은 없다. 심지어 어떤 선택이 사전 각본을 갖고 있다고 할지라도, 그것 역시 종종 그 순간에 우리가 가치 있게 여기는 것을 성취하는 것과 최상의 삶을 살아가는 데 투입되는 에너지의 균형을 잡기 위해 조정될 필요가 있다. 우리가 다룰 수 있는 것은 상황이 대단히 좋지 않을 경우에도 확실히 한 걸음 물러서는 것이고, 모든 대안을 진심으로 고려할 수 있을 만큼 분명하게 생각하는 것이다.

크리스마스 휴전

1914년, 제1차 세계대전의 참호 전쟁은 설명할 수 없을 만큼 처참했다. 천만 명이 넘는 사람이 사망하였고, 그 두 배에 달하는 사람이 부상을 당했다. 사람들은 어깨를 맞대고 땅덩어리를 산산조각냈을 뿐만 아니라 사망자들로 뒤엉킨 진흙투성이의 전쟁터에서 끊임없는 포병 공격에 직면해야 했다. 독일군이 개발한 기관총은 전선에서 한 발짝만 전진하면 곧장 사망에 이르거나 부상을 당하는 것을 의미했다. 끊임없는 폭발, 오물 및 추위야말로 전쟁에 투입된 군인의 양어깨에 인간의 삶 중 최악의 무게를 짊어지게 했다. 서부전선에서 전사자 비율은 제2차 세계대전 때 같은 지역에서 사망한 사람들에 비교하여 2배에 달했다.

그런데 1914년 크리스마스 주간에는 아주 신기한 일이 일어났다. 전선의 지휘관들에게는 실망스러웠겠지만, 서로 대치하는 쌍방 전투병들이 함께 성탄절을 축하하기 시작하였다. 지난 여름에 시작되었던 전쟁 초기에 급조된 참호는 적군 참호와의 거리가 27, 45 혹은 64미터 밖에 떨어져 있지 않았다. 따라서 쌍방 군대 병사들은 박격포를 쏘듯이 큰 소리로 서로 비방하고 모욕을 주는 것이 가능했다. 하지만 적군이 큰 소리로 비방하고 욕을 하는 전쟁은 더 이상 진행되지 않았다. 병사들에게 크리스마스를 맞이해 각자의 집에서 위문품으로 보내 준 선물꾸러미, 담배 그리고 초콜릿 등이 도착하기 시작하자, 행복해진 병사들은 자신의 기분을 파괴에서 희열로 바꾸었다.

독일군이 휴전을 시작하였다는 소문도 나돌았으나, 이는 초콜릿 케이크 때문에 시작된 것일 수도 있고 휴전에 대한 절실한 요구 때문일 수도 있었다. 『브리티시 데일리 텔레그래프British Daily Telegraph』의 종군기자는 영국군이 담배를 선물로 주기로 했다고 말했다. 약속한 시간이 되자, 독일군은 참호를 보호하기 위해서 쌓아 둔 모래 자루에 촛불을 켜 놓고 '고요한 밤'을 부르기 시작했다. 독일군은 영국군에게 같이 노래 부르자고 소리쳤다. 그러나 영국군은 "독일어로 노래를 부르느니 차라리 죽는 것이 낫다."고 응수했다. 이에 대해 독일군은 "만일 영국군이 진짜로 그랬다면 우리야말로 죽었을 것이다."라고 대답하며 반격을 하였다.

쌍방이 서로에게 관대함과 유머가 깃든 행동을 했다는 소문이 퍼져 나갔다. 다음 날이 되자 포병 공격과 기관총 공격이 차츰 덜해지기 시작했고, 가끔씩 잠잠해졌다. 독일군은 크리스마스트리를 세우고 촛불로 장식했다. 그다음 주에는 하루 종일 노래를 불렀다. 성탄절과 신년 주간에는 중간 휴전 지역에서 상대방 군인들이 함께 어울렸고, 선물을 나누어 주려고 적의 참호에까지 들어가기도 하였다.

경보가 만연한 환경에서 도대체 무엇이 이 군인들로 하여금 최상의 세상에 초점을 맞추도록 만들었는가?

경보기가 우리를 안전하게 지키려고 노력하는 동안 우리의 학습 뇌는 우리의 의식을 환기하려는 대안을 찾으려는 노력을 멈추지 않는다. 쌍방 군인은 그 어느 쪽도 물이 차서 질퍽거리고 냄새나는 더러운 참호에서 성탄절을 보내기를 원하지 않았다. 그들의 지휘관의 모든 경보 목표가 적군과 싸우는 것일지라도, 모든 사람의 뇌는 서로의 연결 그리고 스트레스로부터 벗어나는 능력을 더 많이 갈망했다. 그들이 전쟁터를 통제하는 것, 한 주 동안만이라도 더 나은 삶을 사는 것, 그리고 그 순간에 가장 최선의 삶을 사는 것이 가능하다는 것을 깨달았을 때 자신들의 최상의 세상을 만들었던 것이다.

도움 요청하기

데빈은 직장에서 항상 인기가 많았다. 그녀는 대학 졸업과 동시에 광고 회사에 입사했고, 매년 많은 책임이 주어지는 자리로 이동하면서 업무를 맡았다. 그녀는 29세에 창사 이래 처음으로 최연소 임원이 되었다. 그런데 그녀는 직장을 그만둘 준비를 하고 있다.

그녀는 회의에서 자신의 평상시 열정을 숨기고자 노력했다. 그녀는 고객과 있을 때는 자신의 정상적인 매력을 발산하거나 창의적으로 자신의 캠페인을 벌였다. 그러나 친구 사이에서 그녀를 가장 행복하게 만들었던 똑같은 일이 이제 와서 그녀가 새로운 삶을 원하도록 만들었다.

데빈이 상담을 받으러 왔을 때 우리는 언제부터 스트레스를 받기 시작했는지를 말해 달라고 요청하였다. 그녀는 자신이 만족시키지 못했던 한 고객에 대해 말해 주었다. 그녀의 팀이 행한 모든 것이 잘못되었는데, 그 고객이 요청했던 것도 그랬다. 그래서 그녀는 그 고객을 만족시키기 위해 더 열심히 일했다. 그녀는 다른 어떤 업무에 투자하는 시간보다 그 고객이 의뢰한 일에 훨씬 더 많은 시간을 투자했다. 그녀의 노력이 그 일을 지속하도록 했고 그 고객은 아직 그녀의 회사와 거래를 하고 있다. 그녀는 그들을 위해 일하는 것을 싫어했지만 그들은 매년 그녀가 다니는 회사의 순이익 중 상당 부분을 차지했고, 그 이유로 그녀는 승진을 했다.

우리는 그녀의 대안이 무엇인가를 물어보았고, 그녀는 아무것도 없다고 말했다. 우리가 그녀에게 직장에서 가장 좋아하는 사람에 관해 물었을 때, 그녀의 얼굴은 환해졌다. 그녀는 자신의 파트너 중의 한 명인 상사에 대해 언급하면서, 그의 사무실에 앉아서 무슨 일이든 상의한다고 말했다.

우리는 그녀에게 자신의 감정을 상사에게 말했는지를 물어보았다. 그녀는 "물론 아니지요. 어떻게 내가 그 문제를 다룰 수 없다고 상사가 생각하도록 만들 수 있겠어요. 그럴 수는 없어요. 우리 팀이 그 고객에 대해 비난을 퍼붓지만, 그렇다고 해서 도움을 요청할 수는 없지요."라고 말했다.

우리는 왜 그러지 못하는가를 물었다.

그녀는 "왜냐하면 내가 파트너로서 일하는 것에 무엇이라도 방해가 되는 건 싫기 때문이에요."라고 말했다.

우리는 그녀가 자신의 모든 프로젝트를 단독으로 수행할 것인지 물었다.

그녀는 "물론 아니에요."라고 답하면서 정색을 했다.

우리는 그녀가 골치 아픈 고객을 다룰 때 도움을 청한다면, 파트너가 그녀를 약하게 볼지 아니면 강하게 볼지에 대한 그녀의 생각을 물어보았다. 우리는 그 파트너가 그녀를 돕고 싶다고 말할 때, 그녀가 자신에게 진정으로 필요한 것을 유지하도록 의사를 분명히 표현하는 것이 그 파트너에게 걱정을 끼친다고 생각하는지를 알고 싶었다.

그날 그녀는 분명한 계획을 갖고 사무실을 걸어나갔다. 우리는 그녀의 파트너에게 이야기하는 방법을 사전 연습했고, 그녀가 비록 자신이 필요한 것을 요청하는 것을 두려워할지라도 그것을 얻는 것에 초점을 두도록 만드는 감정, 가치 및 목표를 주제로 하여 다른 SOS를 실천했다.

그다음 회기에서 그녀는 그에게 이야기하기로 결심했다고 말해주었다. 파트너는 그녀가 지금까지 얼마나 많은 것을 수행해 왔는가에 대해 항상 경탄했고, 그녀를 돕기 위해 기꺼이 많은 자원을 지원해 주었다. 그녀는 우리와 함께 모든 이야기를 나눈 후 자신의 일을 다시 좋아할 수 있게 된 것에 대해 매우 신나했다.

자동 반응 사슬과 최상의 경로

직장, 가정, 나아가 전쟁터조차 도대체 무엇이 폭력보다는 평화를, 승리나 죽음을 넘어서는 인간의 삶의 가치나 관계의 목표를 선택하도록 만들까?

스트레스 상황이 되면 신체적 및 정서적 감정 그리고 우리의 가치나 목표가 대부분 경보 반응에 근거를 두는 것은 정상적이다. 상사가 자신에게 소리치는 현장에 있는 사람은 스트레스 반응을 보인다. 이에 따라오는 생각은 '이 친구는 돈을 너무 많이 받고 있는, 허풍쟁이 떠버리인 오랑우탄이다.'라는 것과 같다. 다음에 따라오는 것은 '나는 여길 관둬야겠다.'와 같은 경보기의 목표다. 이런 상황에서 자동 반응 사슬로 자연스럽게 흘러나오는 경보기의 선택은 새로운 일자리를 찾아보는 것, 반대로 내가 고함을 질러 응수하는 것 아니면 직장을 그만두는 것일 수 있다.

경보 반응이 나타날 때 최상의 경로를 선택하는 사람들은 다른 접근법을 선택한다. 그들은 어떤 스트레스 반응이 나타난다는 것을 느낄 때 한 걸음 물러난다. 그들은 SOS를 활용하기 이전에 자신의 몸이 신체적으로 스트레스를 받는 것을 알아채고, 자신이 경험하고 있는 감정을 평가한다. 이와 같은 정서적 자각은 그들에게 자기 상사에 대한 경보기의 생각이라는 것을 알아차리고 이처럼 끊임없이 올라오는 감정을 가라앉힐 수 있는 수많은 최상의 생각을 근거로 SOS를 실천하게 한다. 스트레스를 진정시키면, 그들은 도망가는 대신에 무엇이 상사의 반응을 일으켰는가를 이해하는 것 혹은 관계를 재형성하는 것과 같은 적절한 목표를 선택한다. 이 경우에 최상의 경로는 상사가 침착해졌을 때 대화할 기회를 가지는 것, 또는 동료에게 다음에 직면하는 상황을 어떻게 다룰 것인가에 대해 도움을 요청하는 것이다. 그들은 여전히 상사의 반응이 수용할 만하다고 생각하지 않아서 다른 직업을 찾는 것을 선택할 것이다. 그러나 그들이 그것을 하는 것은 자신의 웰빙과 개인적 통제를 양보시키기보다는 증가시키는 심사숙고한 결정이다. 그들은 그렇게 행동함으로써 경보기의 반응이 온전히 자신을 조정하도록 맡기기보다는 경보기를 제자리로 돌려놓는다.

앞서 크리스마스 휴전을 한 병사들은 최상의 경로를 따랐던 셈이다. 그들의 뇌는 쉽게 스트레스에 빠질 수 있었다. 극심한 공포의 느낌이야말로 폭력적 생각, 살인의 목표, 나아가 이와 같은 의도에 뒤따르는 행동이 될 수 있다. 그들의 뇌에서 발생한 것—휴일의 따뜻함을 느끼는 데 초점을 두는 것, 관계의 생각 및 평화라는 목표—은 자신에게 전투보다는 축하를 선택하도록 해 주었다.

당신의 신체는 곧 사원이다

우리는 매 순간 자동 반응 사슬이 자신의 뇌를 지배하도록 선택할 수 있거나, 최상의 세상에 바탕을 둔 최상의 행동을 선택할 수도 있다.

예를 들어, 당신은 대단히 피곤하고 또 허기가 졌다.

이 문장 자체만 들어도 경보를 일으킬 것이고, 또 반드시 그래야만 한다. 초기의 인류는 대부분 경보기에 의지하여 살아왔고, 영양 보충과 안전이라는 두 가지 주요 목적을 가졌다. 매슬로의 욕구위계를 상기해 보면, 당신의 발달한 자아는 자신의 일상생활에서 기본적인 욕구에 충실했다. 그래서 당신이 직장에서 늦게 귀가하는 중이라면, 서두르는 것은 당신을 더욱 배고프게 만든다. 이러한 경우에 당신이 고급 승용차를 몰거나 쾌적한 가족용 승용차를 모는 것은 전혀 관계가 없다. 이때 당신의 뇌는 당신이 고대 시대에 사는 것처럼 생각할 것이다. 즉, 당신의 뇌는 당신을 살아가도록 하기 위한 음식이 지금 당장 필요하다.

당신은 두 가지 선택을 할 수 있다. 한 가지는 당신의 냉장고에서 채소, 수프, 이번 주말에 직접 만든 신선한 빵 등을 꺼내 고영양 진공조리를 해 먹는 것이고, 다른 하나는 귀갓길에 가게에 들러 부드럽고 따뜻하며 몇 초 안에 마련되는 치즈버거(에너지가 떨어지면 무엇이든 먹으면 기분이 더 좋게 느껴진다)를 구입해서 당장 먹는 것이다.

당신은 어떤 것을 선택할 것인가?

거의 누구라도 햄버거(또는 덜 건강하더라도 당신이 대체할 수 있는 편의성 음식)에 의해 제공되는 즉각적인 만족을 선택한다. 여기 설명한 상황에서 놓치거나 잘못된 것은 당신이 지나치게 배가 고프거나 피로하거나 스트레스를 느껴서 우리가 이제까지 설명해 온 방식으로 자신의 마음에 초점을 맞출 수 없다는 것이다. 바로 그 순간에 확장된 SOS를 실천한다는 생각은 아마도 불합리해 보이거나 적어도 일종의 잔인성과 비정상적 처벌처럼 보일 수도 있다.

우리가 경보기에 의한 생존 요구의 반응과 우리 삶에 좀 더 큰 의미를 주는 선택을 구분하기 위해서 끊임없이 반성을 해야 하는 이유는 이런 갈림길의 순간에 매일 여러 번 놓이기 때문이다. 만일 우리가 경보기에 따라 먹고 마시고 움직인다면 그것은 우리가 칼로리를 채우고 기분 좋게 느끼고 에너지를 충전시키기 위해서 필요로 하는 것으로, 우리는 결코 안락의자를 떠나지 않게 마련이다. 그리고 우리가 그렇게 한다면, 그것은 그 주말에 좋아하는 바(bar)나 레스토랑을 찾아가도록 이끌리는 것이다.

이것은 결코 우리가 유혹을 즐기지 말라는 것은 아니다. 우리는 단순히 자신이 사는 방식에 대해 좀 더 생각해 봄으로써 마음에 초점을 맞추고 건강하면서도 특별한 풍미의 식사를 선택할 수 있어야 한다.

앞에서 언급했던 기름이 잘잘 흐르는 치즈버거로 돌아가 보자. 당신은 그 냄새를 맡을 수 있는가?

그것은 당신의 기억 중추가 얼마나 강력한가를 보여 주는 것으로, 당신은 그 힘을 자신이 원하는 삶을 경험하는 데 사용할 수 있다. 만일 당신이 경보기의 선택에 따라 기름진 치즈버거를 먹는다면, 그것의 맛을 음미하지는 않을 것이다. 당신의 뇌는 당신이 주차장을 빠져나가기도 전에 치즈버거를 세 번 베어 물어서 삼키도록 만들 것이다. 먹어 치워 버릴 수 있다고 생각하는 것이다. 그것은 당신이 원하는 것이지, 필요로 하는 것은 아니다.

빨리 먹기 기네스 세계기록을 획득하는 것이 당신이 자신의 삶에서 추구하는 가치라면, 그때에는 그 햄버거를 맘껏 먹어라. 햄버거를 먹는 데 돈을 쓰는 것이 일주일에 한 번이라면, 소매를 걷고 실컷 먹어라. 그러나 우리 대다수에게 충동적으로 음식을 먹는 것은 자신에게 가능한 다른 대안에 대해서 주의를 기울이지 않은 결과다.

이런 현상이 일어나는 것은 우리가 현명하지 않아서, 잘 알지 못해서가 아니라, 피로, 허기 또는 다른 정상적인 신체적 · 정신적 스트레스가 최고조에 달하기 전에 한 걸음 물러서서 스스로 가장 중요한 것에 다시 초점을 맞추는 것을 잊어버렸기 때문이다. 음식 섭

취에 관해서 최적의 선택은, 충분히 주의 깊게 무엇이 중요한가를 숙고하여서 우리가 선택을 할 때가 되면 자신의 경보기에서 먹으라는 명령보다는 숙고의 결과로 얻은 지식에 의해 안내를 받는 것이다.

당신이 즐거움에만 초점을 맞추기 때문에 자신의 선택이 건강상 가장 나쁜 것을 고르는 경우는 늘 있게 마련이다. 그러나 당신은 자신의 경보기("나는 이것을 원해. 따라서 당장 먹어야만 해!") 그리고 사고 중추("나는 내가 욕망에 무릎을 꿇지 않고 쾌락이나 즐거움을 다룰 수 있다는 것을 알아.")의 협동을 바탕으로 선택할 수도 있다. 이렇게 하면 우리는 자신을 진정으로 만족시키는 선택을 할 수 있다. 왜냐하면 그것이 쾌락을 줄 뿐만 아니라 당신이 결정을 하는 일에 경보기와 사고 중추를 모두 활용했기 때문이다.

최상의 경로 따르기를 선택하기

만일 당신이 최상의 정서, 가치, 목표를 알고 있다면, **이미 최상의 선택을 알고 있는 셈이다.** 여기에서 이 과정이 어떻게 작동하는지를 살펴보자.

최종적으로 SOS를 마무리해 보라.

한 걸음 물러나라. 살펴보든 경청하든 호흡하든지 간에, 속도를 늦춰라. 자신의 마음을 칠판을 깨끗하게 지우듯이 비워라.

이제 초점 맞추기 과정을 연습해 보자.

첫째, 자신에게 가장 중요하고 또 도움이 될 만한 **정서**emotion를 하나 선택하여 초점을 맞춘다. 바로 이 순간에 느끼고 싶은 것을 느껴라. 이제 그 정서를 자신의 기억에서 끄집어낸다. 스스로 그것을 느끼도록 해 보자. 정서를 느끼기 어렵거나 자연스럽게 나오지 않으면, 과거에 이 같은 최상의 정서를 느꼈을 때를 생각해 보라. 다른 정서가 튀어나온다고 해도 문제가 되지 않으며, 이는 당신이 느끼고 싶어 하는 것에 다시 초점을 맞출 기회다.

그다음에, 그 가장 중요한 정서를 표현하는 **하나의 가치**one value를 선택함으로써 자신에게 초점 맞추기를 계속하라. 당신이 행복을 느끼기로 선택한다면, 어떤 생각이 당신을 행복하게 만들 것인가? 당신이 편안함을 느끼기로 선택한다면 당신을 편안하게 해 주는 방안을 생각해 보라.

셋째, 당신이 초점을 맞춘 최상의 정서와 생각을 표현하는 **하나의 목표**one goal를 선택함으로써 계속 초점을 맞춰라. 예를 들면, 만일 당신이 초점을 두는 정서가 행복이라면, 그래서 초점이 되는 생각이 '나는 기분 좋게 느끼고 싶다.'라고 한다면 이 연습에서 당신의 최상의 목표는 '나는 내가 사랑받고 있다는 느낌을 주는 인간관계를 맺고 싶다.' 또는 '나는 나를 미소 짓게 하는 일을 하고 싶다.'가 될 수 있다.

마지막으로, 자신의 스트레스와 개인적 통제력을 1에서 10점의 수준으로 측정해 보라.

당신이 지금 해 왔던 것을 이해하는가? 우리가 할 수 있는 가장 중요한 선택의 하나는 자신의 정체성을 정해서 자신의 학습 뇌가 항상 최상의 정보에 접근하게 만드는 것이다. 이것은 스트레스를 감소시키고 분명하게 생각하는 당신의 능력을 향상시키는데, 그것이 바로 개인적 통제의 정수다. 아직까지 이렇게 하지 않았다면, 이제 이러한 현실을 이미 경험하였기 때문에 최상의 정서와 사고 그리고 목표에 초점을 맞추는 것을 선택할 수 있다.

자신에게 유익하고 또 강력한 것이 무엇인지를 알기 위해서 SOS를 활용하는 것은 대부분의 사람이 놓치고 있는 중요한 연결 고리다. 그런데 이것이야말로 우리가 매일 할 수 있는 가장 좋은 최상의 선택 중 하나다. 당신의 최상의 세상이 갖고 있는 정서, 가치 그리고 목표를 기억한다면 스트레스를 받는 중에도 최상의 선택을 찾기가 훨씬 용이하다. 당신은 이런 방식으로 느꼈고, 자신의 가치에 따라 살았고, 자신의 목표에 이미 도달했다. 최상의 선택이란 바로 이와 같은 성공이 지속하는 것이고, 나아가 미래의 성공은 우리가 최상의 경로를 따라간다면 항상 가능하다.

페이퍼 클립

이제 우리가 매 순간마다 하는 수백 가지의 선택들 중에서 마지막으로 다음과 같은 질문에 대답해 보자. "페이퍼 클립을 얼마나 다양한 용도로 사용할 수 있을까?"

보통 페이퍼 클립은 서류를 질서정연하게 정리하는 데 사용될 수 있으나, 먹다 남은 과자 봉지를 밀봉하는 데 사용하는 것은 어떤가? 우리는 페이퍼 클립을 무언가 잠긴 것을 열 때, 크리스마스 트리에 장식을 매달 때, 파티 후에 장식을 한 풍선을 터뜨릴 때, 아이들 비디오게임을 다시 세팅하기 위해 작은 버튼을 누를 때 쓰기도 한다. 당신은 페이퍼 클립의 모든 활용 방법에 대해 목록을 작성할 수 있다.

우리는 한 가지라도 더 떠올리도록 당신에게 생각을 점화시키기 위해서 몇 가지를 제공했다.

당신은 이것을 할 수 있었는가?

두 번째는 어떤가?

세 번째는 어떤가?

백 번째는 어떤가?

사실, 당신은 클립의 용도로 금속의 휘는 기능을 활용하는 방법, 아이의 인형 의자를 장식하는 것, 지폐를 끼우는 방법 등등 다양한 용도를 생각해 낼 수 있다. 그런데 우리는 스트레스를 느끼는 상황에 처해 있으면, 자신의 학습 뇌를 사용하지 못하는 경향이 있다. 심지어 현자나 권위자도 꼼짝을 못한다. 우리는 자신이 찾은 어떤 시나리오에서도 다수의 대안을 가지고 있지만, 아드레날린이 넘쳐나는 강한 정서 상태에서는 종종 경보기에게 선택권을 내주고 만다.

당신은 항상 선택을 한다. 만일 우리가 자신의 경보기와 사고 중추를 모두 존중하는 최상의 경로를 선택한다면, 한 개인이 세상과 주변 사람의 삶에 대해 할 수 있는 하나의 가장 중요한 기여를 하는 것이다.

제13장
기여하라

당신이 깨달았든 깨닫지 못했든, 당신은 이미 세상에서 값을 매길 수 없이 가치 있는 기여를 하고 있다. 이는 의도적으로 좋은 행동을 하려고 해서가 아니라, 단순히 당신의 뇌 속에 있는 경보기를 제자리로 돌려놓음으로써 다른 사람도 자기 뇌에 있는 경보기를 제자리로 돌려놓도록 도와주기 때문이다. 당신은 이 세상을 좀 더 나은 곳으로 만들기 위해서 스스로 더 나은 사람이 될 필요는 없다. 당신은 다음의 두 가지만 기억하면 된다.

첫째, 당신의 뇌는 당신의 주의를 필요로 하는 경보기를 가지고 있다는 것과, 둘째, 당신이 자신의 경보기를 제자리로 돌려놓는 일에 의도적으로 초점을 맞추면 어떤 식으로든 기여를 하고 있다는 것이다.

FREEDOM 모형의 최종 기술인 **기여하기**making a contribution는 당신이 이미 가장 중요한 인간관계, 환경 및 자신의 삶의 경험, 어느 곳에서 긍정적 기여를 하고 있는가를 이해하는 것에 관한 것이다.

제1장에서 우리는 뇌에 대해서 학습하였다. 그런데 당신은 다른 사람들의 뇌에도 역시 경보기, 사고 중추 그리고 기억 중추가 있다고 그들에게 가르쳐 주었는가?

만일 당신이 그렇게 하였다면, 이는 엄청난 기여를 한 셈이다. 우리 대부분은 머리에서 일어나는 혼돈 상태가 우리를 안전하게 지켜주기 위한 생존 뇌의 활동이라는 것을 결코 알지 못한다. 우리는 스트레스를 받거나 마음이 무너져 내리게 되면, 우리가 뭔가 잘못되었기 때문이라고 생각한다. 그런데 대부분의 경우 우리의 경보기는 우리가 상처를 받지 않도록 애를 쓴다. 즉, 우리의 뇌는 우리가 잘못되지 않고 안전하도록 지켜 주려고 애쓰는 경이로운 것이다.

대부분 사람은 어떤 것이 자신의 마음에 상처를 준다고 생각하면서 삶을 살아가고 있고, 결코 SOS를 통해 자극을 인식하고 자신의 정서, 가치, 목표 및 선택을 최적화함으로써 자신의 뇌의 사고 중추를 활성화할 능력을 갖고 있다는 것을 알지 못한다. 당신과는 달리, 그들은 자신이 경보기의 스트레스 신호뿐 아니라 완전한 최상의 뇌에 접근함으로써 나타나는 삶에 대한 개인적 통제를 성취하는 능력을 갖고 있다는 것을 깨닫지 못한다.

어떤 자극이 당신의 경보기를 작동시키는 때가 있다. 그때 자녀, 배우자, 동료 또는 친구에 대해 흥분하는 대신 당신은 자신과 그들에게 중요한 것에 초점을 맞춘다. 더 많은 스트레스를 초래하는 방식으로 자동 반응하는 대신, 당신은 초점을 맞춤으로써 모든 사람의 스트레스 수준을 낮추고, 자신의 개인적 통제를 증가시킨다. 그들의 경보는 울리지 않을 것이고 녹초가 될 것에 대처할 필요가 없기 때문에, 당신은 얼마나 많은 비탄에서 자신과 그들을 구해 내는 것인가? 경보기가 당신의 삶을 인도하는 것보다 단순히 사고 중추를 활성화함으로써 얼마나 많은 일을 해결했는가?

이제 우리는 이 책에서 거의 마지막 부분에 다다랐다. 우리는 당신이 자신의 경보기를 관리하고 사고 중추를 활성화함으로써 이미 사람과의 관계를 강화하고, 직장이나 삶터에서 더 강한 공동체를 형성하며 자신이 하고 싶어 하는 것에 초점을 맞추는 것이 가능하다는 것을 보여 주기 원한다. 당신은 자신과 돌봐야 하는 사람을 위해, 더 나은 세상을 만들기 위해 세상을 바꿀 필요가 없다. 그리고 그 이익은 개인적으로 알고 있는 사람의 범위를 넘어서 알지 못하는 사람에까지 확대될 수 있다.

일차적 인간관계

인간관계야말로 우리 자신의 경보기를 관리하는 일의 출발점이자 가장 중요한 영역이다. 우리가 경보가 들끓는 소동 속에 있으면, 그날 만난 모든 사람에게 이러한 영향을 미친다. 자신의 경보기에 귀를 기울이고 또 일관성 있는 개인적 통제 수준을 달성할 만큼 분명하게 생각하도록 학습 뇌를 사용하는 것은, 기회일 뿐만 아니라 동시에 의무다. 만일 이렇게 하지 않는다면, 자신의 인생에서 가장 아끼는 사람에게 미칠 수 있는 손해가 무엇인지 생각해 보라.

세상에서 가장 사랑하는 사람에게로 돌아가 보자.

그 사람의 얼굴을 상상하라. 당신의 가까이에 있는 그 고마운 사람의 미소를 상상하라. 당신은 그것이 자신이 어떤 무언가를 했기 때문이라고 생각하는가? 우리 대부분의 경보기가 항상 켜져 있는 이유는 항상 주변 사람에게서 사랑, 존경 그리고 애정을 얻고자 노력하기 때문이다. 경보기는 "당신은 모든 일을 올바르게 하는 것이 더 좋다. 그렇지 않으면 그들이 당신을 사랑하지 않을 것이다."라고 말할 것이다.

개인적으로 건강하고 완전하게 유지하고 싶어 하는 개인적 인간관계는 자신이 해결하는 문제에 바탕을 두는 것이 아니고, 끊임없이 무언가를 더해 주는 것에 바탕을 두는 것도 아니다. 당신을 사랑하는 사람에게 그들의 경보 수준을 낮추고 행복하게 살도록 만들어 주는 것이 바로 이 세상에서 당신이 존재하는 이유다. 이들을 행복하게 만들기 위해 당신이 록 스타나 경영계의 거물이나 회장일 필요는 없다. 나아가 반드시 부유하고, 모델처럼 보이거나 모든 것을 올바르게 할 필요도 없다. 뇌에서 경보기를 돌보는 것과 마찬가지로, 다른 사람도 자신의 경보기를 제자리로 돌려놓는 것으로 시작한다는 것을 알게 될 것이다. 항상 그런 것도 아니고 당신이 그들에게 그것을 해 주었기 때문도 아니지만, 초점을 맞추는 것은 스트레스를 받는 것과 마찬가지로 전염되기 때문이다.

우리 대부분은 좋아하는 사람과 있으면 노력을 많이 하고, 이것이 경보기를 작동시키고 종종 그들의 경보기도 작동시킨다. 만일 그들이 상처받고 분노하고 슬퍼하고 고통을 받는 것을 본다면, 그것을 고쳐 주어야 한다고 생각한다. 이때 남을 고쳐 주려는 욕구야말로 경보 반응이라는 사실을 상기하라. 고칠 필요가 있는 것이 진정한 위기이거나 단지 바지에 단추를 다는 거나 목마른 사람에게 물을 한 컵 주는 정도라면, 고쳐 주려는 욕구는 도움이 될 수 있다. 그러나 배우자나 자녀, 친구가 감정 문제로 고충을 겪고 있다면, 우리는 그것을 고쳐 줄 수 없다. 우리 자신의 경보기를 제자리로 돌린다면 그들에게 최선의 도움을 주는 것이 가능하다. 그들의 고충에 대한 반응으로 경고 반응을 보이기는 하나, 우리가 할 필요가 있는 모든 것은 비록 그들의 경보기가 우리의 경보기를 작동시키고 있다고 할지라도, 그들에게 귀를 기울이는 것과 그들을 가치 있게 여기는 것에 초점을 맞춤으로써 우리 자신의 경보 수준을 낮추는 것이다.

가장 분명한 사례는 나쁜 날이 끝나 갈 무렵이다. 당신이 모든 것을 다 해 주고 싶어 하는 사랑하는 사람이 기분이 상하거나 더 나쁘게는 직장이나 학교에서 열 받은 채 귀가한다고 하자. 이때 당신이 그들의 기분을 좋게 만들려고 하는 것은 당연하다. 그는 "내 상사는 쓰레기야!"라고 말한다. 그러면 당신은 가만히 경청하는 대신에 "그는 확실히 그래요."라고 응수하면서 공감하려고 애쓴다. 그러나 당신은 그들의 경보기를 낮추는 것이 아니라 오히려 부추기는 셈이다.

당신의 배우자가 큰 거래를 망치고 기분이 상하여 퇴근했다고 하자. 그러면 당신은 그 문제를 되짚어 가며 해결하려고 노력한다. 당신은 "자, 그러면 무엇이 잘못되었는지 밝혀서 다시는 문제가 발생하지 않도록 합시다."라고 말할 것이다. 이제 배우자의 경보기는 더 크게 울릴 것이다. 왜냐하면 그녀가 바라는 것은 자기가 실수를 해도 배우자로부터 사랑받을 가치가 있다는 말을 듣는 것이었기 때문이다. 만일 당신의 반응이 자신의 경보기로부터 나온 것이라면, 그것은 사랑하는 사람의 경보기를 더 과활동하도록 만든다.

운이 나쁜 하루를 보내고 퇴근한 배우자는 주의 환기를 필요로 한다. 그녀는 당신이 경청해 주기를 원하고, 그런 다음 저녁식사나 발 마사지를 원할 것이다. 최상의 세상에서 사람은 도움을 필요로 할 때 도움을 청한다. 그러나 실제 세상에서 그들은 종종 직접적으로 도움을 청하지 않는다. 그렇다고 해서 당신이 누군가의 경보기를 끌 때를 인식하기 위해서 독심술가가 될 필요는 없다.

단지 다른 사람이 어떻게 행동하는지와 자기 경보기에만 주의를 기울이면 된다. 서두를 필요는 없다. 당신의 경보기는 서둘러서 일을 개선해야 한다고 재촉할 것이다. 그러나 당신에게 진정으로 중요하고 당신의 핵심가치를 발휘하게 하는 것이 사랑하는 사람에게 사랑과 믿음의 확신을 주는 것이라면, 그다음의 최선의 선택은 그녀에게 그것을 보여 주는 것이다. 그렇다고 해서 뭔가를 고치려고 한다거나 그녀를 '변화시켜서' 그녀를 즉각 행복하게 만들기 위해 그렇게 하지는 말라. 당신은 어떤 것도 **해야 할** 필요가 없다.

조용해진 경보를 듣는 것이 배우자가 가장 필요로 하는 것일 수 있다. 얼굴에 진정으로 온화함을 표현하는 것, 그녀가 느끼고 있는 것에 주의를 기울이는 것만으로도 충분할 것이다. 그녀가 얼마나 나쁜 날을 경험했는가를 들으면서, 나쁜 날에도 자신이 소중하다는 것을 알게 해 주는 것이 그녀의 뇌가 초점을 맞추고 있도록 해 주는 방법이며, 종종 그것은 당신이 누군가를 위해서 해 줄 수 있는 가장 중요한 일이기도 하다.

가족 식사

우리 중 거의 모두가 겪고 있는 상황인 가족 식사에서 당신의 경보 수준을 낮추는 사례를 다루어 보자. 휴일이나 일요일 밤도 좋고, 주중에 배우자 및 자녀와 함께하는 식사 자리(요즈음처럼 바쁜 세상에는 쉽지 않지만)도 괜찮다. 어쨌든 이제 당신은 가족과 함께 식탁에 앉아 있다. 가끔씩은 이런 자리가 멋지지만 서로를 비참하게 만들 때도 있다. 당신이 경보기가 발령하는 상태로 가족과 함께 있다면, 무엇을 할 것인가? 초점을 맞춰라.

그 사건, 즉 지적이 발생하기 전에는 모두가 음식을 즐겁게 먹고 있었다. 이윽고 엄마가 아빠의 식습관이 틀렸다고 비판을 한다. 아니면 형제간에 서로 싸우기 시작한다. 그것은 다시 되살아난 오래된 가족의 부정적 경험일 수도 있다. 정치나 종교 문제가 당신 가족을 자극할 수도 있다. 실제로 어떤 가족에게나 이런 문제는 있기 마련이다. 식사가 가져다주는 평화나 즐거움을 그야말로 빼앗아 버리는 지적이 시작되고, 일단 제동 장치가 풀리면—술을 지나치게 마시는 것이 종종 이런 엉망진창을 가속시키는데—당신의 경보기는 소리치기 시작하고 음식 맛조차 느낄 수 없다.

당신은 이 순간에도 기여할 힘을 가지고 있다. 즉, 올바른 것을 말하거나 어떤 특별한 것을 하는 것이 아니라 단지 무엇이 일어나고 있는가를 알아차리고 자동 반응을 하지 않는 것이다. 당신은 정치 논쟁에 뛰어들기를 원하고, 그럴 수 있다. 그러나 누군가의 경보 수준이 올라가고 당신이 그 사람을 더 자극하거나 특히 그가 자신의 경보에 대해 알지 못한다면, 보통 그는 자신의 자동 반응을 멈출 수 없을 것이며 논쟁, 주장이나 갈등을 **증폭시킬 것이다**. 그러나 그것은 그에게 약점이나 문제가 있다기보다는 당신이 기여할 기회를 놓치고 있는 것이다.

그래도 당신은 중요한 기여를 할 수 있다. 그 이유는 그것을 늦출 수 있기 때문이다. 당신은 한 걸음 물러서서, 마음속으로 '여기에서 나에게 진정으로 중요한 것은 무엇인가?'라고 스스로에게 물어볼 수 있다. 당신은 웃으면서 "나는 당신이 이 주제에 많은 관심을 갖는 것이 좋고, 이 으깬 감자도 진짜로 좋아한다."라고 말한다. 당신은 방 분위기를 살피면서 자기 경보기를 계속 관리하면서 불에다가 기름을 붓는 행동을 자제할 수 있다. 만일 이것이 잘 먹혀들지 않는다면—단지 당신이 온화한 자아를 유지하는 것으로 대화의 탈선이 발생하는 것을 멈추지 못한다면—당신은 계속해서 으깬 감자를 즐겁게 먹을 수도 있다. 가족이 불꽃 튀는 논쟁에 빠져들 때도 당신은 자기 경보 수준을 낮게 유지하면서 음식을 즐길 수 있고, 가족이 사랑받을 가치가 있다는 것을 아는 것을 음미할 수 있다. 당신은 가족과 긴 시간 혹은 자주 식사하는 것을 선택하지 않을 수도 있으나, 할 수만 있다면 열 받은 채로 끝나게 내버려 두지는 않을 것이다.

당신을 험담하는 친구

중학교 1~2학년 정도 되면, 아이들은 친구들끼리 몰려 다니며 서로 험담을 한다. 우리는 이성과 데이트를 시작하거나 헤어지는 경험을 하기 전에 서로에 대해 종종 자신의 경향성을 드러낸다. 소년과 소녀도 마찬가지다. 소녀는 심술궂게 말하고, 소년은 자신이 더 이상 원하지 않는 사람을 배척한다. 문제는 사람을 험담하는 경향성이 결코 끝나지 않는다는 것이다. 여자는 자기 친구에 대해서 이야기하다가 끝에는 누군가의 기분을 상하게 하는 이야기를 꾸며 낸다. 남자 또한 너무 까다로운 친구에게는 더 이상 말을 하지 않고, 다음에 어디 갈 때 끼워 주지 않는다.

우리는 작업 회기에서 자신의 아내가 요청을 했기 때문에 자신의 동성 친구를 험담한 나이 든 남자의 이야기를 들었다. 그리고 매주 한 번씩 바비큐를 같이 즐기던 이웃에 대해, 자신의 개가 용변을 본 것을 깨끗이 닦지만 그 봉투를 서로의 잔디밭에 버리는 아이들에 대해서 들었다. 만일 당신이 사람들과 함께 시간을 보내고 싶다 해도 누군가는 당신의 어떤 점 때문에 자신들과 어울리지 않는다고 결정지을 것이다—그리고 상처를 주는 험담을 하고 있을 것이다. 일단 이런 일이 당신에게 일어나면, 마치 섬에 혼자 버려진 것과 같은 기억이 당신을 떠나지 않을 것이다. 이런 일이 다시 일어나고 있다고 생각할 때마다 당신의 경보기는 당신의 주의를 끌기 위해서 강한 스트레스 반응을 동반하는 경고 신호를 보낼 것이다.

그것은 다른 사람의 행동을 당신의 행동 방식대로 바꾸어야 할 필요가 있다는 것을 의미하는 것은 아니다. 그 대신 당신의 경보기는 즉각 다음 중 어느 하나를 말해 줄 것이다. 이는 당신에게서 어떤 것이 잘못된 경우 혹은 그들에게서 또는 그 상황에서 어떤 것이 잘못된 경우다. 그런데 만일 자신의 경보기가 당신이 문제라는 것을 확신하는 함정에 빠지게 되면, 그 상황을 바로잡을 수 있는 어떤 행동을 하기 시작할 것이다. 당신의 경보기는 당신의 모든 주변 친구에게 말을 하도록 시킬 것이다. 당신은 전화를 걸기 시작할 것이고, 절박하게 그 상황을 고치려고 애쓸 것이다. 그들이 문제라고 생각한다면 자신을 떠난 사람이 제정신이 아니고, 그것은 모두 그들의 잘못이거나 자신은 애처로운 희생자일 뿐이라고 누군가에게 이야기하기 시작할 것이다. 혹은 자신이 그들에게 보답으로 해 줄 수 있는 어떤 일을 하는 것을 멈출 수가 있다. 두 사례에서 당신은 잠시 동안 이득을 볼지 몰라도 결국 기분이 더 나빠질 것이다.

그러면 왜 이런 경보 반응은 금세 실패하는가? 그 이유는 실제로 당신에게 가장 중요한 것을 다루지 않았기 때문이다. 당신은 자기 비난 혹은 자기 연민 속에 뒹굴게 되거나 동정을 얻거나 복수를 할 것이다. 그러나 자신의 핵심가치를 발휘하지 못하고 자신의 최상의 목표를 성취하지도 못할 것이다.

사람이 변하면 우리가 그것을 고칠 수는 없다. 어떤 인간관계는 단지 일정한 기간만 존속하기로 예정되어 있다. 우리가 할 수 있는 일은 그 고통이 어떤 것이 잘못되었다는 신호임을 알아채는 것과 우리에게 한 걸음 물러서서 분명하게 생각할 수 있을 때까지 초점을 맞출 기회를 아는 것이다.

당신이 다른 사람과 관계를 맺으면서 느꼈던 최상의 정서를 상기하라. 그 인간관계가 무엇을 의미하는지를 그리고 왜 자신의 친구를 가치 있게 여기는지를 생각해 보라. 그런 다음 당신이 지금 당장 달성하기를 원하는 것, 단지 자동 반응으로 하고 싶은 것이 아니라 당신에게 진정으로 중요한 것을 생각해 보라.

당신은 자신만이 가지고 있는 목표가 있고, 그것은 다른 사람이 공유하기를 원하지 않거나 혹은 공유할 수 없다고 할지라도 성취될 수 있을 것이다. 이런 핵심가치와 자신이 삶에서 필요로 하는 것을 존중하는 선택을 한다. 이런 대안은 흔히 공통의 목표와 가치를 공유하는 사람을 포함하고, 당신은 이들과의 인간관계에 초점을 맞출 것이다. 당신은 이런 인간관계의 상실에 따른 상처를 부정하기보다는 자신의 삶과 미래를 긍정적으로 여길 수 있을 것이다.

이것은 당신이 심하게 상처를 입고 경보기가 당신 주의를 모두 사로잡고 있을 때는 채택하기가 심히 어려운 과정처럼 보일 것이다. 그러나 그것은 정확하게 상실이나 다른 종류의 스트레스로부터 회복될 때 우리 모두가 하는 것이다. 우리는 중요한 것에 다시 초점을 맞추고, 경보기의 슬픔, 공포, 분노의 메시지에 주의를 기울이는 동안 자신의 핵심가치에 의해 유도되는 최상의 목표를 향해 나아간다. 초점을 맞춘다는 것은 스트레스나 슬픔을 제거하는 처방은 아니다. 그것은 자신의 삶에서 일어난 일에 대해 반응하는 방법을 통제할 때 스트레스를 처리하는 하나의 방식이다.

이메일, 소셜미디어 그리고 경보기

소셜미디어는 우리가 통신하는 방식을 아주 많이 변화시켰다. 이것의 좋은 점은 우리가 전 세계에 있는 사람과 재빠르게 연락할 수 있다는 것이다. 반면에 대두되는 문제는 나쁜 뉴스, 악성 댓글, 잘못된 전달 그리고 빠르게 전파될 수 있는 경보의 발령 등이다. 개인적 인간관계에 기여하는 것과 공동체를 이룩하는 것을 이어 주는 다리로서 소셜미디어를 언급하는 이유는, 사람들 간에 연락을 주고받는 방법의 수적 증가는 뇌에 영향을 미치고 있고, 당신은 소셜미디어가 가지고 있는 긍정적인 힘이 스트레스를 일으키는 악몽으로 바뀌지 않는다는 것을 보장할 수 있기 때문이다.

요점 1. 우리 주머니에 넣고 다니는 작은 기기는 뇌에 거대한 영향을 미친다. 연구는 모든 이메일, 문자, 트위트 및 페이스북 메시지가 도파민 방출을 일으킨다는 것을 보여 주었다. 도파민은 우리가 행복할 때 뇌가 생산하는 화학물질이다. 우리는 카페인을 통해 도파민을 얻고, 코카인을 통해서도 도파민을 얻는다. 우리에게 적당량의 커피는 좋지만, 지나치면 중독된다. 이와 같은 것이 소셜미디어에도 해당된다. 중독된 뇌는 자극 요인에 대해 과민하게 된다.

요점 2. 모든 통신은 당신의 경보기를 작동시킨다. 당신 주머니의 알림 소리마저도 당신의 경보를 증가시키는데, 그것은 당신의 주의를 끌고 싶어 하기 때문이다. 우리는 비록 아주 짧은 순간일지라도 몸에서 아드레날린을 방출한다. 가상 통신이 우리의 의지와 관계없이 이루어질 때 뉴스나 대화가 넘쳐 나기 쉽고, 그것은 우리에게 전달되도록 계속해서 자극을 보낸다.

요점 3. 당신은 자신의 수신함을 전적으로 통제한다. 당신이 어떤 형태의 가상 통신을 사용할지라도 자신이 그것을 사용할 때와 반응하는 방식을 통제한다. 따라서 당신은 하루에 메일 체크를 몇 차례 하는 것이 좋고, 나아가 하루에 적어도 몇 시간은 소셜미디어 사용을 중지하여 항상 경계 상태에 있지 말라는 조언을 이미 받았을 것이다. 그러나 가장 중요한 것은 만일 어떤 사람이 메시지를 보내서 당신의 경보기를 깨웠다면 반응하기보다는 직접 전화를 할 수 있다는 것이다. 또는 누군가가 페이스북에 바보 같은 말을 했다면 당신은 반응을 하기 이전에 자신의 경보기가 차분한 상태인지를 확인하라.

소셜미디어 세계에서 우리가 할 수 있는 가장 최악의 것은 자신의 경보기가 울리는 동안에 통신하는 것인데, 우리의 행동에 대한 속사 사진이 영구적인 공적 기록으로 남기 때문이다. 우리는 이메일, 문자 또는 메시지가 자신을 자극할 때마다 SOS를 실천하는 유형의 사람일 수 있다. 이럴 때 우리는 경보기가 발령된 다른 사람이 말하는 것에 대해 자동 반응을 하기보다는 자신의 최상의 정서, 가치 및 목표를 갖고 통신을 하는 것을 선택하는 공동체 형성자가 될 수도 있다. 당신은 자신이 중심화된 조용한 장소에 있기 전까지 결코 전송 버튼을 누르지 말아야 한다.

당신이 하는 분명한 사고는 당신이 매일 할 수 있는, 헤아릴 수 없는 가치를 가진 기여다. 그리고 당신이 자신의 경보기를 제자리로 돌리고 자신의 사고 중추에 초점을 두면서 보내는 메시지는 정확하게 우리의 즉각적인 의사소통 세계에서 상실된 것이다. 즉, 속도는 경보기가 갈망하는 것이지만 정확성과 핵심가치는 우리가 인간으로서 필요로 하는 것이다. 적당히 빠른 속도는 우리를 흥분시키고 효율적이지만, 메시지에는 가치나 목표가 담겨 있어야 한다.

패스트푸드점에 있는 당신의 친구

이제부터 우리가 결코 생각하지 못해 실천할 수 없는 비밀스러운 친절을 살펴보자. 당신이 패스트푸드점에 가거나 좋아하는 카페에 간다면, 드라이브 스루drive-thru에서 일하는 젊은 직원이나 당신에게 커피를 따라 주는 여성에게 깊은 존경의 마음으로 대우해 보라. 그렇다고 해서 당신이 무릎을 꿇고 절을 할 필요까지는 없고, 당신이 오랜 친구에게 하는 것처럼 점잖게 미소 지으며 따뜻한 인사를 하라는 것이다.

패스트푸드점에서 근무하는 대부분의 종업원들과 그들의 경보기를 한번 생각해 보자. 이들은 일을 얼마나 빨리 하는가로 평가받고, 일 자체는 단순 반복적이고, 보수는 좋지 않다. 여기에서 음식을 먹는 사람들은 모든 것을 제멋대로 하기를 원하지만—왜냐하면 패스트푸드점들이 그렇게 선전을 하고 있기 때문이다—많은 돈을 지불하고 싶어 하지는 않는다. 그들은 좋은 대접을 받기만을 원한다. 패스트푸드를 먹는 고객은 대부분의 경우 급하게 서두르고, 돈도 별로 없고, 게다가 식사를 빨리 하는 습관을 가지고 있는데, 세 가지 모두는 고객의 경보기를 작동시키는 일이다. 이 패스트푸드점의 종업원은 자신의 경보기에 둔감하게 되거나, 현재를 즐기지 못하고 매일을 보내거나, 아니면 고객이 직원을 잘못 대우하기 때문에 기분 나쁘게 지낸다.

다음에 이런 직원이 근무하는 식당 문을 열고 들어가면서 미소를 머금고 정중하고 기분 좋게 "감사합니다."라고 말해 보자.

그 직원도 당신에게 주의를 기울이고 있다면, 역시 미소로 즉각

응답할 것이다. 그 직원은 당신의 경보 수준이 낮다는 것을 바로 알 것이고 그래서 자신의 경보 수준도 낮출 것이다. 대체로 그는 당신이 하는 행동을 잘 이해하지 못할 것이다. 당신이 이렇게 직원을 대하면, 그날 그가 음식을 제공한 162명이나 되는 다른 손님들과 당신이 다르기 때문에 그의 뇌는 나중에 비로소 당신의 친절함에 대해 정보처리를 할 수 있을 것이다. 그리고 그 친절을 기억할 것이다. 그날이 어땠는지를 돌이켜 생각해 보고, 그때 당신이 자신을 존중하며 대해 준 관용적인 사람이라고 여길 것이다.

이상은 우리 자신의 경보기의 관점에서 공동체를 가장 잘 이루는 방법이다. 우리가 가진 원대한 목표, 예를 들면 구걸하는 사람의 구제, 모든 어린이를 위한 멋진 교육, 세상을 굶주림에서 해방하는 것 등은 우리의 일상생활의 단순한 활동에서 시작된다. 세상의 경보 수준이 낮아지면, 최상의 경험이 더 쉽게 보일 수 있다. 우리 자신의 경보기를 끄기 위해 할 수 있는 것에 초점을 맞출 때, 다른 사람 역시 우리가 향상시키고 싶어 하는 거대한 도전에 동참하고 싶은 사람이라는 것을 알아차리게 될 것이다.

회의에서 화내는 팀 동료

우리는 어떤 형태든 회의에 참가한다. 그 회의는 직장에서, 우리가 거주하는 지역의 정치 체계에서, 신앙공동체에서, 그리고 나아가서는 논쟁, 집회 및 항의를 하는 공공장소에서 이루어지고, 누군가는 의견이 받아들여지지 않아 실망하는 것을 보게 된다.

그들은 화를 내므로 이마의 핏줄이 불거지고 얼굴이 벌게진다. 방에 있는 모든 사람의 경보기가 틀림없이 켜진다. 제9장 '정서역량을 강화하라'에서 이야기했듯이, 분노는 어떤 것이 누군가의 추구하는 목표나 핵심가치를 방해한다는 신호다. 어찌 됐든 분노는 스트레스 반응을 초래한다.

누군가가 화를 내는 회의에서 당신이 반드시 해야 하는 첫 번째 일은 자신의 경보기를 안정시키는 것이다.

SOS를 실천하라. 당신의 경보기가 찾아내는 표적 대신에 당신이 추구하는 자신의 최상 정서, 가치 혹은 목표 중 자신에게 중요한 한 가지에 스스로 초점을 맞추어라.

화가 나면 당신을 화나게 한 계기가 무엇인지를 인식하라. 구체적으로, 당신의 경보기가 당신에게 상황을 교정하거나 당신을 보호해야만 한다는 것을 요구하면서 사고 중추에 분노의 메시지를 보내도록 자극하는 어떤 사건, 말 혹은 행동이 발생했는가?

그 사람이 하는 반응이 보여 주는 높은 에너지에서 기회를 찾아라. 이때 사람은 주의를 기울인다. 당신의 마음을 조심스럽게 주의를 기울이는 데 초점 맞춰라. 이때 진정으로 중요한 것에 주의를 기울여야지, 대화나 감정 폭발에 주의를 기울여서는 안 된다.

자신의 경보기를 자극하는 것을 인식하고 SOS를 실천할 때, 당신의 존재는 회의실에 있는 참석자들이 평정을 되찾는 데 도움을 줄 수 있다.

만일 당신이 그 회의를 주관하는 사람이고 차분하게 임한다면, 회의 참석자 역시 그럴 것이다. 대신 당신이 화를 내는 사람에게 초점을 맞춘다면, 그 사람을 더 자극하게 될 것이다. 그러나 당신이 안정적이고 신뢰할 만한 입장으로 상대의 분노를 인식하는 확고한 위치에 있고 모든 사람이 자기 통제를 하는 새로운 대화로 방향을 바꾼다면, 다른 사람의 자동 반응을 진정시킬 뿐만 아니라 이곳이 그들에게 안전한 장소이고 당신이 처리할 수 없는 상황은 없다는 생각을 집단 구성원에게 강화할 수 있다.

다시 말하면, 가장 중요한 핵심은 바로 당신 자신의 경보기를 관리하는 것이다. 화를 내는 사람에게 가장 적합한 말을 한다는 것은 불가능하다. 왜냐하면 만일 당신이 상대에게 도전을 하면 더 화를 돋우고, 상대를 위로하려고 노력할 때조차도 더 화나게 만들기 때문이다—그것은 상대가 느끼고 있는 감정을 무효화하는 것처럼 느끼게 할 것이다. 그리고 당신은 분노를 분노로 대응할 수 없다. 그것은 단지 더 커다란 위기로 비화된다. 이때 사용 가능한 것은 그 순간에 최상의 경험에 초점을 맞추도록 도와주는 FREEDOM 기술이다. 이 기술이 당신의 행위가 의도적으로 상대의 경보기의 방향을 바꾸는 것이 가능하다는 점을 다른 사람이 이해하도록 도울 것이다.

아랍의 봄

2010년 12월 17일, 모하메드 부아지지는 중동에 있는 모든 나라를 변화시켰던 혁명을 시작했다.

그의 인생은 편안하지도 평범하지도 않았다. 우선 아버지는 그가 3세 때 사망했고, 어머니는 삼촌과 결혼했다. 여섯 형제자매는 단 하나의 교실만 있는 학교를 다녔고, 고등학교를 졸업하지 못했다. 삼촌이 병에 걸리자, 그는 10세 때부터 일을 하기 시작했다. 그는 일자리를 얻고자 수도 없이 지원했는데, 심지어 군대에 입대하는 것조차도 거부당했다. 그래서 그는 가족을 먹여 살리기 위해서 시디 부지드 길거리에서 물건을 팔았다. 이곳은 튀니지의 중부에 있는 주도에 해당하는 도시다. 친구나 가족에게 바스부사로 알려진 부아지지의 삶과 일에 대한 보고의 일부는 그가 어릴 때부터 경찰의 박해를 받았다는 것을 말해 준다.

12월 16일 아침, 그는 돈을 빌려서 다음 날 팔 물건을 구입했다. 그러나 그가 확실히 알고 있었던 것은 다음 날 아침이면 경찰이 와서 단속할 것이라는 사실이었다. 길거리에서 장사를 하는 사람이 경찰을 만나면 다음 세 가지 중 하나를 선택하기 마련이었다. 즉, 팔 물건을 버려 둔 채 달아나는 것, 뇌물을 주는 것, 그도 아니면 벌금을 내는 것이었다. 부아지지는 빌린 돈 모두를 물건을 사는 일에 투자했기 때문에 그날 돈이 없었다. 더욱 나쁜 일은 여자 경찰이 그가 가진 전기 저울을 압수하고 수레 역시 망가뜨린 것이다. 그 여자 경찰이 그를 구타한 건지 아니면 그녀의 수하들이 그런 건지에 대한 보고는 서로 엇갈린다. 어찌 되었든 그는 모욕감을 느꼈다. 그는 주지사의 사무실로 뛰어가서 망가진 물건이라도 팔 수 있게 저울이라도 돌려 달라며 면담을 요청하였다.

그는 면담 요청을 거절당했다.

이 이야기는 기여하기의 측면에서 관심을 끈다. 그의 경보기가 이 시점—수년간에 걸친 압박과 트라우마, 가족의 생계를 책임져야 한다는 헤아릴 수 없는 긴장, 그리고 최근 여자친구와의 결별—에서 어느 위치에 있었을지 상상해 보자. 그가 다음 단계에서 했던 행동은 스트레스 반응에 따른 자동 반응적 행동인 것 같다. 부아지지가 감당하기 어려울 만큼 압도적이고 또 지속적인 스트레스에 직면하여 한순간에 무너진 것을 이해하지 못할 사람은 이 세상에 아무도 없을 것이다.

그의 과일과 채소가 먼지투성이 길거리에 굴러다니기 시작한 지 한 시간이 채 안 된 11시 30분에, 그는 주지사 사무실을 마주 보는 도로의 중앙에 서서 "도대체 나더러 어떻게 살아가란 말인가?" 하고 외친 후 휘발유를 온몸에 뿌린 뒤 성냥으로 불을 붙였다.

그는 결국 화상으로 사망했다. 바로 그 순간 그는 단지 자동 반응을 하고 있었던 것인가? 그것이 아니면 그가 직관적으로 자신의 경보기를 관리하여 가난 때문에 억압에 대해 저항을 할 만큼 강하지 못한 형제와 자매에 대해 기여하는 방안을 선택하였던 것인가? 우리는 그날 부아지지가 했던 생각을 결코 알 수 없다. 아는 것은 모하메드 부아지지는 길에서 오렌지를 팔았다는 것뿐이다. 훗날 그가 한 행동은 독재정권을 무너뜨리는 혁명을 촉발했다. 지금 그의 고국에는 그의 얼굴이 인쇄된 우표가 있다.

당신이 하고 싶은 것

우리 모두는 원하는 삶을 살아가기 위해서 상호 간의 지지가 필요하기 때문에 다른 사람과 사적인 인간관계를 맺고 공동체에 기여하고 싶어 한다. 그 이유는 자신이 좋아하는 일을 하고 싶어 하기 때문이다. 그러나 불행하게도, 많은 사람은 해야만 하는 일을 하고 있다. 부모, 교사, 그리고 다른 영향력을 가진 성인은 우리가 어떤 존재가 되어야 하는지 또 인생을 어떻게 살아가야 하는지에 대해서 말한다. 경보기는 그들이 우리에게 말하는 대로 행동해야 한다고 알려 준다. 그렇지 않으면 곤란에 처할 것이다. 수십 년 후에 우리는 자신의 경로를 따라가고 있지만, 최상의 세상에 살게 해 주는 학습과 발견의 경로는 아닐 수도 있다.

이제 자신의 경보기를 관리하는 것에 추가해서 할 수 있는 가장 위대한 기여를 해 보자. 그것은 우리가 좋아하는 일을 하는 것이다. 부모를 공경하고, 조국을 위해 희생하는 것, 다른 사람을 위하는 삶을 살아가야 한다는 것 등과 같은 통념은 세상의 많은 문화에 공존한다. 이런 가치는 큰 의미가 있고, 가족과 봉사가 가지는 힘을 무시하는 자기중심적 개인주의를 옹호하지 않는다. 우리는 많은 사람에게 소중한 수년간을 낭비하도록 만드는 경보가 가미된 고통보다는 단지 이러한 의무와 타인을 위한 희생이 제공해 주는 학습으로 인해 그렇게 하기를 원한다.

당신은 무엇을 하는 것을 가장 좋아하는가?

스포츠? 예술? 돈을 버는 것? 하루 종일 일하지 않고 편안하게 쉬는 것? 여기서 우리는 당신이 좋아하는 것을 판단하는 것이 아니라, 당신이 그것을 가능한 한 자주 하면 최상의 세상에 살 수 있고, 자신의 경보기로부터 벗어나 살고 있을 가능성이 매우 높다는 것을 강조하는 것이다. 그리고 당신에게 가장 중요한 것을 하는 것이 지름길이라고 말하는 것이 아니고, 단지 당신이 어제보다는 좀 더 기대감으로 들뜬 상태에서 잠에서 깨어나는 삶을 되찾을 것이라고 강조하는 것이다.

그것은 당신의 경보기가 결코 울리지 않을 것이라는 뜻은 아니다. 경보기는 당신이 위험에 처하거나 최상의 세상에서 살고 있지 않을 때 어김없이 울릴 것이다. 그러나 당신은 그 경로를 통제할 것이다. 자신에게 중요한 것에 최상의 방법으로 초점을 맞추어 기여하고 있는지, 아니면 다른 사람이 원하는 것에 자동 반응하고 있는지를 인식하는 사람이 되어야만 한다.

자기가 하는 일을 좋아하는 사람에게 물어보면, 그들은 절대 은퇴하지 않을 것이라고 말한다. 그들은 어떤 프로젝트를 위해 밤을 지새워도 개의치 않는다. 또한 자기가 좋아하는 일을 하는 사람의 문제는 자신의 가족, 친구 그리고 공동체를 무시하는 것이 아니라 최상의 세상에서 해결해야 하는 일들을 가졌다는 것이다. 경보기는 당신을 안전하게 지켜 준다. 그것은 좋아하는 것과 사랑하는 사람 사이의 평형을 다시 발견할 필요성이 있을 때를 말해 준다. 그러나 이런 종류의 사랑스러운 수수께끼를 경험할 수 있기 전에, 자신이 좋아하는 것을 찾아야만 한다.

전기 기술자 아인슈타인

'전기 기술자 아인슈타인'이라는 말은 우리가 알고 있는, 우주와 시간을 연구해서 노벨상을 수상하고 우주에 대해 새로운 이해를 하게 만든 아인슈타인과 같은 사람처럼 들리지는 않는다. 그가 이룩한 이러한 성과는 만일 아인슈타인이 자기에게 주어진 재능을 발휘하지 않았다면 일어나지 않았을 것이다. 이 말은 당신이 어떤 기여를 하기 위해서 아인슈타인처럼 되어야 한다는 이야기가 아니다. 그 대신 이 이야기는 결코 다른 사람이 생각하는 것처럼 작용을 하지 않는 뇌에 관한 것이다. 그래서 경보기를 잘 관리하는 삶이 어떻게 우리를 인간으로서 가장 위대한 기여를 하도록 만드는가에 대한 진실한 이야기다.

아인슈타인이 우둔한 학생이었다는 사실은 우리가 아는 것과 다르다. 그는 모든 발달 단계에서 수학과 물리학에서 뛰어난 재능을 보였다. 그런데 다음의 세 가지가 아인슈타인이 다른 사람이 추구하는 것을 따라 하기보다 자신이 좋아하는 것에 초점을 맞추는 방법을 아는 사람으로 만들어 주었다. 첫째, 아인슈타인은 말을 배우는 것이 아주 늦었다. 그의 누나는, "그가 말하는 모든 문장이 아무리 일상적인 것이라도, 자신의 입술을 움직이면서 스스로 작게 반복했다. 그는 말을 배우는 데 어려움을 겪었기 때문에 주변 사람은 그가 말을 영영 못 배우는 것이 아닌가 걱정했다."라고 말했다. 그러나 말을 늦게 배운다는 것이 아인슈타인을 괴롭히지는 못했다.

아인슈타인은 나이가 들어 다음과 같이 말했다.

> 어떻게 해서 내가 상대성 이론을 우연히 발견하게 되었느냐고 스스로 물어보면, 다음과 같은 상황 때문인 것 같다. 보통의 성인은 우주나 시간과 같은 문제 때문에 골머리를 앓는 일은 없다. 이런 건 그가 어린 시절에나 생각하는 것이니 말이다. 그런데 나는 너무나 성장 속도가 늦었기 때문에 우주와 시간에 대해서 의문을 품기 시작했을 때는 이미 성인이 다 되어서였다. 그 결과, 나는 정상 아동이 하는 것보다 훨씬 더 깊이

이 문제를 파고들 수 있었다.

아인슈타인이 자신의 경험을 약간 과장하였든 아니었든 간에, 자신의 뇌가 호기심을 느끼는 것에 초점을 맞추었다는 것은 확실하다. 그가 말을 배우는 데는 문제가 있었기 때문에 경보를 증가시켰지만, 그것은 또한 그에게 자신이 할 수 있는 기여에 초점을 맞추게 하였다. 그의 할머니의 편지는 항상 그를 영리한 아이로 격려하였고, 그는 자신의 뇌의 초점을 과학에 맞추었다.

두 번째 사실은 그가 학교에서 낙제를 하지 않았을 뿐 아니라 대학에 조기 지망하였다는 것이다. 그의 부모는 그가 전기 기술자가 되기를 희망했다. 그러나 아인슈타인은 독일의 전통적 고등학교의 교수법을 싫어했다. 그로 인해 16세에 대학에 지망했지만, 그는 대학 입학에 요구되는 시험을 치렀는데, 고등학교 졸업장이 없어 여러 차례 떨어졌다. 하지만 그는 늘 수학과 물리학에서는 탁월했다. 그는 다음 해에 다시 시도해서 마침내 합격했다. 만일 그가 부모가 원하는 것을 했더라면, 자신의 학습 뇌를 자극하지 못하는 학교를 계속 다녀야 했을 것이다. 만약 그랬다면, 아인슈타인은 평생 안정된 생활은 했겠지만 영감 없는 전기 기술자로 남았을 것이다.

아인슈타인에 대한 세 번째 사실은 그가 위대한 기여를 하도록 만들었다. 그는 자신을 흥분되게 만드는 것에 초점을 맞추었다. 1905년 한 해 동안 그는 특수 상대성 이론을 포함하는 5편의 논문을 발표하였는데, 그 모두는 다른 과학자의 인생 역작의 정수에 해당하는 것이었다.

우리를 가장 행복하고 자신 있게 만드는 기여는 다른 사람이 우리에게 기대하는 것에 바탕을 두는 것이 아니라, 우리를 흥분시키고 향상시킬 수 있는 일을 하려고 노력할 때 찾게 된다. 아인슈타인은 다른 과학자들의 연구가 좀 더 확대될 필요가 있다고 생각했다. 그래서 과학자 동료들과 가족의 반대에도 불구하고, 그는 우주를 설명하는 이론을 구축하는 데 몰두했다. 그는 자신이 가장 중요하다고 믿는 것, 즉 아주 복잡한 우주를 다른 사람이 이해할 수 있도록 단순하게 설명하는 것에 초점을 맞추었다. 이것이 그의 위대한 발견을 이끌게 된 것이다.

그의 아이디어는 갑자기 머릿속에 떠오른 것이 아니다. 그것은 평생에 걸쳐서 아인슈타인만이 가진 고유한 방식으로 세상을 보는 것을 바탕으로 형성되었다. 우리도 이와 똑같은 방식으로 일에 초점을 맞출 수 있다. 그는 대학 동료들이 박수를 치지 않는다고 해서 탐구를 포기하지 않았고, 결국에는 한 개의 공식으로 우주를 이해하는 새로운 방법을 찾아냈다.

나는 사람을 돕는 것을 좋아한다

아인슈타인이 매일 자신이 좋아하는 것에 초점을 맞춤으로써 거대한 기여를 한 것처럼, 당신 역시 또 다른 그린피스 운동을 시작하지 않고도 세계를 변화시키는 운동의 일부가 될 수 있다. 1991년 미국 메사추세츠 주의 사우스버러라는 작은 마을에서, 사람들에게 음식 나누어 주는 것을 좋아했던 아이들의 어머니이자 간호사인 한 여성과 그 필요성을 느낀 한 목사는 식료품 저장실 운영을 시작하였다.

그들은 사람들이 음식을 얻기 위해서 가끔 교회로 오는 것을 알았고, 그래서 배고픈 사람을 돌보기 위해서 벽장에 음식 상자를 놓으면 얼마나 편리할까 생각했다. 여기에서 그들의 기여를 주목하라. 두 사람은 자신들의 경보기를 관리했다. 그들은 자신에게만 초점을 맞춘 것이 아니라 단지 기회가 되어서 도움을 주었다.

그 후 이 지역에 있는 6개의 교회가 모여 개최한 회합에서 그들은 굶주리고 있는 다른 가족들이 있는지에 대해 토론하기 시작했다. 6,500명 이상의 주민이 살고 있는 마을이 성장하고 있었고, 교회에 출석하는 사람보다 더 많은 굶주리는 사람이 있었을 것이다. 교구 연합은 한 교회 강당 뒤편에 있는 사용하지 않는 벽장을 활용하기로 결정하였다. 그래서 그들은 여기에 선반을 만들어서 음식을 채우고 필요한 사람들이 뒷문으로 들어올 수 있도록 만들었고, 배고픈 사람은 부끄러움을 느끼지 않으면서 일주일 동안 필요한 식품을 가져갈 수 있었다.

2000년 무렵, 처음에는 20가구에 음식을 공급하던 것이 9,000명으로 그 대상이 불어났다. 교회가 앞장서서 음식을 모으면, 학교는 음식을 나누어 주는 역할을 하였다. 보이 스카우트와 걸 스카우트도 여기에 동참했다. 지역에 있는 은퇴자 모임에서도 사람들에게 사회봉사 활동에 음식을 가지고 동참하도록 요청했다. 어느 누가 특별한 일을 한 것도 아니었다. 그들은 단순히 여분으로 한 통의 수프나 시리얼 상자를 구입했다. 또한 주 정부가 노숙 가족에게 집을 제공하기 위해 지역의 호텔에 머물게 할 때 식품 저장실은 식료품과 음식을 제공했으며, 식품 저장실 운영의 후원자들은 노숙자가 구매할 여유가 없는 기름이나 처방약을 필요로 할 때에는 그것을 제공하기 위해 기부를 했다.

그 후 2008년이 되어서 지역 인구가 거의 1만 명이 되었을 때 발생한 경제 침체는 굶주리는 사람을 더 많이 발생시켰는데, 한 달에 40가족 이상이 굶주림을 겪었다. 그들은 좀 더 넓은 다른 공간을 찾았고, 교회 강당의 무대 구석 공간을 사용했다. 그리고 다른 교회의 차고 하나를 이용했다. 아무도 자신의 경보를 증가시키지 않았으며 교인은 주민에게 필요한 것을 알려 주었고, 음식을 저장하기 위한 공간이 만들어졌다.

2011년에 교회는 매주 200명에 달하는 사람에게 음식을 제공했다. 그해 가을, 대원들은 연간 행사를 개최했다. 그들은 마을 곳곳에 있는 우체통에 비닐봉지를 걸어 놓았다. 사람들은 식품을 구매할 때 추가로 국수나 생선 통조림을 더 구매해서 토요일 아침에 우체통에 걸어 놓았다. 그해 가을 어느 아침에는 5톤에 달하는 음식물이 모였다. 결국 20년 전에 최상의 뇌를 사용하는 두 사람에 의해 시작된 것이 이제는 매주 수백 명에게 필요한 음식을 제공하는 운동이 되었다.

만일 간호사와 목사가 1991년에 5톤에 달하는 음식을 저장하기로 결정하였더라면, 이는 교회나 마을 전체에 경보 반응을 초래하였을 것이다. 사람들은 어떤 일이 일어나고 있는지도 모르고 그것을 어디에 놓아야 할까 하고 조바심을 냈을 것이다. 만일 간호사와 목사가 초기부터 일을 크게 벌여서 문제를 즉각 해결하려고 했다면 어떻게 되었을지 생각해 보라. 대신 그들은 자신의 경보기와 마을 사람들의 경보기를 잘 관리했다. 그들은 주의를 기울이는 자신의 뇌의 능력을 최적화했고, 도움을 주었다. 한 주 한 주가 지나가고, 10년 또 10년이 흘러가서 그들은 전체 마을의 굶주림 문제를 해결했다.

간접적인 평온과 신뢰

당신은 경보기가 주는 메시지를 이용하는 학습 뇌가 가진 힘을 발휘하여 최상의 삶을 만들 수 있다. 이를 통해 우주에서 없어서는 안 될 일부분이 되는 것이다. 교육, 부, 사회적 지위, 직업, 나아가 물질적 소유를 바탕으로 존재하는 것이 아니다. 고유하고 무한한 가치를 가진 존재로서 나머지 인류가 경보 세계에 빠져드는 순간에도 중심을 잡고 확고히 서서 기다린다. 당신은 지금까지 이룩한 업적의 합이라기보다는 자신에게 가장 중요한 것에 초점을 둠으로써 즐거움을 얻는 존재여야 한다.

그리고 당신이 최상의 세계에서 의식적인 시간을 보내면, 그것은 다른 사람에게도 영향을 미칠 것이다. 간접적인 스트레스는 마치 앨리스가 이상한 나라를 발견하면서 경험하는 것과 마찬가지로, 반대 상태인 간접적인 신뢰를 동시에 갖는다. 이를테면, 당신이 방에 들어오면서 미소를 지을 때, 자신이 달성하고 싶은 일을 알고 최상의 경험을 하는 것을 기대할 때 다른 사람들 역시 당신의 이런 소망이 성취되기를 바랄 것이다.

신뢰는 평온하고 스트레스가 없는 환경을 만든다. 평온은 당신의 뇌가 초점을 맞추고 있기 때문에 또 다른 평온을 낳고, 다른 사람의 뇌 또한 초점을 맞추게 한다.

제14장

최상의 삶 속 함정 예상하기

우리는 지금쯤 당신이 과거에 자신의 심신을 약화시켰던 스트레스로부터 자유롭게 살기를 원한다면 그렇게 할 수 있다는 것을 완전히 깨달았기를 바란다. 이미 그 능력을 가지고 있지만, 단지 그 해결책에 접근하는 방법을 여태껏 몰랐던 것뿐이다. 그 예로, 당신은 당황스럽게 느낄 때도 침착할 수 있도록 선택을 할 수 있다. 다시 말해, 당신은 지금까지 생각해 오던 것보다 더 큰 통제력을 가지고 있다. 지금 당신과 당신의 뇌는 영화배우, 기업의 CEO, 위대한 스포츠 선수만 가지고 있다고 생각해 오던, 신뢰를 구축할 수 있는 능력을 가지고 있다(여기서 기억해야 할 것은 그들 역시 초점을 맞추고 머무르려고 애쓰면서 당신이 직면하는 것과 똑같은 문제를 가지고 씨름하고 있다는 것이다).

당신은 최상의 세계에서 살아갈 수 있다. 이것은 동화도 아니고 꿈도 아니다. 이것은 바로 당신의 삶이며, 당신이 얼마든지 영향을 미칠 수 있다. 어느 누구도 대신 기여해 줄 수는 없다. 그리고 만일 당신이 최상의 세상에서 살기로 선택한다면, 다른 사람은 당신을 경보기의 세상으로 돌려놓으려고 잡아끌 것이다. 이것이 우리가 조심해야 할 대목이다. 당신 스스로 하는 일은 주목할 만하다. 그리고 누구나 최상의 세계에서 살아갈 수 있는 능력을 갖고 있으나 그들 모두가 자신의 뇌를 이해하고 최적화하는 단계를 밟도록 선택하는 것은 아니다.

그들의 경보기는 여전히 울린다

연습을 많이 할수록 스트레스를 최상의 삶으로 바꿀 수 있는 FREEDOM 기술을 더 많이 활용할 수 있다. 나아가 자신의 생활을 더 많이 최적화할수록, 자기 주변 사람이 초점을 맞추고 있지 않다는 사실을 알게 될 것이다. 자신의 경보기를 통제하는 데 더 오랜 시간을 사용할 때 당면하는 과제는, 다른 사람이 당신과 같지 않다는 것을 알게 된다는 점이다. 그 이유는 그들의 경보기가 계속 분노하고 있기 때문이다. 그들은 자신의 뇌에 대해서 잘 모른다. 그들은 갈등이나 스트레스를 겪는 중에 자동 반응을 할 테지만 그 이유를 알지 못한다. 만약 그들이 녹초가 되었을 때 당신 혼자 최상의 세상에 머물고 있다면, 그들은 자신보다 당신이 잘못된 것이라고 생각할 수 있다.

당신이 다른 사람을 위해 그들의 경보 수준을 낮추거나 제자리로 돌릴 수는 없다. 당신은 아주 천천히 대화를 하거나, 그들에게 경보 반응 대신에 진정으로 중요한 것에 초점을 두는 방법을 알려줄 수 있다. 그렇게 하면서 당신 스스로 좀 더 진정이 되었는지 또는 더 많이 통제하고 있는지를 스스로 검사한다. 다른 때에 그들의 경보 수준이 낮아졌다면, 당신은 그들에게 SOS에 대해 설명해 줄 수 있고, 그들은 당신이 지금 평온한 상태에 있다는 것을 알게 될 것이다. 의식적으로 초점을 맞춤으로써 당신은 다른 사람에게 최상의 세상에서 당신과 함께 머무를 기회를 제공한다. 그들도 이것을 알아차릴 것이고, 그러면 당신이 알고 있는 그 비결을 알고 싶어 할 것이며, 이를 통해 그들은 환각 상태보다 더 즐거운 경험을 할 수 있을 것이다.

그러나 그들은 일시적으로 당신을 거부하거나, 또는 자신의 경보 반응에 사로잡혀 있어서 자신의 스트레스 반응 주기를 깰 수 없거나, 혹은 그러고 싶지 않을지도 모른다. 경보기는 나름대로 지각된 쾌락을 갖고 있다. 아드레날린 방출을 좋아하는 사람은, 그것이 분노와 갈등 같은 부정적 정서로부터 발생하는 것임에도 불구하고 그들이 당신과 모순되는 삶의 패턴을 갖고 있다는 것을 깨닫지 못할 것이다. 이제 당신은 경보기에 대해서 파악하였고 이것을 자신이 원하는 삶을 창조하기 위한 유용한 정보원으로 활용하는 방법을 알았기 때문에, 자신을 스트레스에 빠지지 않게 하면서 경보가 울리고 있는 친구와 가족, 동료 작업자 및 지역사회 이웃과 상호작용하는 방법을 찾을 수 있다. 경보기가 켜져 있는 사람과 잘 지내는 가장 중요한 방법은 그들의 스트레스에 대한 당신 자신의 경보 반응이 자신의 선택을 통제하도록 놔두지 않는 것이다.

그러나 그 사람이 진정으로 싸움을 걸고 있다고 생각해 보자. 예를 들어, 그는 당신이야말로 이 세상에서 일어나는 모든 골치 아픈 일을 만드는 당사자라고 비난하고, 그래서 당신 때문에 자신이 비참하게 되었고, 세계 도처의 어린이들이 굶주림을 당하는 것도 바로 당신 때문이라고 주장한다고 생각해 보자. 그가 당신에게 고함을 지른다면—이것은 당신의 경보기를 작동시킬 것이다—당신은 SOS를 실천하면서, "자, 지금 조용히 대화할 수 있겠소, 아니면 다음 기회를 찾아서 조용히 대화하는 것이 좋겠소?" 하고 물어볼 수 있다.

부모, 배우자 혹은 자녀가 아드레날린이 과다 분비되기 때문에 침착성을 잃어버린다면, 우리는 즉각 무슨 일이 일어나는지 알아차리고 그들을 얼마나 사랑하는가에 초점을 맞출 수 있다. 또한 그들이 우리를 어떤 방식으로든 괴롭히도록 만들어서는 안 되지만 우리 또한 사람이 때때로 심리적 붕괴를 경험한다는 것을 이해한다면, 우리는 그들과 동일한 경보가 가득 찬 반응을 하지 않은 것에 감사 할 것이다—그리고 그들이 마음의 평온을 되찾으면 우리가 다시 연결을 맺을 준비가 되어 있다는 것에 더 감사할 것이다.

이제 당신은 최상의 세상이 있다는 것을 알고, 행복을 빼앗아 갔던 과거의 자극들은 치우면서 자신의 경보기를 제자리로 돌려놓을 기회를 갖고 있기 때문에, 단순히 스트레스에 대해 자동 반응을 하지 않으면서 진정한 개인적 통제를 갖고 생각하고 행동하고 있는 것이다.

나쁜 날들도 있다

그래도 때때로 당신은 경보 수준을 낮추거나 제자리로 돌릴 수 없을 것이다. 경보기에 대해 아는 것 그리고 스트레스 반응을 관리하는 기술을 안다는 것이 항상 평온함과 신뢰감을 느낄 수 있다는 의미는 아니다. 만일 당신이 자녀 양육, 경력 쌓기, 공동체를 향상시키기와 같은 도전을 하고 있다면, 자신의 경보 수준이 상승하는 것을 느낄 것이다. 당신은 나쁜 일이 발생하는 날이 있을 수 있고, 그럴 때는 침대에 머무르고 싶을 것이다.

간접적 스트레스라는 개념을 상기해 보자. 우리가 우연히 충분한 SOS를 실천하지 않고 스트레스에 녹초가 된 무리와 만난다면, 과잉활동하는 그들의 경보기로 인해 숨이 막힐 것이다. 우리는 예상치 못하게 나타난 사람, 장소 및 경험에 의해 자극을 받을 것이고, 처음에는 스트레스 반응을 느끼고 그것을 좋아하지 않을 것이다. 우리는 교통사고나 친구나 직장 동료가 보이는 기진맥진한 모습, 혹은 최선을 다하고 있을 때조차 생기는 실수를 멈출 수 없다. 우리에게 최악의 날이 닥치면 때때로 녹초가 될 것이다.

그러나 보통은 그러지 않을 것이다. 우리는 통제를 완전히 상실하지 않을 것이고, 설령 상실한다 하더라도 오랫동안 지속되지는 않을 것이다. 상황의 희생자나 뇌의 포로가 되는 대신, 완전히 기진맥진하는 것조차도 일시적인 경험이라는 것을 알게 될 것이다. 그것이 일어날 때 사과할 수 있고, 왜 싸움을 하고 있는가를 설명할 수 있다. 우리는 동일한 방식으로 다시 기진맥진해지는 것을 방지하는 선택을 할 수 있을 것이다. 우리는 스트레스를 완벽히 관리할 수 없고, 또 그러기를 원하지도 않을 것이다. 스트레스가 없는 삶은 에너지가 없는 삶이다. 경보기가 우리를 각성시키고 우리에게 초점을 맞추도록 한다는 것을 상기하라. 그 비결은, 당신이 계속적으로 초점을 맞추고 있을 대상을 선택하는 것이다.

초점 맞춘 삶을 살기 1

제리는 지도하던 학급의 학생 한 명이 예기치 못하게 세상을 떠났을 때, 두 가지 문제에 직면하였다. 그가 아끼던 학생이 사망해서 이를 애도하는 것, 그리고 자기 반 학생들 모두가 자신에게서 대답을 찾는다는 것을 알고 있었다. 그는 그날 아침 수업을 준비하면서, 사망한 학생의 사진을 놓고 SOS를 실천했다. 그는 자기 할아버지가 좋아하는 짧은 농담을 말하면서 그 학생의 추억을 이끌어 냈다. 학급 학생들은 거의 모두가 겁에 질려 있었지만, 어느 때보다 큰 소리로 웃었다. 그는 사망한 학생을 추모할 때조차도 그 아이가 어떤 사람이었는가에 대해 깊은 감사로 가득 채워진 자신의 감정을 상기하였다.

그러고 나서 제리는 교사로서 자신의 핵심가치, 즉 학습으로 방향을 돌려 초점을 맞추었다. 그는 학생들을 치료하기 위해서 교실에 있는 것이 아니다. 그의 직무는 학생들의 말을 경청하고 그들이 설명할 수 없는 상황을 이해하도록 도움을 주는 질문을 하는 것이다. 그는 학급의 학생이 왜 사망했는지 알지 못했고, 꼭 그 이유를 알아야 할 필요도 없었다. 그가 해야 할 일은 그들에게 안전하다는 사실을 확신시켜 주면서 친구의 죽음에 대해 혼란스러워할 수 있는 자리를 마련해 주는 것이었다.

아이들이 교실에 들어오자, 많은 아이들이 서로 껴안고 울음을 터뜨렸다. 그들은 잠시 조례를 하였다. 그러나 제리는 한 가지 목표를 가졌는데, 그것은 학생들에게 애도를 할 안전한 공간을 제공하는 것이었다. 그가 아는 한 학생들에게 제공할 수 있는 가장 중요한 가르침은 위로를 주는 것이다. 만일 그가 학생들이 서로 도움을 주도록 인도한다면, 슬픔이 경감될 것이었다.

그날이 끝날 무렵, 제리는 완벽한 교사가 되어서 학생들을 다시 행복하게 만들라는 경보기의 명령을 계속 듣는 동시에 안전한 공간을 제공하려는 자신의 최상의 목표에 초점을 계속 맞추고 난 후 기진맥진하게 되었다. 이날은 그가 교사로서 보낸 일생 중 가장 힘든 날이었고, 사망한 소년의 사진을 보면서 그 역시 무너졌다. 어린 시절을 빼고는 울어 본 적이 없는 그가 하염없이 눈물을 흘렸다. 그는 지칠 때까지 계속 울기만 했다.

그 순간에 상실감을 느끼는 것은 가장 중요한 일이다. 그가 그 소년을 얼마나 사랑했는가를 안다는 것은 그를 위대한 교사로 만들어 주는 것이다. 이는 매일 그에게 자신의 학생들의 생활에서 어떤 교훈이 될 만한 일이 생길 때, 그들이 그것을 학습할 수 있도록 돕는 것이다.

초점 맞춘 삶을 살기 2

캐런은 여름 내내 160km 자전거 경주를 위해 훈련을 했다. 그것은 두 가지 목적을 가진 최상의 목표였는데, 자신의 건강을 지키는 것과 어머니의 생명을 앗아간 질병인 유방암 연구를 위한 기금을 모으는 것이었다. 그녀는 훈련에 완전히 몰두하였다. 모든 준비가 차질 없이 진행되어서, 경기가 치뤄지는 날과 유방암 기금 모금이라는 대의를 지지하는, 공동 목표를 가진 수백 명의 다른 참가자들과 함께할 기회를 기다리기가 힘들 지경이었다.

그런데 경기를 앞두고 3일 전 그녀는 병이 나고 말았다. 몸이 너무 아파서 침대에서 간신히 나올 지경이었다. 경기 바로 전날에는 약간 나아진 것을 느꼈지만, 그래도 그녀는 선택을 해야 했다. 그녀는 경기에 참가하더라도 경우에 따라서 중도에 포기해야 할지 아니면 처음부터 시도하지 말아야 할지 고민했다. 그녀는 집에서 쉬어야 할 갖가지 이유가 있었다. 설령 그녀가 경기에 참가하지 않는다 해도 그녀를 지지하는 사람은 기부금을 기꺼이 낼 것이라는 점도 알고 있었다.

경기 당일 아침까지 그녀는 끔찍한 기분이었다. 그녀는 물을 많이 마셨고 전날 밤에 식사를 하였으나 자신이 경기를 끝마칠 수 있을지는 확신할 수 없었다. 그녀의 경보기는 그녀에게 집에 머무르며 안전하게 유지하라고 말했다. 그녀는 의사에게 가서 진단을 받았고, 의사는 그녀가 전염병은 아니라고 말했지만, 그래도 만약 출전을 한다면 그녀는 자신의 몸을 잘 보살펴야만 했다.

그녀는 다른 수많은 참가자들과 함께 출발점에 도착하자 아드레날린이 상승하기 시작했다. 그녀의 최상의 목표는 건강을 지키는 것이었고, 그렇게 해 왔다. 그녀가 경기를 잘 마치면 더 이상 문제가 되지 않을 것이고, 그녀는 스스로 경쟁을 할 준비를 했지만 병에 걸리는 것만은 통제할 수가 없었다. 놀랍게도 그녀는 48km를 달리고 나서도 문제없었다. 그녀는 경기에 참가하여 자전거 시합을 한다는 생각 대신에, 자신의 목표를 몸에 심한 무리가 가지 않을 정도로 자전거를 타는 것으로 조정했다.

96km 지점에 이르자 그녀는 완전히 기진맥진했으나, 자신의 어머니를 위해 자전거로 질주하고 있는 다른 여성 집단과 합류하여 계속 달렸다. 144km 지점에 이르자, 더 이상 페달을 밟는 것은 무리라는 신호가 왔다. 그녀는 자전거를 앞으로 나아가게 하기 위해서 전력을 다했고, 자신의 경보기가 크고도 분명하게 이제는 멈출 시간이라고 말하는 것을 들었다.

이때 그녀는 자신의 어머니를 떠올렸다. 그녀는 병원 침대에 누워서 치료를 받으며 미소 짓는 어머니의 모습을 보았다. 그녀의 머리칼은 모두 빠지고 얼굴도 핼쑥하였다. 암이 어머니의 생명을 앗아 가고 있었는데도 어머니는 미소를 짓고 있었다.

이 생각이야말로 캐런에게 필요한 전부였다. 결승점을 통과하자 남편이 그녀가 자전거에서 내리도록 도와주면서 "당신, 도대체 어떻게 이걸 해 냈소? 정말 대단해!"라고 경탄했다. 그녀는 얼굴에 환한 빛을 가득 머금고 "엄마는 한순간도 미소를 거두지 않았어요. 나도 멈추지 않을 거예요."라고 말했다.

모두가 새로운 당신을 좋아하는 것은 아니다

당신이 만약 새로워진 당신을 좋아하지 않는 사람들을 만나면, 처음에 기억해야 할 것은 그들은 자신의 경보기를 벗어나서 살아가고 있다는 것이다. 세상에서 상처 입은 사람—개인뿐 아니라 조직, 공동체 및 정부에 영향을 주는 상처 입은 사람—을 위한 자비의 핵심은 그 사람이 자신의 경보기를 혹은 자신의 최상의 뇌를 바탕으로 행동하는가를 계속 살펴보는 것이다. 당신은 이제 그것을 할 수 있는 힘을 갖고 있다.

당신은 자신의 이해를 통해서 신뢰와 자비를 느낄 수 있다. 이렇게 하는 것은 쉬운 것이 아니며, 타인을 두렵게 하거나 화나게 만들기도 한다. 그러나 당신이 가진 모든 결점에도 당신을 사랑하는 인내심 있는 친구처럼, 당신도 부모, 형제 그리고 배우자가 단지 당신의 경보기를 작동시킨다는 이유로 그들을 포기하지는 않는다. 사실 당신이 주의를 기울임으로써 그들이 자기 경보기를 낮출 기회를 가질 장소를 제공하는 것이야말로 세상에 대한 놀라운 기여가 된다.

그때 예기치 못한 어떤 일이 발생할 것이다. 그들의 경보 수준이 낮아지면, 이제 당신에게 어떤 일이 일어났는지 알게 된다. 그들은 위협을 느끼는 대신에 호기심을 가지게 될 것이다. 그들은 매우 궁금해하면서 당신에게 은근히 "당신은 무엇을 달리 하고 있나요? 당신의 삶에서 무엇이 변했나요? 마음의 짐을 덜었나요?"라고 물을 것이다. 그들은 자신의 학습 뇌가 당신을 관찰한 것에 관해 간접적으로 물을 것이고, 이때가 바로 당신이 알고 있는 것을 이들에게 말할 수 있는 기회다. 이때 대학 교수나 현자처럼 말할 필요는 없다. 오히려 도움이 되는 몇 가지 지혜로운 이야기를 들려주고 싶은 친절한 친구처럼 말하면 된다.

당신은 그들에게 이 책을 선물할 수도 있다. 당신은 그들에게 자신의 뇌에 대해서 배울 기회를 줄 수 있다. 당신은 자신이 자극을 받았던 예전과 달리 지금은 그런 상황을 자각하기 때문에 자극을 받지 않는다는 것에 대한 이야기를 할 수 있다. 자신이 느끼고 생각하는 방식을 선택하는 방법에 관해, 그리고 그것이 근본적으로 얼마나 다르고 놀라운가에 관해 이야기할 수 있다. 그야말로 당신이 경험하고 싶어 하는 것을 알고, 자신의 통제하에 그 경험을 하는 것이다.

당신은 그들에게 가장 멋졌던 휴가에 대해서 이야기해 달라고 요청하고, 다음으로 어떻게 느꼈는지를 물을 수 있다. 당신은 그들의 정서를 강화할 것이고, 그들이 스트레스를 전파하는 대신 기여를 하도록 최상의 가치와 목표 또는 선택에 초점을 맞추도록 도울 때, 당신은 그들에게 선물을 주는 것이다. 이런 자유를 제공하는 방식이 그들의 경보기를 울리게 하지 않는다면, 그들은 자주 당신과 함께할 것이다.

어떤 인간관계는 변화시켜야 할 필요도 있다

경우에 따라서는, 당신은 변화를 시도하도록 결심해야 할 것이다. 만일 당신이 살고 있는 환경이 계속해서 경보기를 자극한다면, 이사를 가거나, 현재 직장을 그만두거나, 늘 일상적으로 만나는 사람들과 시간을 적게 보내야 할 것이다. 만일 인간관계가 정말 파괴적으로까지 발전한다면, 그 지역을 완전히 떠나야 할 필요가 있을 것이다. 어떤 사람이나 장소는 경보가 울리는 세상에 틀어박혀 있어서 변화할 수 없거나 변화하려고 하지도 않을 것이다. 우리는 언젠가는 상황이 나아질 것이라고 기대할 수도 있다. 그럼에도 그들이 그럴 수 없다는 증거가 계속 나타난다면, 간접적 스트레스에 가장 취약한 사람의 삶까지도 메마르게 할 수 있다는 것을 상기하라.

그러나 당신은 살던 지역을 떠날 때나 변화를 시작할 때 자신을 최상의 세상에 머무르게 유지할 수 있고, 그들에게 동참할 기회도 줄 수 있다. 이때 너무 엄격하거나 강압적일 필요는 없다. 또한 경보기의 세상에서 살고 있는 그들의 면전에서 그것을 집어치우라고 할 필요도 없다. 절박하게 그들을 바꾸고자 하는 태도야말로 당신의 경보기가 다시 활성화된다는 신호다. 따라서 당신은 점잖게, 의도적으로 일을 달리할 수 있다. 당신은 그들을 분명한 방식으로 초대할 수 있다. 배우자의 경우, 좀 더 부드러운 일정을 제안하거나 그녀가 좋아하는 것을 더 많이 할 수 있다. 친구의 경우에는 함께 술 한잔 하러 가자고 하는 대신에 등산을 가자고 청할 수 있다. 가족의 경우에는 일주일보다는 하루 정도 같이 시간을 보낼 수 있다.

그들이 경보 때문에 또다시 화를 낸다 해도, 당신은 자신을 관리할 수 있다. 당신이 자동 반응을 하지 않는다면, 그들도 그렇게 할 수 없다. 또 그들이 불평을 토로한다면, 그 즉시 당신이 삶에서 초점 맞추고 있는 것과 그것이 주는 즐거움에 관해 말할 수 있다—반면에 당신은 과거에 자신의 선택을 정당화하려는 노력을 했을 수도 있다. 이것은 그들을 미치게 만들지도 모른다. 이럴 때는 다시 그들의 경보에 주목하라. 그들이 공개적으로 당신을 배척한다고 해서, 당신도 그들을 배척할 필요는 없다. 다른 사람의 부당한 행동은 그들의 본성이라기보다는 스트레스 반응에 기반을 두기 때문이다.

그들의 부당한 행동이 너무 심해지면, 당신이 할 수 있는 최상의 선택은 그들을 떠나는 것이다. 어느 누구도 경보기의 세상에서 살기를 원하지 않고, 당신도 그런 세상에 살 이유가 없다. 경우에 따라서는 당신이 그들 곁에 머물 수도 있다. 그들이 비록 경보를 울리고 있을지라도, 당신은 그들이 무슨 이유로 다투고 있는지를 이해하고, 이제는 과거에 당신을 떠나게 만든 것을 다룰 수 있다.

최상의 세계

만일 우리가 최상의 세상에서 살아간다면, 이는 웃음처럼 퍼져 나갈 것이다. 당신은 미소 짓는 행복한 사람이 그 방에 있는 다른 사람을 어떻게 전염시키는지 주목해 본 적이 있는가? 그들의 스트레스 반응 수준이 내려가면, 생각할 필요도 없이 다른 사람도 편안해진다. 전 세계 사람들이 자기가 가진 경보가 가치 있는 것임을 안다면 어떨까? 그들이 자신의 경보기를 관리하는 방법을 학습하여, 경보가 울리면 자신이 무엇을 해야 하는지를 안다면 어떨까? 모두가 이런 학습을 하는 데 초점을 맞추면 어떨까? 이들 각각의 질문에 대한 대답은, '우리가 최상의 세상에 함께 사는 것'이 될 것이다.

완벽한 세상을 실현하기는 쉽지 않다. 우리가 인간이기 때문이다. 우리의 경보야말로 인간의 생존 기반이다. 현재의 세상이 어떤 시대의 선조가 상상할 수 있었던 것보다 더 많은 자원과 기회를 갖고 있다고 할지라도, 여전히 우리에게는 경보기가 필요하기 때문에 그것은 우리의 생물 체계의 일부분으로 자리 잡고 있다. 새 천년의 시기에 해결해야 할 우리의 과제는, 종종 그래 왔던 자동 반응적 존재로부터 벗어나 보다 조절되고 의도적인 공동체가 될 수 있도록 진화하는 것이다.

최상의 세상이란 환상이 아니다. 이것은 우리의 선택이다. 우리는 서로에게 자연스럽게 도움을 주는 세상에서 살 수 있다. 자신의 경보기에 주의를 기울인다면, 새로운 세대에는 평온과 신뢰가 일상적인 것이 될 수도 있다. 극심한 공포와 불안전감은 잠시 순간적인 것이 될 뿐이다. 인간으로서 변화와 도전에 반응하는 방식을 통제하는 힘을 가지고 있다는 사실을 깨달으면 당혹함과 불안전감은 일시적이 될 것이다.

우리는 경보기가 사라지기를 원하지는 않는다. 그 대신 누구나 필요한 경우가 아니면 탈진하지 않는 뇌를 계발하기를 원한다. 우리는 본능적으로 진짜 두려움을 구별할 수 있는 자신의 감각을 원한다. 그 두려움은 현대 사회의 소리와 시각적 자극 및 감정으로부터 야기된다. 그러나 우리는 경보의 홍수에 빠질 필요가 없고, 전혀 주눅 들 필요도 없다. 우리는 자신의 생각을 중요한 것에 초점 맞출 수 있기를 원할 뿐, 더 많이 소유하는 것이나 더 많이 소비하는 것에 얽매이지 않기를 원한다.

공동체에 경보를 울리거나 공동체를 분리시키는 오래된 뇌 구조가 여전히 우리에게 있지만, 그것들은 마땅히 그럴 필요가 없다. 최상의 세상에서 우리는 경보기를 알아차리고 그것에 가치를 두어 자신을 조금 불편하게 만들 수 있으나, 반면에 대부분의 시간을 평화롭게 있을 수 있다. 최상의 세상에서 모든 사람은 매 순간마다 자신이 기여를 할 수 있고 어떤 경험도 낭비가 아니라는 것을 알고 있다. 최상의 세상에서 우리는 서로를 자극하는 대신에, 서로의 자극 요인을 인식하여 경보기가 전달하는 메시지를 활용하고 조직을 형성하는 공동체를 세울 수 있다.

최상의 세상이 단지 꿈 같은 이야기가 아니라는 것을 결코 잊지 않기를 바란다. 그것은 뇌가 작용하는 방식에 대한, 그리고 개인과 공동체의 삶에서 가장 중요한 욕구나 기회에 뇌의 초점을 맞추는 방법에 대한 보편적 자각이다. 새로운 세상을 만들기 위해서 거대한 마케팅을 하거나 새로운 세계 조직을 만들자는 것은 아니고, 우리는 그저 당신을 인도하려는 것이다.

이제 당신의 뇌를 경보기로부터 되돌려 놓고, 당신의 경보기와 학습 뇌가 협동을 할 수 있도록 최적화하고, 그 기술을 한 번에 한 사람씩 연습하면, 평온과 신뢰와 개인적 통제를 얻는 방법이 전 세계로 퍼져 나갈 것이다.

그것은 당신으로부터 출발할 것이며, 당신은 항상 자신의 경보기를 관리할 것이고, 마침내 스트레스로부터 자유로워질 것이다.

부록 A

추가로 읽을거리

이 책이 스트레스가 뇌에 미치는 영향과 심적 초점 맞추기의 과학을 응용하여 삶의 통제를 회복하는 방법을 위한 사용자 지침서가 되기를 희망한다. FREEDOM 모형과 SOS의 과학적 · 임상적 기초에 관해 더 많이 알고 싶다면 다음 책을 읽을 것을 추천한다.

Allen, J., Fonagy, P., & Bateman, A. (2008). *Mentalizing in clinical practice*. Washington, DC: American Psychiatric Association.

Courtois, C. A., & Ford, J. D. (Eds.). (2009). *Treating Complex Traumatic Stress: An Evidence-Based Guide*. New York: Guilford.

Courtois, C. A., & Ford, J. D. (2012). *Treating Complex Trauma: A sequenced, Rclationship-Based Approach.* New York: Guilford.

Ford, J. D. (2009). *Posttraumatic stress disorder: Scientific and Professional Dimensions.* Boston: Elsevier, The Academic Press.

Ford, J. D., & Courtois, C. A. (Eds.). (2013). *Treating Complex Traumatic Stress Disorders in Children and Adolescents: An Evidence-Based Guide.* New York: Guilford.

Herman, J. L. (1992). *Trauma and Recovery: The Aftermath of Violence—from Domestic to Political Terror.* New York: Basic Books.

신경과학과 뇌의 기초에 관해 더 학습하고 싶다면, 다음 책을 추천한다.

Fosha, D., Siegel, D. J., & Solomon, M. F. (2009). *The Healing Power of Emotion: Affective Neuroscience, Development & Clinical Practice.* New York: Norton.

Lanius, R. A., Vermeten, E., & Pain, C. (Eds.). (2010). *The Impact of Early Life Trauma on Health and Disease: The Hidden Epidemic.* New York: Cambridge University Press.

Perry, B. D., & Szalavitz, M. (2007). *The Boy Who Was Raised as a Dog: And Other Stories from a Child Psychiatrist's Notebook.* New York: Basic Books.

Schore, A. N. (2003). *Affect Regulation and the Repair of the Self.* New York: Norton.

Siegel, D. J. (2007). *The Mindful Brain: Reflection and Attunement in the Cultivation of Well-Being.* New York: Norton.

스트레스 감소는 전형적인 작업이다. SOS를 실천하는 방법을 알고 나서 다른 FREEDOM 기술을 응용한다면, 이 기법이 더 가치가 있다는 것을 알게 될 것이다.

Allen, D. (2002). *Getting Things Done: The Art of Stress-Free Productivity.* New York: Penguin Books.

Bloom, S. L. R. (1997). *Creating Sanctuary: Toward the Evolution of Sane Societies.* New York: Routledge.

Martha, D., Eshelman, E. R. & McKay, M. (2008). *The Relaxation and Stress Reduction Workbook.* Oakland, California: New Harbinger Publications.

Kabat-Zinn, J. (1991). *Full Catastrophe Living: Using the Wisdom of Your Body and Mind to Face Stress, Pain, and Illness.* New York: Delta.

Lehrer, P. M., Woolfolk, R. L., & Sime, W. E. (Eds.). (2008). *Principles and Practice of Stress Management* (3rd ed.). New York: Guilford Press.

Leyden-Rubenstein, L. A. (1998). *The Stress Management Handbook: Strategies for Health and Inner Peace.* New Canaan, Connecticut: Keats Publishing.

Fred, L., & Pelletier, K. (2005). *Stress Free for Good: 10 Scientifically Proven Life Skills for Health and Happiness.* New York: HarperCollins.

Siegel, D. J. (2010). *Mindsight: The New Science of Personal Transformation.* New York: Bantam Books.

Wehrenberg, M. (2008). *The 10 Best-Ever Anxiety Management Techniques: Understanding How Your Brain Makes You Anxious and What You Can Do to Change It.* New York: W. W. Norton & Company.

부록 B

SOS 요약

SOS는 가장 중요한 것에 마음의 초점을 맞춤으로써 스트레스를 관리할 수 있는 기술이다. 이것은 당신이 잘하고 싶은 어떤 것에 주의를 기울이려고 노력할 때 초점을 맞추는 방식과 유사하다. 초점 맞추기는 집중력을 유지하면서 주의를 기울일 **한 가지를 선택하는 것**이다. 초점을 맞추기 위한 SOS 실천에서 핵심적인 것은, 그 순간 **자신의 삶에서 가장 중요한 한 가지**에 주의를 쏟기로 선택한다는 점이다.

현재 가장 가치 있게 여기는 것에 초점 맞추기는 스트레스 반응을 낮추는 가장 확실한 방법이다. 우리는 문제를 해결하거나 상황을 개선해야 한다고 생각하거나 느낄 때 스트레스를 받는다. SOS를 실천하는 것은 뇌의 경보기에게 당신이 분명하게 생각하고, 행동하는 것에 주의를 쏟고, 직면하는 어떤 도전이라도 처리할 준비가 되었다는 것을 확신시켜 준다.

1단계:
한 걸음 물러서기
(Step Back)

한 걸음 물러서기는 현재 순간으로 다시 돌아오는 것이다. 즉, 당신의 주변에 있는 것과 마음과 몸에서 일어나고 있는 일에 주의를 쏟는 것이다. 한 걸음 물러서기는 뇌의 사고 중추와 경보기 사이의 경로를 다시 연결한다.

한 걸음 물러서기를 위한 공통적인 몇 가지 방법은 다음과 같다.

- 칠판을 지우듯이 마음의 모든 생각을 깨끗하게 비우기
- 심적 · 신체적 활동의 속도를 늦추기
- 눈을 감고 경청하기
- 아름다운 것을 살펴보기
- 10까지 수를 세기
- 의도적으로 세 번 호흡하기

2단계:
한 생각에 초점 맞추기
(Orient)

한 생각에 초점 맞추기는 마음을 전적으로 한 가지 생각에 집중하는 것이다. 그 생각—심상, 감각 경험, 정서, 가치, 목표—이 무엇이든지 간에 이 순간 당신의 삶에서 가장 중요한 것이다. 오직 한 생각에 초점을 맞추는 것은 뇌의 전두엽에 있는 사고 중추를 활성화하고 경보 수준을 낮춘다.

한 생각에 초점 맞추기의 몇 가지 공통적인 예는 다음과 같다.

- 부모: 아이가 놀고 있는 것을 보며 즐기기
- 화가: 손에 쥔 붓에 감각을 집중하기
- 골프 선수: 오로지 다음 샷만을 생각하기
- 지도자: 자기 일을 잠시 멈추고 팀에 감사하기
- 교사: 학생의 웅변 원고를 다시 읽기
- 식사하는 사람: 맛있는 음식의 맛을 음미하기
- 바쁜 사업가: 멈추어서 좋아하는 휴양지를 마음속으로 그려 보기
- 가수: 노래할 때 기쁨의 감정에 집중하기
- 조종사: 비행기를 조종할 때 안전한 착륙을 마음속으로 그려 보기
- 당신이 매우 좋아하는 장소나 사람에 대해 생각하기

당신이 초점을 맞추고 있는 한 생각은 매우 구체적이며, 당신의 삶에서 좋고 안전한 것이다. 한 생각에 초점을 맞추는 것은 어떤 것을 고치거나 문제를 해결하려고 노력하는 것이 아니라, 삶에 목적과 자신감을 제공하는 과정을 감상하는 것이다.

3단계: 자체 검사 (Self Check)

자체 검사는 당신이 느끼고 있는 스트레스의 수준과 개인적 통제 수준을 1~10점의 척도로 측정하는 것이다. 여기에 사용할 수 있는 단순하고 실용적인 척도가 있다.

스트레스 수준

스트레스가 없고, 가장 좋은 기분을 느낌				확실하고 관리 가능한 스트레스			가장 최악의 스트레스		
1	2	3	4	5	6	7	8	9	10

스트레스는 좋거나 나쁜 것이 아니고, 안전을 도우려고 의도하는 몸과 뇌의 신체 반응이다. 그래서 10이 이제까지 느낀 가장 높은 스트레스 수준일지라도 당신이 이 수준의 스트레스를 다룰 수 없는 것은 아니다. 뇌는 심각한 상황을 직면하는 것을 인식하고 바로 그 도전을 처리하기 위해 준비할 필요가 있다.

'1' 혹은 '2'의 스트레스 수준은 밤새 잘 자서 휴식을 취했을 때의 느낌—평온하고 즐거운 활력과 생기를 느끼는 것—과 같다.

개인적 통제 수준

낮은 통제				어느 정도의 개인적 통제			높은 개인적 통제		
생각 없이 반응하기				반응 전에 먼저 생각하기			매우 분명하게 생각하기		
1	2	3	4	5	6	7	8	9	10

개인적 통제는 분명하게 생각하는 능력이다. '9' 혹은 '10'과 같은 높은 수준의 통제는 뇌의 경보기에서 오는 걱정, 분노, 공포, 의심 때문에 방해를 받지 않고 분명하게 생각할 수 있는 상태다. '1'은 당신이 혼동되고 압박받는다고 느낄 때 혹은 스트레스를 받는다고 느껴서 생각 없이 반응할 때다.

경보기의 명령에 따라 단순히 반응하는 대신 스트레스와 통제 수준을 평정하는 것은 뇌의 사고 중추와 기억 중추를 점화시킨다. 처음의 한 걸음 물러서기와 한 생각에 초점 맞추기로 스트레스를 낮추지 못하면, 스트레스와 개인적 통제에 대한 자체 검사를 통해 학습 뇌를 활성화하여 기분을 더 좋게 하고, 더 분명하게 생각하도록 도울 수 있다.

부록 C

FREEDOM 기술 요약

초점을 맞춰라(Focus). 초점을 맞추는 것은 스트레스를 받을 때와 가장 중요하게는 스트레스를 받지 않을 때 둘 다 SOS를 실천하여 개인적 효율성을 최대화한다. 경보기가 울리지 않는 경우에 초점 맞추기를 실천하면 스트레스 상황을 직면할 때 경보기를 신속하게 낮출 수 있도록(그리고 개인적 통제를 다시 얻도록) 준비한다. 초점 맞추기는 스트레스 관리뿐 아니라 개인적으로 효과적이 되는 것과 삶을 최대한 활용하는 것이기도 하다.

자극을 인식하라(Recognize Triggers). 자극을 인식하는 것은 사고 중추가 관여하는 행위이며, 어떤 순간에 무엇이 경보기를 켜는가를 정확히 깨닫게 해 준다. 당신이 자신을 자극하는 것에 의도적으로 주의를 쏟으면 그것을 처리하는 방법을 훨씬 더 분명하게 생각할 수 있다. 이것은 경보기와 사고 중추 간의 동반자 관계를 형성한다.

정서역량을 강화하라(Empower Emotions). 정서역량 강화하기는 경보기와 이로 인해 느끼는 반응적 정서를 경청하는 것이다. 정서역량 강화하기는 또한 당신이 최상의 상태에 있을 때 느끼는 정서를 회상하도록 기억 중추를 활성화한다. 당신이 과거에서 적절한 정서를 회상하면, 뇌는 경보기 정서를 확인할 수 있어서 지금 바로 느끼고 싶은 정서로 방향을 전환한다. 경보기의 반응적 정서와 최상의 정서 모두에 주의를 쏟음으로써 경보기와 사고 중추 간에 더 강력한 동반자 관계를 구축한다. 동반자 관계는 경보 수준을 낮추어서 효과적으로 스트레스를 관리하는 일에서 이제까지 상실되었던 비결이다.

핵심가치를 발휘하라(Exercise Your Core Values). 핵심가치를 발휘하기 위해, 당면한 스트레스 요인에 경보기를 반응하게 하는 생각에 주의를 기울임으로써 시작하라. 이것은 사고 중추가 자동 반응하기 전에 그 생각을 평가하는 것을 가능하게 한다. 그다음에 사고 중추는 새로운 가치를 창조하거나 삶에서 가장 중요한 것을 표현하는 한 생각을 기억 중추에서 찾는다.

최상의 목표를 결정하라(Determine Optimal Goals). 최상의 목표를 결정하는 것은 경보기가 당신에게 강요하는 목표와 당신의 핵심가치를 반영하는 목표 모두를 확인하는 것이다. 당신이 경보기의 목표를 존중하고 핵심 목표를 포함하도록 사고 중추를 활성화함으로써 그것을 확장할 때, 개인적 통제가 향상된다. 이것은 나아가 경보 수준을 낮춰서 제자리로 되돌려놓는다.

선택을 최적화하라(Optimize Your Choices). 선택을 최적화하는 것은 당신이 모든 순간에 두 가지의 중요한 대안을 놓고 선택한다는 점을 상기하는 것이다. 첫 번째 대안은 문제를 해결하거나 위험을 회피하기 위해서 경보기의 명령을 따르는 것이다. 두 번째 대안은 자기에게 가장 중요한 것을 바탕으로 행동함으로써 핵심가치에 뿌리를 두고 있는 최상의 목표를 따르는 것이다. 행동을 하기 전에 대안을 고려하면 사고 중추와 경보기 사이의 동반자 관계가 형성된다. 모두에게 유리한 이런 선택은 경보 수준을 낮춰서 제자리로 돌려놓고 진정한 개인적 통제를 성취하는 단 하나의 가장 효과적인 방법이다.

기여하라(Make a Contribution). 경보기가 신호를 보낼 때마다 마음의 초점을 맞추고 자기에게 가장 중요한 것을 기초로 선택할 때, 세상은 더 나은 장소가 된다. 당신은 스트레스에 대한 경보기의 반응이 삶을 사는 방식을 전적으로 결정하도록 내버려 두는 대신, 스트레스 반응을 삶에서 진정으로 중요한 것에 주의를 기울이도록 상기시키는 메모로 사용한다. 당신 혼자서 최상의 세상을 만들 수는 없으나, 뇌의 경보 수준을 낮춤으로써 세상 모든 사람에게 커다란 기여를 할 수 있다. 이렇게 당신이 경보 수준을 낮추는 것은 당신이 접촉하는 모든 사람의 경보 또한 낮추도록 돕는다.

찾아보기

저자 소개

줄리언 포드 박사(Dr. Julian Ford)는 임상심리학자이고, 코네티컷 대학교의 정신과 교수이며, 외상성 스트레스와 심리치료 분야의 연구자이자 임상가이며 교사이기도 하다. 그는 심리학과 신경생물학을 외상성 스트레스 및 이와 관련된 심리사회적 질병의 효과적 치료에 적용하는 데 주력하였고, 현직/예비 전문가를 위한 7권의 책을 공동 편집 · 저술했다. 그는 아내와 함께 코네티컷 주 파밍턴에 살고 있다.

존 워트만(Jon Wortmann)은 비영리 리더이고, 리더십 코치이자 트레이너다. 그는 2권의 책 『Mastering Communication at Work』와 『Three Commitments of Leadership』을 공동 저술했고, 교육과 창업 부문 및 포춘(Fortune) 선정 500대 기업에서 일했다. 그는 아내와 함께 코네티컷 주 엘링턴에 살고 있다.

역자 소개

정봉교(Chung, Bongkyo)
서울대학교 심리학 석사
서울대학교 심리학 박사
현 영남대학교 심리학과 교수

정영덕(Jeong, Youngduck)
영남대학교 심리학 석사
영남대학교 심리학 박사수료
현 사일코칭연구소 소장

김희영(Kim, Heuiyung)
영남대학교 심리학 석사
영남대학교 심리학 박사수료
현 영남대학교 심리학과 외래교수
Jane's 심리컨설팅 대표

내 안의 골칫거리, 스트레스에서 자유롭기

Hijacked by Your Brain:
How to Free Yourself When Stress Takes Over

2017년 2월 10일 1판 1쇄 인쇄
2017년 2월 20일 1판 1쇄 발행

지은이 • Dr. Julian Ford · Jon Wortmann
옮긴이 • 정봉교 · 정영덕 · 김희영
펴낸이 • 김진환
펴낸곳 • (주) 학지사
04031 서울특별시 마포구 양화로 15길 20 마인드월드빌딩
대표전화 • 02)330-5114 팩스 • 02)324-2345
등록번호 • 제313-2006-000265호

홈페이지 • http://www.hakjisa.co.kr
페이스북 • https://www.facebook.com/hakjisabook

ISBN 978-89-997-1126-8 03180

정가 13,000원

역자와의 협약으로 인지는 생략합니다.
파본은 구입처에서 교환해 드립니다.

이 도서의 국립중앙도서관 출판시도서목록(CIP)은 서지정보유통지원시스템 홈페이지(http://seoji.nl.go.kr)와 국가자료공동목록시스템(http://www.nl.go.kr/kolisnet)에서 이용하실 수 있습니다.
(CIP 제어번호: CIP2016031160)